世界一わかりやすい 介護保険のきほんとしくみ

2024-2026年度版

イノウ 編著

ソシム

質問 1 そもそも、介護保険って何ですか？

介護保険制度は

“介護サービスの種類を決めています”

詳しくは p.4-5

介護保険制度は

“介護保険事業の運営方法を決めています”

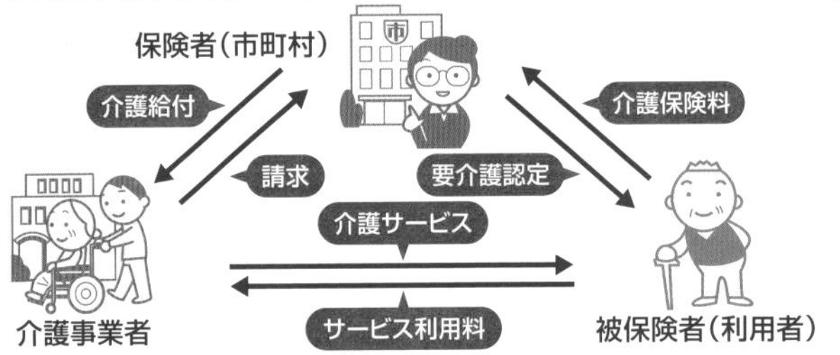

詳しくは p.6-7

介護保険制度は

“要介護認定の手続きを決めています”

詳しくは p.8-9

介護保険制度は、①介護サービスの種類、②介護保険事業の運営方法、③要介護認定の手続き、④介護給付の上限額、⑤介護現場で働くスタッフ、⑥介護サービスの提供施設などを定めることで、高齢者などにサービスを提供するしくみです。ここでは、介護保険制度の全体像を見ていきましょう。

介護保険制度は “介護給付の上限額を決めています”

要介護度	区分支給限度基準額	住宅改修費支給限度基準額	福祉用具購入費支給限度基準額
要支援 1	5,032　単位 / 月	20 万円（1 回限り）	10 万円 / 1 年
要支援 2	10,531　単位 / 月	20 万円（1 回限り）	10 万円 / 1 年
要介護 1	16,765　単位 / 月	20 万円（1 回限り）	10 万円 / 1 年
要介護 2	19,705　単位 / 月	20 万円（1 回限り）	10 万円 / 1 年
要介護 3	27,048　単位 / 月	20 万円（1 回限り）	10 万円 / 1 年
要介護 4	30,938　単位 / 月	20 万円（1 回限り）	10 万円 / 1 年
要介護 5	36,217　単位 / 月	20 万円（1 回限り）	10 万円 / 1 年

詳しくは p.10-11

介護保険制度は “介護現場で働くスタッフを決めています”

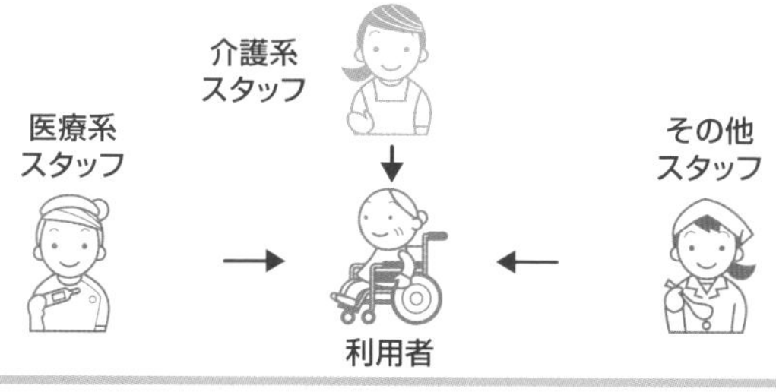

詳しくは p.12-13

介護保険制度は “介護サービスの提供施設を決めています”

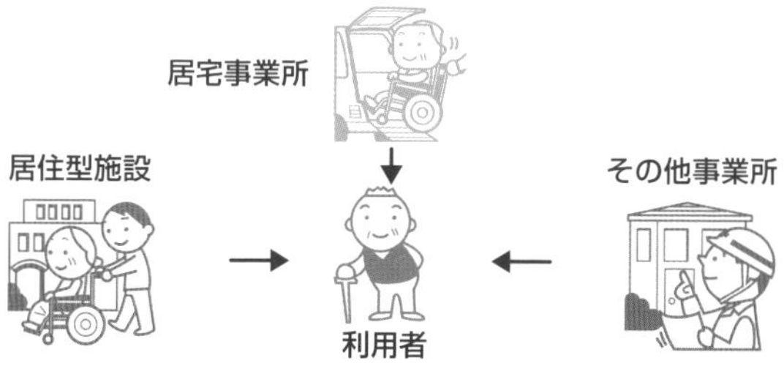

詳しくは p.14-15

導入編

質問2 介護保険のサービスには何がありますか？

居宅サービス（訪問・通所・短期入所）

“自宅で暮らす利用者を訪問あるいは受け入れて提供するサービスです”

●通所系サービス

利用者を日中施設に受け入れて、介護サービスを提供します。

●訪問系サービス

利用者の自宅を訪問して、主に身の回りの世話や生活援助を行います。

●短期入所系サービス

利用者を30日以内の期間施設に受け入れて、介護サービスを提供します。

居宅サービス（その他）

“有料老人ホームでの介護やケアプラン作成などのサービスです”

●居宅介護支援

利用者の状況に応じてケアプランを作成して事業者を紹介し、見守ります。

●特定施設入居者生活介護

有料老人ホームなどで暮らす利用者に介護サービスを提供します。

●住宅改修・福祉用具

生活環境改善のため、住宅を改修したり、福祉用具を貸与・販売したりします。

介護保険のサービスは一般に、サービスを提供する方法や場所などによって、①居宅サービス（訪問・通所・短期入所）、②居宅サービス（その他）、③施設サービス、④地域密着型サービス、⑤地域支援事業に分けられ、様々な事業者や団体がサービスを提供しています。

もっと詳しくは
1、4章を参照

施設サービス

“介護老人福祉施設や介護老人保健施設などが提供されるサービスです”

たとえば

●介護老人福祉施設

介護老人福祉施設の入所者に様々な介護サービスを提供します。

地域密着型サービス

“地域で暮らす高齢者に小規模な事業所が提供するサービスです”

たとえば

●認知症対応型共同生活介護

グループホームで暮らす認知症患者に介護サービスを提供します。

地域支援事業

“地域で暮らす高齢者に市町村が主体となって提供するサービスです”

たとえば

●訪問型サービス

訪問介護員のほか、ボランティアや保健師などが提供する訪問系サービスです。

質問3 介護保険事業はどのように運営されていますか？

“介護保険事業は、介護保険料と公費、利用料によって運営されています”

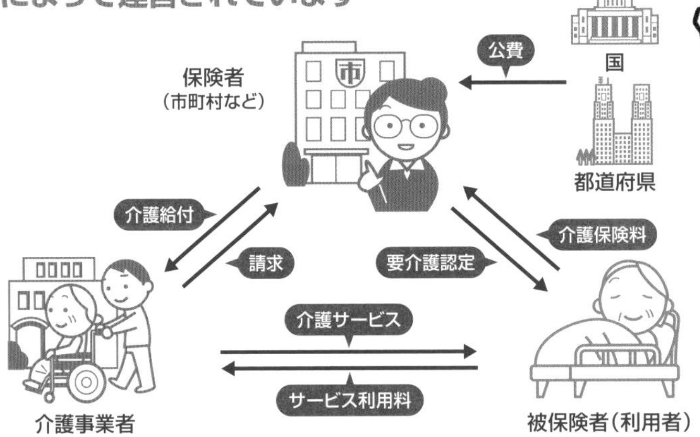

“介護保険の費用額は年々上昇し、24年度には11兆円を越える見通しとなっています”

●介護保険の推移［兆円］

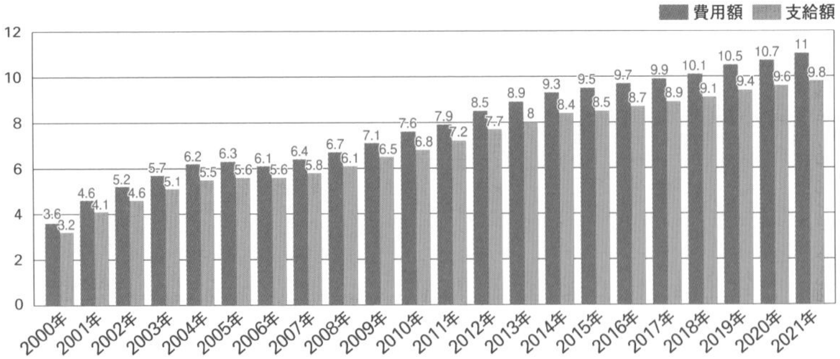

介護保険事業は、被保険者の介護保険料と国や自治体の公費を財源として運営されています。高齢化が進み介護給付が増え続けるなかで、国は介護サービスの利用状況や介護事業所の運営状況などを把握することで、事業を持続できるように介護報酬を設定しています。

もっと詳しくは
1章を参照

“介護が必要な程度（要介護度）に応じて
利用できるサービスが決められています”

介護給付におけるサービス → 要介護者（要介護1−5の認定者）

介護予防給付におけるサービス → 要支援者（要支援1−2の認定者）

地域支援事業による事業 → 要介護・支援者 2次予防事業対象者 一般高齢者

“給付ごとに、介護サービスの利用状況が
把握されています”

●地域密着型（介護予防サービス）の利用件数

●居宅（介護予防）サービスの利用件数

●施設サービスの利用件数

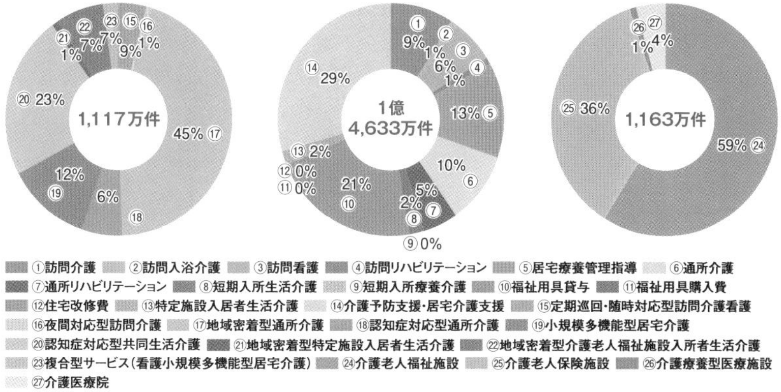

導入編

質問4 要介護認定の手続きはどのように行われますか？

“要介護認定では、以下の6つのステップで介護が必要な程度（要介護度）を認定します”

1 申請

本人や家族、ケアマネが被保険者証とともに必要書類を保険者（市町村）に提出します。

2 認定調査

役所の担当者などが利用者本人宅を訪問し、本人と家族に聞き取り調査を行います。

3 一次判定

聞き取り調査の結果である調査票を全国共通の判定ソフトで処理し、判定します。

4 審査

一次判定の結果と特記事項、主治医意見書に基づいて、介護認定審査会が審査します。

5 二次判定

利用者の心身や家族の状況などに基づいて、介護や支援の必要性とその程度を判定します。

6 要介護認定

保険者（市町村）は、申請から30日以内に、要介護・支援度の認定結果を通知します。

介護保険制度では、①利用者による申請、②行政担当による認定調査、③コンピュータを使った一次判定、④介護認定審査会による審査と⑤二次判定を経て、⑥要介護度が認定されます。要介護度は、介護が必要な時間に応じて、要支援1から要介護5までの7段階で設定されます。

もっと詳しくは
2章を参照

“要介護・支援度の判断基準として利用されるのは、介護が必要となる時間数です”

要介護・支援度	要介護認定等基準時間
要支援1	要介護等基準認定時間が25分以上32分未満
要支援2	要介護等基準認定時間が32分以上50分未満
要介護1	要介護等基準認定時間が32分以上50分未満
要介護2	要介護等基準認定時間が50分以上70分未満
要介護3	要介護等基準認定時間が70分以上90分未満
要介護4	要介護等基準認定時間が90分以上110分未満
要介護5	要介護等基準認定時間が110分以上

▼

要介護・支援度	基準
2次予防事業対象者	放っておくと要介護・支援状態になる可能性の高い状態
要支援1	日常生活に支障はないが要介護状態とならないように一部支援が必要な状態
要支援2	歩行などに不安が見られ排泄・入浴などに一部介助が必要で身体機能に改善の可能性がある状態
要介護1	立ち上がりが不安定でつえ歩行の場合があり排泄・入浴などに一部介助を要する状態
要介護2	立ち上がりなどが自力では困難で排泄・入浴などに部分的介助ないし全介助が必要な状態
要介護3	立ち上がり・起き上がりなどが自力でできずに排泄・入浴・衣服の脱着など日常生活全般に部分的介助ないし全介助が必要な状態
要介護4	寝たきりに近く排泄・入浴・衣服脱着など日常生活全般に全介助が必要な状態
要介護5	日常生活全般に全介助が必要で意思伝達も困難な状態

導入編

質問5 介護給付はどのように決められていますか？

“介護給付で利用可能な介護サービスは、要介護度に応じて上限額が決められています”

要介護度	区分支給限度基準額	住宅改修費支給限度基準額	福祉用具購入費支給限度基準額
要支援1	5,032　単位/月	20万円（1回限り）	10万円/1年
要支援2	10,531　単位/月	20万円（1回限り）	10万円/1年
要介護1	16,765　単位/月	20万円（1回限り）	10万円/1年
要介護2	19,705　単位/月	20万円（1回限り）	10万円/1年
要介護3	27,048　単位/月	20万円（1回限り）	10万円/1年
要介護4	30,938　単位/月	20万円（1回限り）	10万円/1年
要介護5	36,217　単位/月	20万円（1回限り）	10万円/1年

“ケアマネジャーは介護給付の上限額に応じて、ケアプランを立てることになります”

●要介護度3の利用者の週間計画（例）

曜日	月	火	水	木	金	土	日
午前	デイサービス	ヘルパー	デイケア	訪問看護	デイサービス	ヘルパー	家族介護
午後		ヘルパー				ヘルパー	
サービス内容	介護・入浴・送迎	身体介護（30分から1時間未満）を昼・夕方2回利用	機能訓練・入浴・送迎	看護(30分から1時間未満）を昼1回利用	介護・入浴・送迎	身体介護（30分から1時間未満）を昼・夕方2回利用	
	9,000円	7,740円	10,390円	8,210円	9,000円	7,740円	

介護保険制度では、原則１割から３割の自己負担で利用できる介護サービスの上限額が設定されています。居宅サービスなどに設定される区分支給限度基準額は、１か月に利用可能な単位が決められており（１単位は約10円）、上限額を超えた分は利用者の全額負担となります。

もっと詳しくは
2章を参照

“サービス利用の際に必要となる利用者負担額は、原則１割から３割と決められています”

利用者の負担額 ＝ 原則１割から３割

介護サービスと関連サービス	利用者の負担額
居宅介護支援、介護予防支援	費用の負担なし（保険者が全額負担）
居宅サービス、介護予防サービス、地域密着型サービス、施設サービス（ただし、自治体によっては利用者負担額軽減制度あり）	費用の１割から３割（保険者が９割から７割負担）
食費、滞在費、家賃・管理費、教養娯楽費、特別室の費用、サービス利用時の交通費など	費用の全額（ただし、利用者負担額軽減制度あり）

“利用者は利用するサービスに応じて、２通りの方式で負担額を支払うことになります”

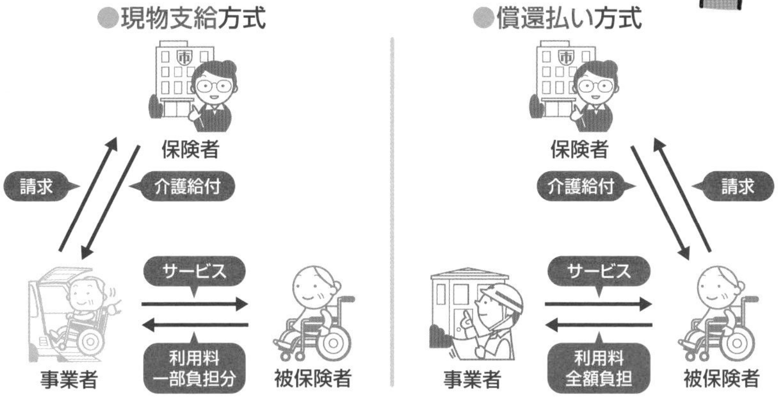

導入編

質問6 介護現場にはどのようなスタッフがいますか？

介護系スタッフ

“ 介護現場は、ケアワーカーやヘルパーを中心に様々なスタッフによって支えられています ”

●ヘルパー

主に身体介護や生活援助を行います。

●介護福祉士

主に身体介護や生活援助を行います。

●ケアマネジャー

主にケアプランの作成と見守りを行います。

●ソーシャルワーカー

主に本人あるいは家族の相談に乗ります。

医療系スタッフ

“ 医学的管理が必要な要介護者には、診療や看護、リハビリなどが必要になります ”

●看護職員

主に介護現場で必要な医療行為を行います。

●機能訓練指導員

主に様々なリハビリの指導を担当します。

●医師

主に診療や介護予防の支援を行います。

●薬剤師

主に服薬の指導やスケジュール管理を担当します。

その他スタッフ

“ 要介護者がサービスを受けたり、住宅環境を整えたり、食事を採ったりするのを支援します ”

●市役所福祉課

主に要介護認定や紹介・仲介業務を行います。

●住宅改修事業者

主に住宅改修の設計・施工を担当します。

●福祉用具事業者

主に福祉用具の貸与・販売、指導を担当します。

●栄養士

施設で提供する食事の栄養管理を行います。

介護保険制度では、介護現場で働くスタッフの役割や資格を定めています。介護事業者が介護給付を受け取るには、介護サービスの種類ごとに決められた、介護系、医療系、その他のスタッフの人数や資格などの基準を満たす必要があります。

もっと詳しくは
3章、付録を参照

現場系の資格

- 国 介護福祉士
- 公 準介護福祉士
- 公 介護職員実務者研修
- 公 介護職員初任者研修
- 公 認知症ケア専門士
- 公 ガイドヘルパー（移動介護従事者）
- 国 理学療法士
- 国 作業療法士
- 国 言語聴覚士
- 国 看護師
- 公 主任介護支援専門員
- 公 介護支援専門員（ケアマネジャー）

相談系の資格

- 国 社会福祉士
- 国 精神保健福祉士

環境整備系の資格

- 任 社会福祉主事
- 民 福祉住環境コーディネーター
- 公 福祉用具専門相談員

旧現場系の資格

- 廃止 公 介護職員基礎研修
- 廃止 公 訪問介護員養成研修1-3級（ホームヘルパー）

国 国家資格　公 公的資格
任 任用資格　民 民間資格

“介護現場系の資格は、頻繁に制度が変わるので、注意が必要です”

質問7 介護サービスはどのような事業所で提供されますか？

居宅事業所

“自宅で暮らす利用者に、サービスを提供します”

●訪問施設

利用者宅に訪問してサービスを提供します。

●通所施設

日中施設に受け入れてサービスを提供します。

●短期入所施設

30日以内の期間受け入れてサービスを提供します。

●居宅介護支援事務所

要介護者のケアプランを作成し、見守りを実施します。

介護保険施設・居住系施設

“施設で暮らす利用者に、サービスを提供します”

●介護老人福祉施設

施設内で各種介護やリハビリなどを提供します。

●介護老人保健施設・介護医療院

施設内で医学管理下の介護やリハビリを提供します。

●特定施設

施設内で各種介護やリハビリなどを提供します。

●グループホーム

共同生活を送る少人数の認知症患者を支援します。

その他事業所

“要介護認定やケアプラン作成などを提供します”

●地域包括支援センター

要支援者のケアプランを作成し、相談に乗ります。

●住宅改修・福祉用具事務所

住宅改修や福祉用具貸与・販売を請け負います。

●市町村

要介護認定と介護事業者の紹介・仲介を担い、サービスを提供します。

介護保険制度では、介護サービスを提供する事業所の役割やそこで働くスタッフを定めています。介護事業者が介護給付を受け取るには、サービスを提供するのに必要であると決められた事業所や施設の設備や運営の基準を満たす必要があります。

もっと詳しくは
2、3章を参照

社会福祉法人が主に運営

訪問施設

短期入所生活施設

通所施設

介護老人福祉施設

医療法人が主に運営

訪問施設

短期入所療養施設

病院・診療所

介護老人保健施設・
介護医療院

自治体やNPOが主に運営

訪問施設

地域包括
支援センター

グループホーム

特定施設

民間事業者が主に運営

訪問施設

通所施設

短期入所生活施設

特定施設

居宅介護支援
事業所

住宅改修・
福祉用具事業所

“事業者・団体によって、主に運営している事業所や施設は変わってきます”

本書の設定

●本書の登場人物

ABC介護サービス　介護福祉士

貝御 遣雄（かいご・やるお）

私立大学文学部卒。新卒でシステム開発会社に入ったが肌が合わずに退職。給付金目当てにABC市の介護職育成プログラムを受けて、そのままこの道に。本好きで草食系メガネ男子。

ABC介護サービス　看護師

館後 聡子（かんご・さとこ）

看護専門学校卒。人妻、子持ち。子供が小学校に入ったので、地元の有料老人ホームで働き始めた。気のつく性格で頼りになるが、時にキツイ言い方で事務長をビビらせる。

ABC介護サービス　事務長

九普 勘介（きゅうふ・かんすけ）

医療機関で長く事務方を歩いてきた後、高校の先輩であるABC介護サービスの社長に引っ張られて、事務長になる。複雑で、すぐに変更になる介護保険制度に悩まされている。

ABC介護支援事務所　ケアマネ

毛亜 清美（けあ・きよみ）

福祉大学卒。おっとりしているが、芯は強い。明るい性格で利用者からの人気も高く、信頼も厚い。以前は、ABC介護サービスに所属していたが、ケアマネージャーの資格取得後に転職。

ABC市役所　福祉課

石頭 堅蔵（ずがしら・けんぞう）

国立大学教育学部卒。教育委員会事務局や学校支援課など教育畑を経て、保健福祉課に異動。正義感は強いが、真面目で融通がきかない面も。現在、絶賛、婚活中。

●本書の登場団体

ABC介護サービス

介護市場への民間参入が自由化された3年後に市場参入し、有料老人ホームと通所サービスを中心に売上を拡大し、現在売上300億円、従業員数1800名。

ABC介護支援事務所

ABC介護サービスの系列会社だが、「特定事業所集中減算制度」の導入にともなって、中立性を保つために資本比率を下げて、他の事業者への紹介も行うようになっている。

ABC市役所

東海地方に位置する人口総人口11万人の城下町から発展した地方都市。「福祉都市」を宣言しているが、人口減少が進むなかで、持続可能な支援体制の実現を模索。

本書の読み方

基礎編

1、2章では、介護保険制度の基礎知識を理解します

1章　介護保険のきほん

2章　介護保険のしくみ

サービス編

3、4、5章では、介護保険におけるサービスを理解します

3章　介護サービスのスタッフと事業所

4章　居宅サービスと施設サービス

5章　地域密着型サービスと地域支援事業

制度改正編

6、7章では、介護保険制度の改正と介護報酬改定のポイントを理解します

6章　24年度　制度改正のポイント

7章　24年度　報酬改定のポイント

本書に登場する人物アイコン

介護現場で働くスタッフ

介護系スタッフ

ヘルパー

介護福祉士

ケアマネジャー

ソーシャルワーカー

医療系スタッフ

看護職員

機能訓練指導員

医師

薬剤師

その他スタッフ

行政担当者

住宅改修事業者

福祉用具事業者

栄養士

“介護現場で働く様々な職種のアイコンが、本文中に登場します”

要介護者

重度要介護者
(要介護5−4)

軽〜中度要介護者
(要介護3−1)

要支援者
(要支援2−1)

2次予防事業対象者
一般高齢者

“要介護度に応じて介護サービスを受ける利用者のアイコンです”

本書に登場する 事業所アイコン

介護サービスを提供する事業所

居宅事業所

訪問施設

通所施設

短期入所施設

居宅介護支援事業所

介護保険施設・居住系施設

介護老人福祉施設

介護老人保健施設・介護医療院

特定施設

グループホーム

その他事業所

地域包括
支援センター

住宅改修・福祉用具
事業所

市区町村

“介護サービスを提供する様々な事業所や施設などのアイコンも、本文中に登場します”

その他関連施設

健康型施設

国

都道府県

国保連合会

“介護保険制度で重要な役割を果たす施設・団体のアイコンです”

介護保険のきほんとしくみ Contents

導入編

基礎編

介護報酬・費用負担のしくみ

サービス編

3章 介護サービスのスタッフと事業所 …… 67

介護現場で働くスタッフ

介護サービスを提供する事業所

4章 居宅サービスと施設サービス …… 85

居宅サービス（訪問・通所・短期入所）

居宅サービス（その他）

施設サービス

5章 地域密着型サービスと地域支援事業 …… 111

地域密着型サービス

地域包括ケアシステムの進化・推進

自立支援・重度化防止に向けた対応

良質な介護サービスの効率的な提供に向けた働きやすい職場づくり

制度の安定性・持続可能性の確保

その他

1章では、何を学ぶのですか？

まずは、なぜ介護保険制度が誕生したのかを理解しましょう。

それに、どんな意味があるのですか？

誕生の背景を理解することで、制度の特徴がわかるのです。

なるほど。で、その次は？

介護サービスの全体像を把握します。

どのような種類のサービスがあるかってことですよね。

そう。そして最後に、どのようにサービスが提供されているかを考えます。

それって、つまり？

どのように、お金を集めて、使っているか、です。

初っ端から、結構、シビアな話になりそうな……。

1章で学ぶこと

- **介護保険制度がなぜ生まれたのか**
- **介護保険のサービスにはどのような種類があるか**
- **介護保険事業はどのように運営されているか**

基礎編

［1章］介護保険のきほん

介護保険制度誕生の背景

質問1　そもそも、なぜ介護保険が誕生したのですか？

質問2　介護保険制度の誕生で何が変わりましたか？

質問3　介護保険制度を導入した狙いは何ですか？

介護サービスの種類

質問4　介護サービスはどのように提供されますか？

質問5　介護給付におけるサービスには何がありますか？

質問6　介護予防給付におけるサービスには何がありますか？

質問7　地域支援事業によるサービスには何がありますか？

介護保険制度の運営

質問8　介護保険事業はどのように運営されていますか？

質問9　介護サービスの利用者数は増えていますか？

質問10　介護保険事業の財政状況は、どうなっていますか？

基礎編

質問1 そもそも、なぜ介護保険が誕生したのですか？

それは、日本の人口構成と大きな関係があります。

高齢者が増えて、これまでのやり方では支えられなくなったってこと？

そう、だから国民自身の保険料で介護を支える制度ができたのです。

高齢者人口の増加と社会の変化に対応するためです。

平均寿命の上昇と少子化などにより、2022年の日本の**高齢者人口**は3,624万人と過去最多です。総人口に占める割合は約29.0%、つまり日本人の10人に3人弱が高齢者なのです。高齢者人口の増加は今後も続き、高齢者人口比率は37年に3人に1人、70年には2.6人に1人になるとの試算もあります。

一方で、都市部を中心に子が親の面倒を見る習慣が消滅し、老人が老人を介護する**老老介護**や**一人暮らし高齢者**が増えています。

こうした状況にそれまでの福祉の枠組みでは対応できなかったため、国は2000年に**介護保険制度**を導入したのです。

介護保険は5番目の社会保険として高齢者を支えています。

介護保険は、**医療保険**と同様に、**社会保険**と呼ばれるしくみです。

そもそも、2000年以前の**老人福祉法**に基づく高齢者介護は、「長年にわたって社会の進展に寄与してきた老人に対して生きがいをもてる健全で安らかな生活を保証する」という**弱者救済**的な考えに基づいて提供されていました。

それに対して介護保険制度では、高齢化や介護などのリスクに備えて、国民に強制的に保険に加入させ、リスク発生時、保険加入者に対してサービスを提供したり、現金を給付したりします。つまり、介護が必要になったときに、保険給付という形で面倒を見るしくみなのです。

高齢化の推移と将来推計

「高齢者人口」とは

おおむね 65 歳以上の老年人口。総人口に占める老年人口が 14%以上に増大した社会は高齢者社会と呼ばれます。

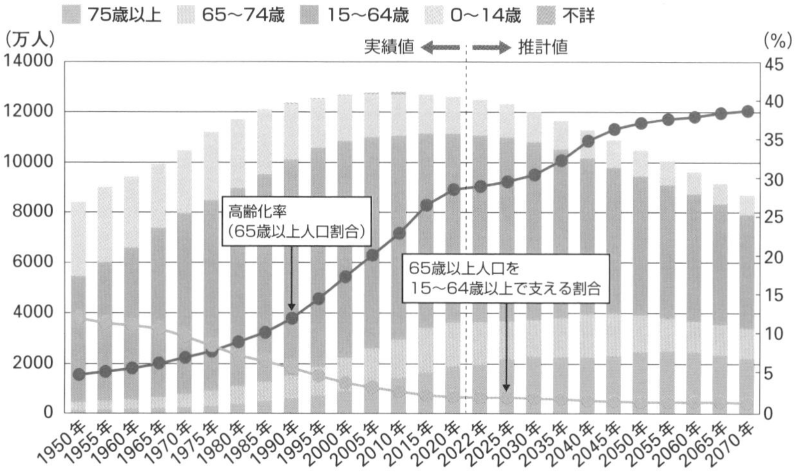

出典:「高齢社会白書」（内閣府）

5つの社会保険

- 社会保険
  - 介護保険
  - 厚生年金保険
  - 国民健康保険
  - 雇用保険
  - 労働者災害補償保険

「社会保険」とは

国民が生活する上でのリスクに備えて、国民に強制的に保険に加入させ、リスク発生時に現金や現物の給付により支える制度。

基礎編

質問2 介護保険制度の誕生で何が変わりましたか？

大きな違いは、民間事業者がサービス提供するようになったことですね。

以前は、誰が介護を提供していたのですか？

社会福祉法人や医療法人、自治体などです。

高齢者に対する介護サービスを1本化しました。

介護保険制度の誕生以前にも、公共性の観点から、高齢者に対する介護サービスは提供されていました。社会福祉法人や自治体は、**老人福祉法**に基づいてデイサービスセンターや特別養護老人ホームといった福祉施設を運営し、医療法人は**医療保険法**などに基づいて、病状の安定した老人を**老人病院**などに受け入れていたのです。

しかし医療と福祉の縦割りでバラバラにサービスが提供されているために、サービス利用時の負担に不公平が生じ、医療サービスの不適切な利用も起こっていました。そこで介護保険制度を誕生させて、高齢者に対する福祉と医療のサービスを一体的に提供するようにしたのです。

民間企業もサービスを提供するようになりました。

介護保険制度の誕生で大きく変わったのは、民間企業やNPOも介護サービスを提供できるようになったことです。

2000年以降、多くの民間企業が介護業界に参入したことで、日本において介護サービスはより身近なものになりました。

ただし民間企業によるサービス提供が認められた後も、自治体が**指定介護サービス事業者**（介護保険給付対象事業者）を指定することで、事業者の質を担保し、厚生労働省が介護サービスの種類と範囲、**要介護度**に応じた利用限度額を定めています。これにより、サービスの提供が過剰にならないように調整しているのです。

介護保険制度の誕生による変化

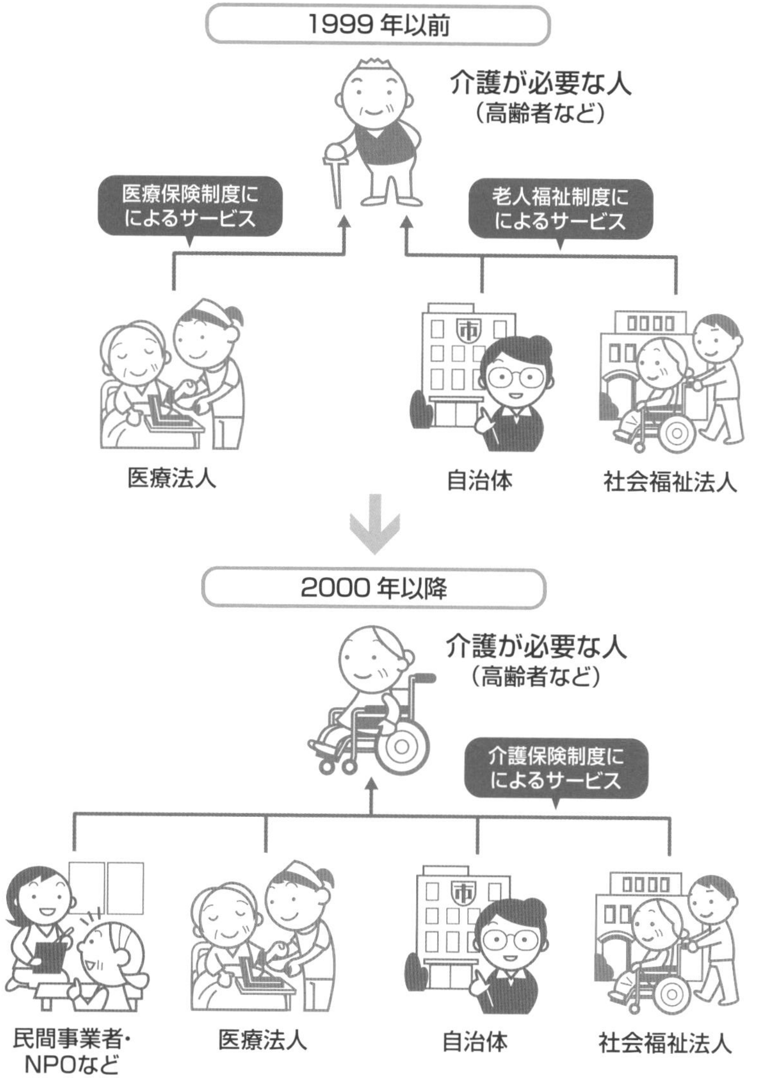

老人福祉法とは

高齢者の福祉を図るため、その心身の健康の保持と生活の安定に必要な措置について定めた法律。社会福祉六法の１つ。

質問3 介護保険制度を導入した狙いは何ですか？

以前は、市町村などが必要性を判断して提供していたんだけど……

今は、利用者の状況や希望などに応じて、組み合わせて提供してますね。

そう、利用者がサービスを選べるようにしたかったんだ。

利用者が自らサービスを選択できるようにすることです。

介護保険制度が導入される前、高齢者への介護サービスは**措置制度**と呼ばれるしくみで提供されていました。

措置制度では、サービスの利用を申し込んだ希望者に対して、市町村などの措置権者が必要性を判断し、提供するサービスの種類や提供施設を決め、社会福祉施設に入所させたり、サービスを提供したりします。そのため、利用者はサービスや施設などを選ぶことができませんでした。

このように措置制度では利用者の意向が尊重されにくいことから、介護保険制度では**契約制度**（利用制度）でサービスが提供されるようになっています。

介護サービスの世界にも競争原理が持ち込まれました。

措置制度でサービスを提供するのは市町村が運営する施設や委託した施設なので民間企業のような競争原理が働かず、サービスの質が向上しにくい状況になっていました。

一方、介護保険の契約制度では、サービスの利用にあたり、利用者が指定介護サービス事業者を選び、選ばれた事業者が利用者にサービスを提供します。その結果、利用者は自らの選択に基づいてサービスを利用できるようになりました。つまり、民間企業の参入により選択の幅が広がっただけでなく、介護の世界にも競争原理が持ち込まれたのです。

措置制度から契約制度へ

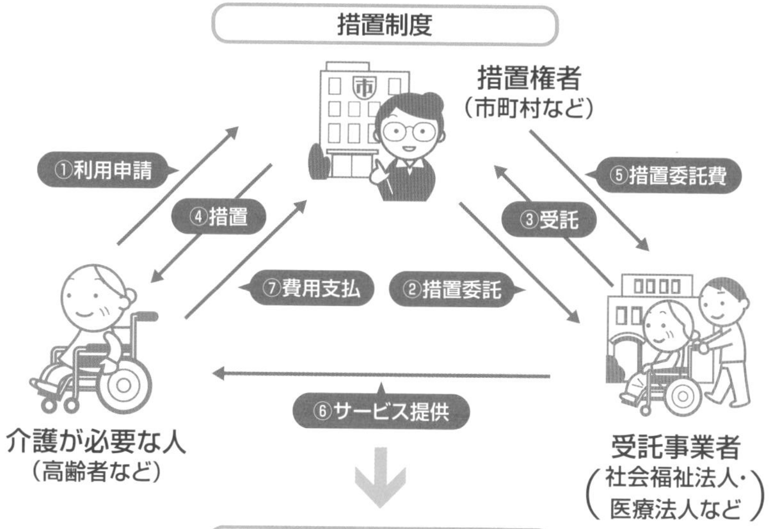

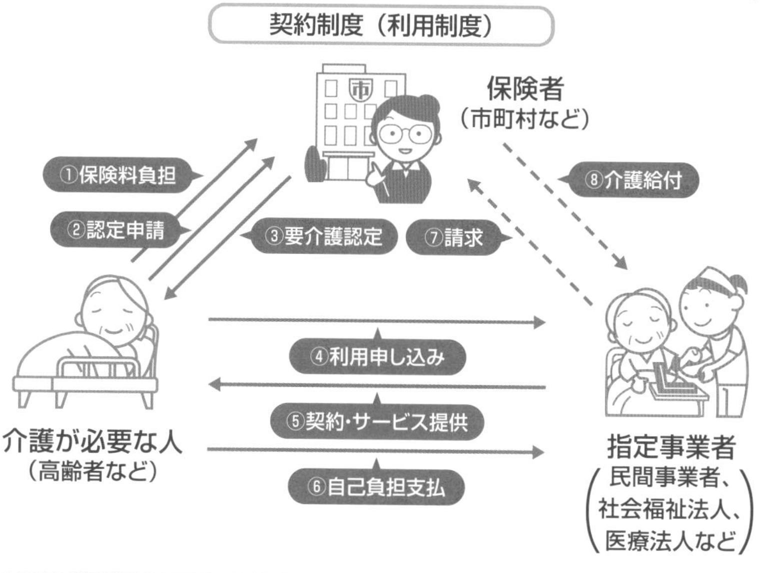

措置制度とは

サービスの利用を申し込んだ希望者に対して、市町村などの行政が必要性を判断し、提供するサービスの種類や提供元を決める制度。介護保険制度導入後も、介護放棄などの理由でサービス継続できない場合に利用される。

質問4 介護サービスはどのように提供されますか？

簡単に言うと、介護が必要な程度に応じて提供されるの。

利用者の状態で利用できるサービスが変わってくるってこと？

そうなの。利用者に制限があるサービスも多いわ。

介護が必要な程度で利用可能なサービスが決ります。

介護保険制度におけるサービスは対象とする利用者によって、**介護給付におけるサービス**、**介護予防給付におけるサービス**、**地域支援事業によるサービス**の3つに分類できます。それぞれ、介護給付におけるサービスは**要介護1-5**の認定者、介護予防給付におけるサービスは**要支援1-2**の認定者、地域支援事業によるサービスは要支援1-2の認定者と**2次予防事業対象者**と一般高齢者に提供されます。

このように国は、介護を必要とするレベルに応じて利用できるサービスを設定することで、限りある資源を有効活用しながら、高齢者の介護と介護予防を実現しようと考えているのです。

サービスによって指定・監督／実施する主体も変わります。

介護給付と介護予防給付におけるサービスはそれぞれ、指定・監督する自治体が異なります。

基本的に、介護給付におけるサービスは都道府県が、介護予防給付におけるサービスは市町村が指定・監督しています。ただし、介護給付における地域密着型サービスは市町村が指定・監督しており、介護給付におけるサービスの1つである**居宅介護支援**も2018年4月から、指定・監督権者が市町村に変更されました。

また地域支援事業によるサービスは市町村が実施主体ですが、地域包括支援センターの運営など、一部の事業は実施を委託できます。

サービスと利用者の関係

サービス	利用者
介護給付におけるサービス（地域密着型サービスを含む）	要介護1−5の認定者
介護予防給付におけるサービス（地域密着型サービスを含む）	要支援1−2の認定者
地域支援事業によるサービス	要支援1−2の認定者 2次予防事業対象者 一般高齢者

介護保険の保険給付とは

被保険者が介護が必要になった際になされる給付のこと。サービスで提供される現物給付と現金で提供される現金給付がある。

サービスと指定・監督／実施者の関係

サービス	指定・監督／実施者
介護給付・介護予防給付におけるサービス（居宅介護支援・予防介護支援と地域密着型サービスを除く）	都道府県・政令市・中核市が指定・監督
居宅介護支援・予防介護支援と地域密着型サービス	市町村が指定・監督
地域支援事業によるサービス	市町村が実施

地域支援事業とは

要支援・要介護になる可能性のある高齢者に対する介護予防サービスや生活支援サービスを提供する事業。

基礎編

質問5 介護給付におけるサービスには何がありますか？

「介護のサービス」と「介護＋医療のサービス」があるの。

あと、地域密着型っていうサービスもありましたよね。

あれは、サービスを提供する地域や規模が限定されてるのよ。

「介護のサービス」と「介護＋医療のサービス」があります。

介護給付におけるサービスは、**介護**と**介護＋医療**というサービスの内容と、**居宅**と**施設**というサービス利用者の居住する場所で分けて理解するとわかりやすいようです。**介護のサービス**では身体介護や生活援助などのサービスが主に提供され、**介護＋医療のサービス**では医療行為やリハビリ、療養指導などと介護サービスが一体的に提供されます。また居宅サービスは自宅で暮らす利用者に提供されるのに対して、施設サービスは福祉施設や保健施設などに**入所**している利用者に提供されます。なお、**特定施設入居者生活介護**は利用者が**入居**している居宅であり、居宅サービスに分類されるので注意してください（→サービス編　質問14）。

「居宅と施設のほか、地域密着型サービスも提供されます。

地域密着型サービスは、高齢者が住み慣れた地域で継続して生活できるようにするため、2005年から提供が開始されたサービスです。地域密着型サービスを利用できるのは、原則として施設が所在する市町村に居住する高齢者です。ただし地域密着型サービスの事業所は、規模が小さく受入人数が制限されていて、市町村が事業所の数や施設の基準などを設定しているため、サービスを受けられない地域もあります。

介護給付における地域密着型サービスには、認知症高齢者向けのサービスや中・重度の要介護高齢者向けのサービスが多く設定されています。なお2016年から、**小規模事業所の通所介護**も地域密着型サービスになりました。

介護給付におけるサービス

サービスの分類	介護のサービス	介護＋医療のサービス
居宅サービス （訪問・通所・短期入所） 	・訪問介護 ・訪問入浴介護 ・通所介護 ・短期入所生活介護	・訪問看護 ・訪問リハビリテーション ・居宅療養管理指導 ・通所リハビリテーション ・短期入所療養介護
居宅サービス （その他） 	・居宅介護支援 ・特定施設入居者生活介護 ・福祉用具貸与 ・特定福祉用具販売 ・住宅改修	
施設サービス 	・介護老人福祉施設	・介護老人保健施設 ・介護療養型医療施設 ・介護医療院
地域密着型サービス 	・認知症対応型共同生活介護 ・認知症対応型通所介護 ・地域密着型通所介護 ・療養通所介護 ・小規模多機能型居宅介護 ・夜間対応型訪問介護 ・地域密着型特定施設入居者生活介護 ・地域密着型介護老人福祉施設入所者生活介護	・定期巡回・随時対応型訪問介護看護 ・看護小規模多機能型居宅介護（複合型サービス）

介護給付とは

要介護認定で要介護 1-5 の認定を受けた高齢者などが利用できるサービスの提供に対して、指定介護サービス事業者に支払われる給付。

基礎編

質問6 介護予防給付におけるサービスには何がありますか？

基本的な考え方は、介護給付におけるサービスと同じよ。

じゃあ、何が違うんですか？

要支援者向けだから、サービスが少ないの。

予防給付も「介護」と「介護＋医療」に分類できます。

介護予防給付におけるサービスには施設サービスがなく、居宅サービスのみです。そのため、介護予防給付におけるサービスは、**介護**と**介護＋医療**というサービスの内容で分けて理解しましょう。介護予防の居宅サービスは多くが介護給付と同じですが、サービス名に**介護予防**という名称が付けられています。

このうち、**介護予防訪問介護**と**介護予防通所介護**は、2015年度から地域支援事業に移行されました。ただし、移行に3年間の猶予期間が設定されていたため、多くの市町村では2018年度から本格的に、地域支援事業によるサービスとして提供されるようになっています。

居宅のほか、地域密着型サービスも提供されます。

介護予防給付でも、施設が所在する市町村に居住する人に向けて、地域密着型サービスが提供されています。

提供されているのは、小規模多機能型居宅介護、認知症患者向けの共同生活介護や通所介護です。要支援者向けのサービスなので、中・重度の要介護高齢者向けのサービス、特定施設や特別養護老人ホームにおけるサービスは提供されていません。

なお、介護給付におけるサービスに必要な**ケアプラン**は**居宅介護支援事務所**が作成するのに対して、介護予防給付におけるサービスに必要なケアプランは**地域包括支援センター**が作成します（→サービス編　質問15）。

介護予防給付におけるサービス

サービスの分類	介護のサービス	介護＋医療のサービス
居宅サービス （訪問・通所・短期入所） 	・介護予防訪問入浴介護 ・介護予防短期入所生活介護	・介護予防訪問看護 ・介護予防訪問リハビリテーション ・介護予防居宅療養管理指導 ・介護予防通所リハビリテーション ・介護予防短期入所療養介護
居宅サービス （その他） 	・介護予防支援 ・介護予防特定施設入居者生活介護 ・介護予防福祉用具貸与 ・介護予防住宅改修	
地域密着型サービス 	・介護予防認知症対応型通所介護 ・介護予防認知症対応型共同生活介護 ・介護予防小規模多機能型居宅介護	

介護予防給付とは

要介護認定で要支援 1-2 の認定を受けた高齢者が利用できるサービスの提供に対して、指定介護サービス事業者に支払われる給付。

介護給付と介護予防給付におけるサービスの違い

	サービスの対象者	サービスの目標	ケアプランの作成	サービスの範囲
介護給付のサービス	要介護 1-5 の認定者	要介護状態などの軽減または悪化の防止	居宅介護支援事務所	すべてのサービス
介護予防給付のサービス	要支援 1-2 の認定者	要支援状態などの軽減または要介護への悪化の防止	地域包括支援センター	施設サービスと一部の地域密着型サービスを除くサービス

基礎編

質問7 地域支援事業によるサービスには何がありますか？

それが 2018 年度の改正で大きく変わって、結構、複雑なの。

何で、そんなに変わったのですか？

予防事業の強化と介護給付の抑制のためね。

総合事業、包括支援事業、任意事業で構成されます。

地域支援事業は、地域主体で介護予防と生活支援のサービスを提供する**介護予防・日常生活支援総合事業（総合事業）**、地域のケアマネジメントを総合的に支援する**包括的支援事業**、市町村の裁量で地域の実情に応じたサービスを提供する**任意事業**で構成されます（→サービス編　質問27-32）。

介護予防・日常生活支援総合事業はさらに、**介護予防・生活支援サービス事業**と**一般介護予防事業**に分けられます。前者は要支援者と2次予防事業対象者に身体介護や生活支援を提供するのに対して、後者はすべての高齢者の状況を把握しつつ介護予防のサービスを提供します。

地域包括支援センターが中心となって提供します。

地域支援事業の実施で中心的な役割を担うのが、**地域包括支援センター**です。地域包括支援センターは、介護予防・生活支援サービス事業における介護ケアマネジメント、一般介護予防事業における介護予防の活動支援や普及啓発の活動、包括支援事業における地域ケア会議の運営、任意事業における家族介護教室の開催など、様々な事業の実施主体となっています。

地域包括支援センターで働く**社会福祉士**、**主任ケアマネジャー**、**保健師**などのスタッフは、行政機関や医療機関、介護事業所などと協力して事業を実施し、それを市町村の**地域包括支援センター運営協議会**が人材派遣や運営協力などの面で支えます。

地域支援事業による事業

介護予防・日常生活支援総合事業（総合事業）

介護予防・生活支援サービス事業
- 訪問型サービス
- 通所型サービス
- 生活支援サービス
- 介護予防ケアマネジメント

一般介護予防事業
- 介護予防把握事業
- 介護予防普及啓発事業
- 地域介護予防活動支援事業
- 一般介護予防事業評価事業
- 地域リハビリテーション活動支援事業

介護予防ケアマネジメントとは

高齢者に対するスクリーニング、介護予防ケアプランの作成、サービス提供後の再アセスメント、事業評価などの業務。

包括的支援事業

- 介護予防ケアマネジメント事業
- 総合相談支援業務
- 権利擁護業務
- 包括的・継続的ケアマネジメント支援業務
- 在宅医療・介護連携推進事業
- 認知症施策総合推進事業
- 生活支援サービス体制整備事業
- 地域ケア会議の運営

任意事業

- 介護給付費適正化事業
- 家族介護支援事業
- その他の事業

地域包括支援センターの役割

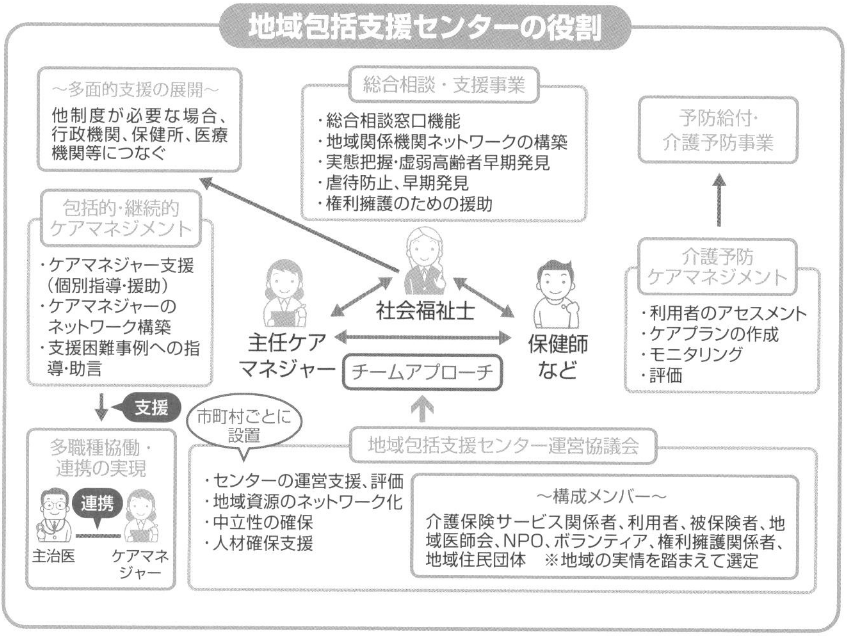

質問8 介護保険事業はどのように運営されていますか？

介護給付や税金などが事業の財源です。

すべてのサービスで同じですか？

サービスによって財源の割合が変わってきます。

介護保険料と公費が介護保険事業の財源です。

介護事業者は様々な介護サービスを提供する対価として、保険者である市町村などからの**介護給付**と利用者からの**サービス利用料**を受け取ります。介護給付の財源は、被保険者からの**介護保険料**と国・都道府県・市町村からの**公費**（税金など）です。

保険者である市町村などは、介護給付を円滑に給付するため、介護サービスごとの利用状況や財政状況を予測することで、**介護保険事業**を運営しています。そのため、市町村ごとに設定される65歳以上の被保険者の介護保険料は、介護保険事業の財政状況によって変わってきます。その地域に居住する被保険者の数や収入などに保険料収入が左右されるため、市町村によって保険料に差が生じるのです。

財源構成は、サービスによって異なります。

介護給付の財源は介護保険料と公費ですが、その財源構成は介護サービスの種類によって異なります。

居宅サービスと地域支援事業の介護予防・日常生活支援総合事業では国が公費の25%を、都道府県と市町村が12.5%ずつを負担しているのに対して、施設サービスでは施設サービスの指定・監督権者である都道府県の負担が高くなっています。

また、介護給付や介護予防給付におけるサービスでは介護保険料と公費の割合が50：50である一方、地域支援事業の包括支援事業と任意事業は、80%近くが公費によってまかなわれています。

介護給付と公費のしくみ

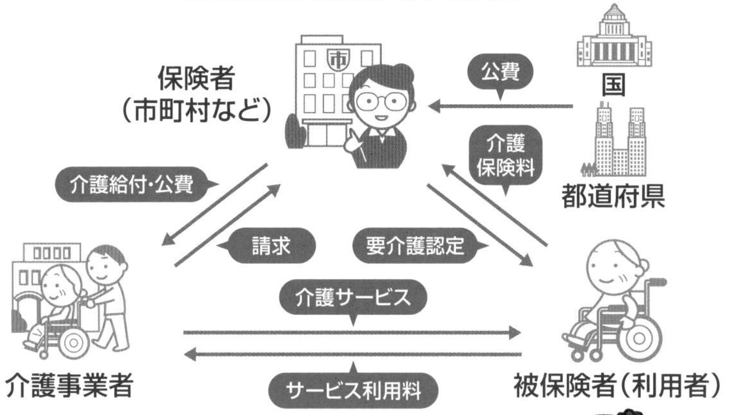

公費とは

国や自治体の費用のこと。一般に税金で集めたお金のことを指し、私費の対義語である。

介護保険事業の財源構成

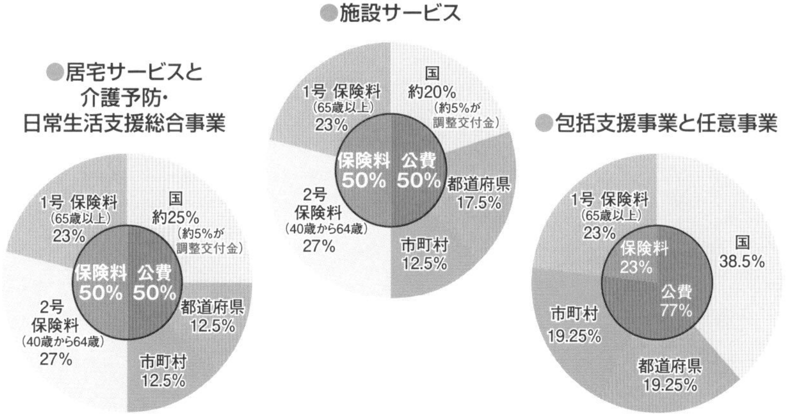

調整交付金とは

後期高齢者加入割合と所得段階別被保険者割合の全国平均との格差によって生じる保険料基準額の格差調整のために交付される交付金。

基礎編

質問9 介護サービスの利用者数は増えていますか？

2000年と比較して、要介護・支援認定者の数は倍以上です。

ということは、つまり？

介護サービスの利用件数も、開始当初から倍以上になっています。

国は、介護保険事業状況報告で認定者数を把握しています。

国は、介護保険事業を適切に運営するため、保険者からの報告数値を全国集計した**介護保険事業状況報告**によって、要介護・支援者の数や介護サービスの利用状況などを把握しています。2021年度の介護保険事業状況報告によれば、要介護者または要支援者と認定された人の数は約690万人となっています。最も数が多いのは、要介護1の140万人であり、要介護2は113万人強、要支援1は96万人、要支援2は93万人と続きます。いずれも、介護保険制度開始された2000年から2倍以上に増えています。また年齢が高くなると認定者が増え、75歳以上が認定者全体の9割弱を占めています。

利用件数ベースで多いのは、施設、訪問、通所サービスです。

介護保険事業状況報告では、居宅サービス、地域密着型サービス、施設サービスの利用状況を、要介護度の区分ごとに調査しています。

2021年度の調査によれば、利用件数が多いのは居宅介護支援・介護予防支援、居宅療養管理指導、福祉用具貸与であり、給付費の支給額が高いのは介護老人福祉施設、介護老人保健施設、通所介護、訪問介護、認知症対応型共同生活介護となっています。

厚生労働省は、サービスの利用状況や介護保険事業の財政負担に応じて、介護報酬の点数を調整することで給付額を抑える施策を立てています。

要介護度別の要介護者数の推移

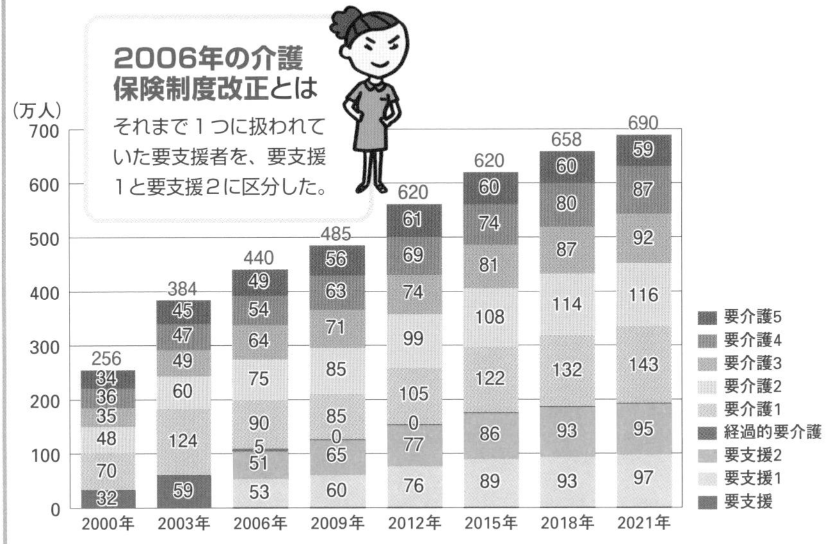

出典:「介護保険事業状況報告」（厚生労働省）

介護サービスの利用状況

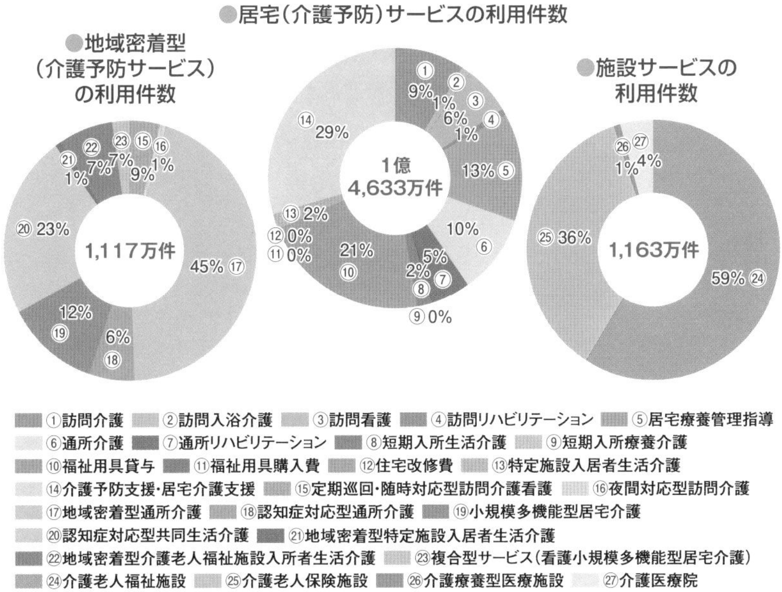

出典:「介護保険事業状況報告」（厚生労働省）

質問10 介護保険事業の財政状況はどうなっていますか？

ぶっちゃけ、結構、厳しいのです。

破綻しそうってことですか？

このままいくと、その可能性もありますね。

介護給付は制度開始以来、基本的に増え続けています。

介護保険事業状況報告によれば、1人あたり費用額と要介護・支援者数の増加にともなって介護給付の費用は制度開始以来、基本的に増え続けています。

2021年度には、介護保険事業の総費用が11.3兆円と、その額は開始当初の2000年と比較して3倍弱となっています。

市町村や都道府県は介護保険制度を維持するため、3年に1度、**介護保険事業計画**を策定し、介護保険料の見直しを行っています。そのため、2021-2023年度の時点で、保険料の最も高い市町村と最も低い市町村との間には約3倍の差がついています。

社会保障費の増加は、財政収支悪化の最大要因です。

増え続ける介護保険事業の費用は、介護給付の50%以上を負担する国や自治体にとっても大きな負担になっています。

介護、医療、年金などの社会保障費は2025年には141兆円に達するとの試算もあり、日本の財政収支悪化の最大要因となっています。高齢化によってGDPの伸びが鈍化するなかで、このまま増え続ければ、日本の財政が破綻する可能性もあります。

そのため国は、介護予防事業やリハビリテーションに力を入れることにより、介護給付の伸びを抑えようとしています。

保険給付（介護給付・予防給付）総数

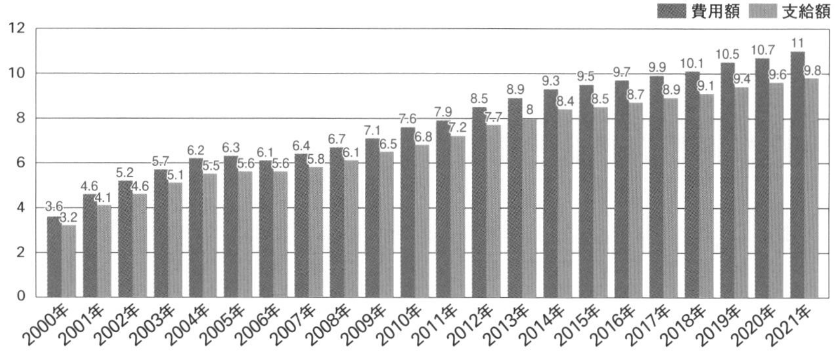

出典:「介護保険事業状況報告」（厚生労働省）

介護保険事業計画とは

介護保険における保険給付を円滑に実施するための計画。市町村は介護保険事業計画を、都道府県は介護保険事業支援計画を立てる。

社会保障給付の見通し

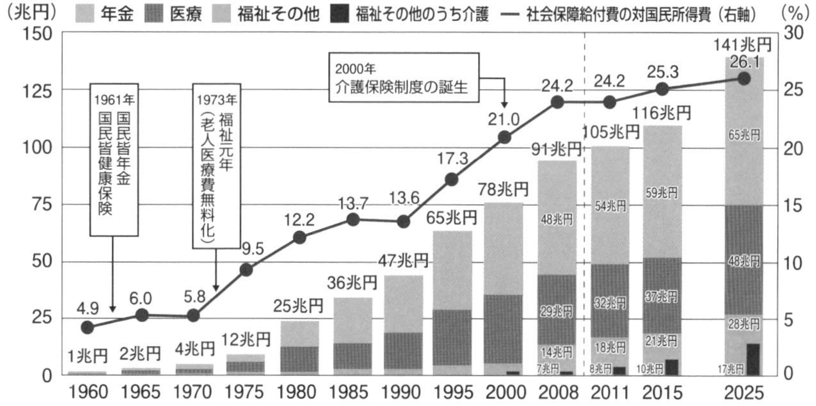

出典:「財務省資料より一部改変」

社会保障費とは

社会保障制度の実現などに必要な費用。欧州諸国と比較すると、日本の社会保障費は規模がそれほど大きくないと言われる。

2章では、何を学ぶのですか?

まずは、介護保険の保険者と被保険者の関係を整理しましょう。

それって、何か、意味があるのですか？

介護保険制度における重要なプレイヤーの役割が理解できます。

なるほど、で、その次は？

要介護認定のしくみと要介護度について理解します。

要介護度によって、受けられるサービスが決まるんですよね。

同時に、受けられる回数や時間も決まるのです。

介護が必要な程度などに応じて、サービス計画を決めるんですよね。

それが、ケアプラン。同時に、利用者が負担する額も決まるんだ。

なるほど、「ご利用は計画的に」というわけですね。

2章で学ぶこと

- 介護保険における保険者、被保険者とは誰か？
- 要介護度とケアプランはどのように決められているか？
- 介護報酬や利用者負担はどのように決められているか？

基礎編

［2章］介護保険のしくみ

介護保険の保険者と被保険者

要介護・支援度とケアプランのしくみ

介護報酬・費用負担のしくみ

基礎編

質問 11

介護保険制度における被保険者とは誰ですか？

40 歳以上の人は、ほぼ全員、被保険者だよ。

じゃあ、私も 40 歳になったら保険料を払うことになるんですか？

医療保険料と一緒に払うから、気付いてない人も多いけどね。

被保険者は、年齢によって第1号と第2号に分けられます。

介護保険制度における**被保険者**とは、保険者である市町村の区域内に住所がある 40 歳以上の住民です。介護保険は国が加入を義務付けている制度であり、対象者は全員、強制的に介護保険に加入させられ、介護保険料を支払わなくてはなりません。介護給付の対象となる被保険者は、65 歳以上の全員である**第 1 号被保険者**と、40 歳以上 65 歳未満の医療保険加入者である**第 2 号被保険者**に分けられます。第 1 号被保険者は**要介護認定**を受けることで、第 2 号被保険者は**老化に起因する特定疾病**による要介護認定を受けることで、介護サービスを利用できるようになります。現在、要介護認定者の 9 割近くが 75 歳以上の第 1 号被保険者です。

介護保険料は、市町村または医療保険者が徴収します。

介護保険料は、**本人または世帯員の所得**に応じて市町村（保険者）ごとに設定されています。介護保険料は、40 歳以上 65 歳未満の被保険者から基本的に市町村が徴収します。ただし、第 2 号被保険者については、**第 2 号被保険者数の総報酬に応じて決まる保険料額**を健保組合や国民健康保険組合などの**医療保険者**が医療保険料と一緒に**介護納付金**として徴収します。

なお、40 歳から 65 歳未満の日本国内に住所がない海外居住者、在留期間 3 か月以下の外国人、**介護保険適用除外施設**に入所している人は、**介護保険適用除外**の届けを出せば、介護保険料を納付する必要がなくなります。

介護保険の被保険者

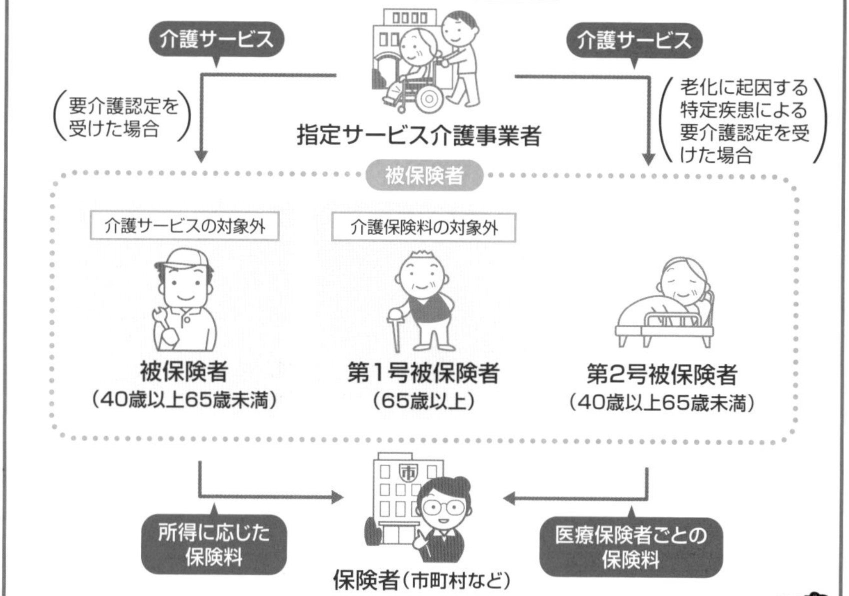

老化に起因する特定疾病とは

①がん（末期）、②関節リウマチ、③筋萎縮性側索硬化症、④後縦靱帯骨化症、⑤骨折を伴う骨粗鬆症、⑥初老期における認知症、⑦進行性核上性麻痺、大脳皮質基底核変性症およびパーキンソン病、⑧脊髄小脳変性症、⑨脊柱管狭窄症、⑩早老症、⑪多系統萎縮症、⑫糖尿病性神経障害、糖尿病性腎症および糖尿病性網膜症、⑬脳血管疾患、⑭閉塞性動脈硬化症、⑮慢性閉塞性肺疾患、⑯両側の膝関節または股関節に著しい変形を伴う変形性関節症のこと。

要介護認定の認定者数

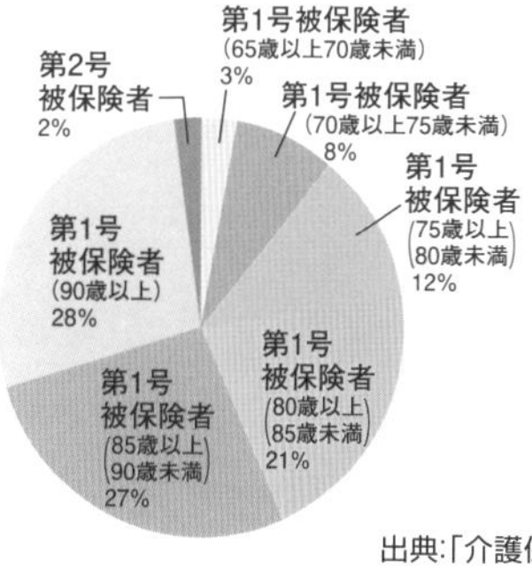

出典:「介護保険事業状況報告」（厚生労働省）

介護保険適用除外施設とは

①身体障害者療護施設、②重症心身障害児施設、③指定国立療養所などの重症心身障害児（者）病棟、④国立重度知的障害者総合施設のぞみの園の規定による福祉施設、⑤ハンセン病療養所、⑥救護施設、⑦労働者災害介護施設などのこと。

基礎編

質問12 介護保険制度における保険者とは誰ですか？

市町村が保険者の役割を担っているんだ。

じゃあ、介護事業者からの給付請求も市役所が処理しているんですか？

いや、そうした業務は国保連合会に委託しているよ。

市町村や特別区、広域連合などが、介護保険の保険者です。

介護保険制度における**保険者**とは、通常、被保険者である住民が居住する区域の**市町村**および**特別区**です。ただし、市町村が集まった**広域連合**が保険者になることもあります。介護保険事業の運営主体である保険者は、**被保険者台帳**の作成などにより被保険者を管理し、保険料を徴収しています。

保険者は、65 歳になると被保険者に**被保険者証**を交付します。また被保険者からの申請を受けて**要介護認定**を行い、被保険者の要介護・支援度を認定し、要介護認定の有効期間を管理します。これにより、被保険者が介護保険サービスを受けられるのです。

保険料を設定し、介護保険事業の会計業務を担います。

保険者は、介護サービスの利用状況や利用予測などに基いて、**介護保険事業計画**を策定し、保険料を設定しています。市町村独自のサービスを整備し、その利用料を設定することもあります。

介護保険事業は、介護保険料のほか、国や都道府県、市町村の公費（税金）などによって運営されているので、それらの会計業務も保険者の役割です。ただし、介護事業者からの**介護給付費などの請求**を処理する給付業務は**国民健康保険団体連合会**（**国保連合会**）に委託しています。また、住宅改修・福祉用具サービス利用にあたっての償還払い手続きの処理、地域支援事業などの計画・実施なども担っています。

介護保険の保険者

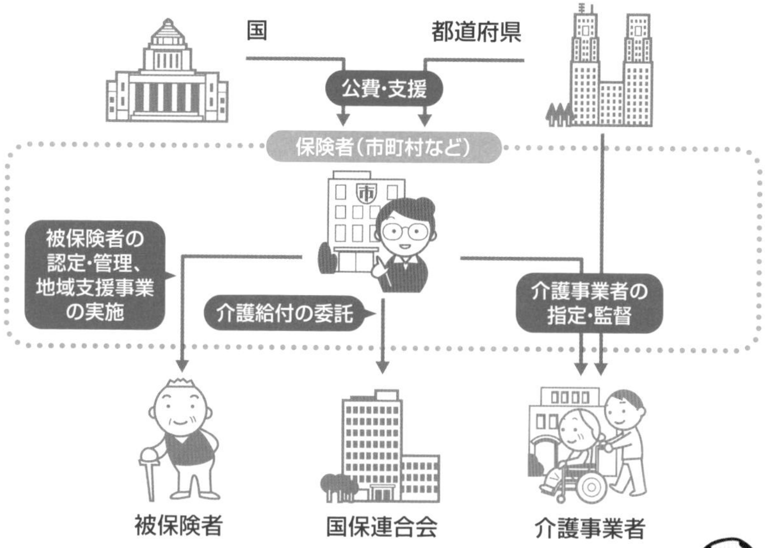

国民健康保険団体連合会（国保連合会）とは

診療報酬の審査支払などの国保事業を適正かつ円滑に行うために、市町村や国民健康保険組合などが都道府県ごとに設立した公法人。

被保険者と介護給付の管理

被保険者の認定・管理

- 要介護認定
- ↓
- 被保険者証の発行・更新

- 被保険者台帳の作成
- ↓
- 保険料の徴収・管理

介護給付の管理

- 介護保険事業計画の策定
- ↓
- 保険料の設定

- 介護保険事業の会計
- ↓
- 介護給付費の給付

基礎編

質問13 介護保険制度における介護事業者とは誰ですか？

実は、介護事業者には色々な種類があるんだ。

そう言えば、ABC 市もグループホームを運営してましたよね。

最近、自治体が運営する施設は少なくなったよ。

都道府県や市町村の指定を受けた事業者・団体です。

指定介護サービス事業者とは、都道府県や市町村に指定を受けた事業者·団体です。どちらの指定を受けるかは、提供する介護サービスによって変わります（→基礎編 質問 4）。指定を受けるには、申請し、指定前研修を受けた上で、審査を受ける必要があります。審査では、**提供する介護サービスごとの人員・設備・運営基準**などをチェックします（→サービス編 質問 5）。指定介護事業者は、介護報酬の 9 割から 7 割を保険者から受け取れます。なお、サービス要件を一部満たしていなくても、都道府県や市町村が**一定水準を満たすと認めたサービス（基準該当サービス）**を提供する事業者も存在します。

提供するサービスは運営主体によって変わってきます。

現在、指定介護サービス事業者の運営主体は、社会福祉法人、医療法人、自治体、NPO、民間事業者など様々で、運営事業者によって主に提供するサービスも異なります。

介護保険制度誕生前から介護サービスを提供している社会福祉法人は短期入所施設や介護老人福祉施設など、医療管理下での介護を提供する医療法人は介護老人保健施設や介護療養型医療施設、訪問看護ステーションなどを運営しています。また、民間事業者は主に医学管理を必要としない介護サービスを提供し、NPO は地域密着型サービスや小規模な訪問・通所サービスなどを提供しています。

指定介護サービス事業者

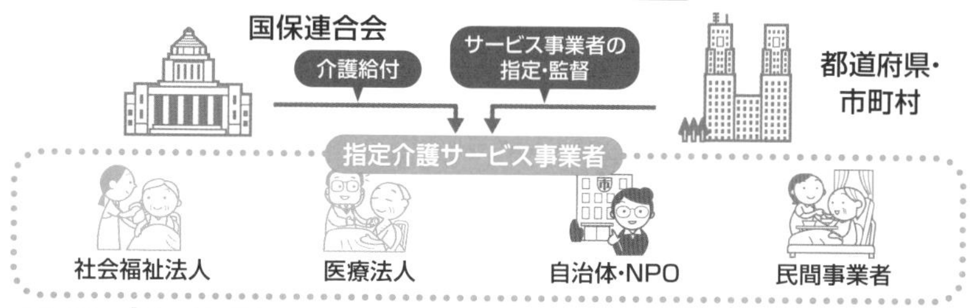

指定介護サービス事業者の指定更新とは

指定介護保険事業者の指定を受けた事業者が、6 年に一度、更新申請と更新申請書類の審査を受ける制度。2006 年の制度改正で導入された。

介護サービス事業者が運営する事業所

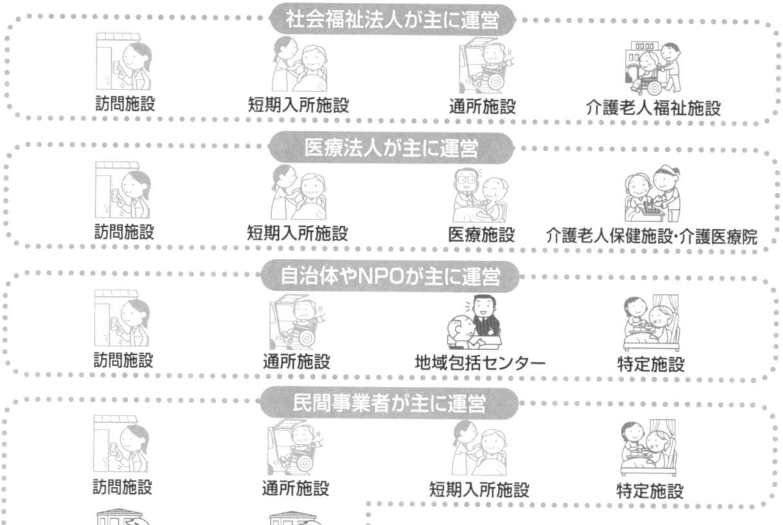

介護医療院とは

急性疾患からの回復期にある寝たきり患者に対する医学的管理下のケアを中心に提供する医療施設。慢性期の医療機能や看取り・ターミナルケア機能と介護を一体的に提供する。主に医療法人によって運営される。

基礎編

質問 14 要介護・支援度は何のために認定するのですか？

申請者が必要とする介護サービスの程度を理解するためよ。

たしかに、身体の状態や置かれた環境は人によって様々ですよね。

だから、総合的に判断できるように2段階で判定しているわ。

申請者が必要とする介護の程度を把握するためです。

要介護認定とは、「要介護認定の申請者にどの程度の介護が必要か」を保険者が把握するために行われる作業です。

介護給付の対象となる被保険者は、介護保険のサービスを利用するにあたって必ず要介護認定を受けなくてはなりません。これは、介護が必要な程度に応じてサービスを提供するため、そして限りある介護保険料や公費を最大限有効活用するためです。介護保険（**1割から3割の利用者負担**）で利用できるサービスの種類や量は要介護・支援度に応じて決められています。また、要介護・支援度は利用者の一時的な状態なので、要介護認定には**有効期間**が設けられています（2021年度に一部改正）。

要介護認定は、2段階の判定により行われます。

要介護認定では通常、まずは本人や家族などが申請書類に記入して介護保険の被保険者証とともに市町村に提出します（①**申請**）。

申請を受けた役所の担当者は利用者宅を訪問し、聞き取り調査を実施し（②**認定調査**）、その結果を**調査票**と**特記事項**にまとめます。調査票を全国共通の判定ソフトで処理することで得られるのが「③**一次判定**」です。**介護認定審査会**は、一次判定の結果、特記事項、主治医からの**意見書**に基いて「④**審査**」を行い、介護の必要性と程度を判定します（⑤**二次判定**）。その判定に基づいて、市町村が要介護・支援度を認定するのです（⑥**要介護認定**）。

要介護認定の流れ

被保険者（利用者）
↓
①申請
↓
保険者（市町村）
↓
②認定調査
↓
③一次判定
↓

主治医
↓
意見書
↓

介護認定審査会
↓
④審査
↓
⑤二次判定
↓
保険者
↓
⑥要介護認定
↓
被保険者
↓
⑦ケアプラン作成依頼
↓
ケアマネジャー
↓
⑧ケアプラン作成
↓
被保険者

介護認定審査会とは

医師、看護師、介護支援専門員、社会福祉士など、保健・医療・福祉の学識経験者の委員で構成される審査会。任期は２年間で、市町村長が任命する。

要介護認定の有効期間

種類		原則の有効期間	設定可能な有効期間
新規申請		6ヶ月	3－12ヶ月
区分変更申請		6ヶ月	3－12ヶ月
更新申請	前回要支援→今回要支援	12ヶ月	3－48ヶ月
	前回要介護→今回要介護	12ヶ月	3－48ヶ月
	前回要支援→今回要介護	12ヶ月	3－48ヶ月
	前回要介護→今回要支援	12ヶ月	3－48ヶ月

*赤字は、21年度に改正

質問15 要介護・支援度はどのように判定しますか？

一次判定には、基本的に調査票を使うの。

じゃあ、二次は？

主治医意見書や特記事項を考慮するのよ。

一次判定では、基本的に調査票を使います。

要介護認定の**一次判定**では、「施設に入所している高齢者がどのような介護をどの程度必要か」というサンプルデータに基づいて**直接生活介助**、**間接生活介助**、**問題行動関連介助**（認知症）、**機能訓練関連行為**、**医療関連行為**に必要な**要介護認定等基準時間**を算出します。この要介護認定等基準時間と**認知症加算**の合計によって、高齢者を要支援１から要介護５までの７段階で、要介護・支援度を判定します。

一次判定の判定には基本的に**調査票**が使われます。ただし、認知機能や運動機能の低下していない認知症高齢者については、**主治医意見書**も考慮の上で、判定します。

二次判定では、主治医意見書や特記事項を考慮します。

二次認定の審査では、主治医意見書や**認定調査の特記事項**に基づいて介護認定審査会が「介護の手間」を議論し、新たな情報があれば、ときに一次判定の結果を変更します。また要支援度は、介護の手間だけでなく、**状態の維持・改善可能性**も踏まえて判定します。特に要支援２か要支援１かの判断では「日常生活に支障をきたす認知症の有無」「病気・怪我による心身状態の不安定性」などが考慮されます。

要介護認定の結果と高齢者の身体の状況とは、必ずしもすべて一致するわけではありません。また要介護認定等基準時間とは「ものさし」であり、実際のサービス時間ではないため、注意が必要です。

要介護度の判定

要介護度	要介護認定等基準時間
要支援 1	要介護等基準認定時間が 1 日 25 分以上 32 分未満
要支援 2	要介護等基準認定時間が 1 日 32 分以上 50 分未満
要介護 1	要介護等基準認定時間が 1 日 32 分以上 50 分未満
要介護 2	要介護等基準認定時間が 1 日 50 分以上 70 分未満
要介護 3	要介護等基準認定時間が 1 日 70 分以上 90 分未満
要介護 4	要介護等基準認定時間が 1 日 90 分以上 110 分未満
要介護 5	要介護等基準認定時間が 1 日 110 分以上

↓

要介護度	基準
2 次予防事業対象者 	放っておくと**要介護・支援状態になる可能性の高い状態**
要支援 1 	日常生活に支障はないが要介護状態とならないように**一部支援が必要**な状態
要支援 2 	歩行などに不安が見られ、排泄・入浴などに**一部介助が必要で身体機能に改善の可能性がある**状態
要介護 1 	立ち上がりが不安定でつえ歩行の場合があり**排泄・入浴などに一部介助**を要する状態
要介護 2 	立ち上がりなどが自力では困難で排泄・入浴などに部分的介助ないし全介助が必要な状態
要介護 3 	立ち上がり・起き上がりなどが自力でできずに排泄・入浴・衣服の脱着など**日常生活全般に部分的介助ないし全介助**が必要な状態
要介護 4 	寝たきりに近く排泄・入浴・衣服脱着など日常生活全般に**全介助が必要**な状態
要介護 5 	日常生活全般に全介助が必要で**意思伝達も困難**な状態

要介護認定等基準時間とは

直接生活介助、間接生活介助、問題行動関連介助、機能訓練関連行為、医療関連行為の 5 分野について計算される介護に必要な時間。

問題行動関連介助とは

徘徊、不潔行動などの行為に対する探索、後始末などの対応行為のこと。主に認知症患者の介護に際して必要となる。

基礎編

質問 16 ケアプランは何のために作成するのですか？

ニーズに応じたサービスを提供するためね。

具体的には、どうするんですか？

ケアマネが、課題を分析して、事業者と調整するの。

ニーズに応じたサービスを提供するためです。

要介護認定では、**非該当**（自立）、**要支援 1-2**、**要介護 1-5** のいずれかの判定を受けます。そして要支援 1-2 や要介護 1-5 に認定された被保険者は、どのような介護サービスをどのくらい受けるかを決めることになります。その際に作成するのが、**介護サービス計画書**、通称**ケアプラン**です。

ケアプランは通常、要介護者であれば居宅介護支援事務所、要支援者であれば地域包括支援センターの**ケアマネジャー**が作成します。ケアマネジャーは、利用者の課題を分析して**ケアプラン原案**を作成し、介護事業所の担当者などと**サービス担当者会議**で検討の上、最終的なケアプランを作成し、被保険者に交付します。

ケアプランは第1-3表などで構成されます。

要介護者向けのケアプランは、通常、居宅サービス計画書である**第 1 表**と**第 2 表**、週間サービス計画表である**第 3 表**などをケアマネジャーが作成します。

第 1 表には、本人の名前や住所や要介護度、作成日や認定日といった基本データのほか、**利用者や家族の生活に対する意向**、**現在の身体・心の状態**、**総合的な方針**など、第 2 表には、「1 人でトイレに行きたい」などといった**課題と短期・長期の目標**、それを実現するための**介護サービスの内容と種類**を期間や頻度とともに記述します。そして第 3 表は、サービス内容と介護サービスの種類を**週間スケジュール**の形で示した行動プランです。

ケアプラン第1-3表

No
初回・紹介・継続 | 認定済・申請中 | 要支援1・要支援2 | 地域支援事業
介護予防サービス・支援計画表（1／3）
利用者名 様
認定年月日 年 月 日 認定の有効期間 年 月 日～ 年 月 日
計画作成者氏名
委託の場合：担当地域包括支援センター
計画作成事業者
事業所名及び所在地（連絡先）
計画作成（変更）日 年 月 日（初回作成日 年 月 日）
目標とする生活 1日、1週間、または1月
1年
総合的な方針（生活の不活発化の改善・予防のポイント）
【地域包括支援センター記入欄】
担当地域包括支援センター 名称 確認印
意見
【利用者記入欄】
介護予防サービス・支援計画について、同意いたします。
年 月 日
氏名 印

No
介護予防サービス・支援計画表（2／3）
利用者名 様 計画作成（変更）日 年 月 日

現在の状況	本人・家族の意欲・意向		総合的課題	課題に対する目標と具体策の提案	具体策についての本人・家族の意向
運動・移動について		□有 □無			
日常生活（家庭生活）について		□有 □無			
社会参加、対人関係・コミュニケーションについて		□有 □無			
健康管理について		□有 □無			
その他の事項について		□有 □無			

No
介護予防サービス・支援計画表（3／3）
利用者名 様 計画作成（変更）日 年 月 日

目標	支援計画						
	目標についての支援のポイント	具体的な支援の内容	※1	サービス種別	サービス提供者（事業所）	頻度	期間

【本来行うべき支援が実施できない場合 当面の方針】

ケアプラン第1表には

利用者や家族の意向と現在の心身状況、それに対する総合的な援助の方針などをまとめる。

ケアプラン第2表には

個々の具体的な課題とそれに対する短期・長期の目標、それを実現するための介護サービスの内容と種類を記述する。

ケアプラン第3表には

第2表で記述した介護サービスの内容と種類を週間スケジュール表の形で記述する。

ケアプラン作成とその後の流れ

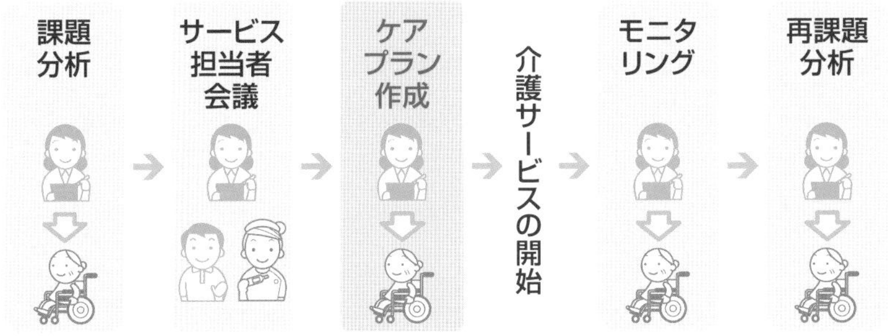

基礎編

質問 17 介護報酬はどのように決められていますか？

国が、サービスごとに決めています。

でも、何とか加算とか、ありましたよね？

そう、提供体制や利用者の状況などによって加算・減算されるのです。

介護報酬は国がサービスごとに決めています。

介護報酬とは、介護保険が適用される介護サービスごとに決められた、基本的なサービス利用料金です。指定介護サービス事業者は、介護報酬の１割から３割（**サービス利用料**）を利用者から受け取り、９割から７割（**介護給付**）を保険者から受け取ります。

介護報酬は、介護事業所のサービス提供体制や利用者の状況などに応じて加算・減算されます。また、訪問介護であれば**「身体介護」と「生活援助」は時間単位、「通院等乗降介助」は回数単位**というように、報酬が設定されている単位もサービスによって異なります。

介護報酬は、単位に地域別単価を乗じて算出されます。

住宅改修と福祉用具購入以外の介護サービスの介護報酬は、金額ではなく単位で設定されています。介護報酬の単位は、**１単位＝10円**を基本とした**地域・人件費割合別単価**です。地域は**１級地～７級地とその他**の８つに区分され、地価や賃金の高い都心などでは高く設定されています。たとえば、１級地である東京23区では「人件費割合70%のサービス（訪問介護、訪問看護などが該当）」の介護報酬は「1単位＝11.40円」となっています。

介護事業者は、サービス実績に応じて介護報酬の７割から９割を各都道府県の**国民健康保険団体連合会（国保連）**に請求することになります。

訪問サービスの給付単位（例）

介護サービスの種類	時間・回数単位	時間帯	加算・減算要件	サービス内容略称	国が定めた給付単位
身体介護	20 分未満	日中	特になし	身体介護 1	163
身体介護	20 分以上 30 分未満	日中	特になし	身体介護 2	244
身体介護	30 分以上 1 時間未満	日中	特になし	身体介護 3	387
身体介護	1 時間以上 1 時間 30 分未満	日中	特になし	身体介護 4	567+{82×(30分ごとに1単位)}
通院等乗降介助	1 回	日中	特になし	通院等乗降介助・Ⅲ	97
初回加算					200（1月）
生活機能向上連携加算（Ⅰ）					100（1月）

サービス内容略称とは

介護給付費単位数表の算定項目に対応した省略名称で、最大 16 文字。
算定項目を複数合成しているものは「・」の区切りを付ける。

介護報酬の計算式（例）と地域・人件費割合別単価

介護報酬 ＝（介護報酬の点数 ＋ サービス・体制・設備などによる加算・減算点数）× 地域・人件費割合別の単価 × 利用回数

●地域・人件費割合別単価

		1 級地	2 級地	3 級地	4 級地	5 級地	6 級地	7 級地	その他
上乗せ割合		20%	16%	15%	12%	10%	6%	3%	0%
人件費割合	70%	11.40円	11.12円	11.05円	10.84円	10.70円	10.42円	10.21円	10円
	55%	11.10円	10.88円	10.83円	10.66円	10.55円	10.33円	10.17円	10円
	45%	10.90円	10.72円	10.68円	10.54円	10.45円	10.27円	10.14円	10円

基礎編

質問 18 利用者の費用負担はどうなっていますか？

利用者が原則、1 割から 3 割負担します。

負担額の違いは何ですか？

簡単に言えば、所得の違いです。

利用者は原則、介護報酬の1割から3割を負担します。

介護サービスの利用者は原則、所得に応じて介護報酬の 1 割から 3 割を**サービス利用料**として負担します。

ただし、この原則には例外があります。ケアプラン作成の**居宅介護支援**と**介護予防支援**は介護報酬の全額を保険者が負担します。また、通所・短期入所・施設サービスや特定施設における食費、滞在費、家賃・管理費、教養娯楽費、交通費などは全額、利用者が負担することになります。

なお、自治体や社会福祉法人によっては、所得が低く、生計を立てるのが困難な人に対して、サービス利用料や食費の一部を助成しています。

費用負担には現物支給と償還払いがあります。

利用者の費用負担には、2 通りの方法があります。訪問サービスや通所サービスについては、通常、利用者が利用料の 1 割から 3 割を支払い、残りは介護事業者が国保連に請求します。これは、**現物支給方式**と呼ばれます。一方、住宅改修や福祉用具貸与などのサービスでは、利用者がいったん費用の全額を支払い、その後保険者に**支給申請書**を提出することで、費用の 9 割から 7 割を受け取る**償還払い方式**が一般的です。なお、ケアプランは利用者本人あるいはその家族が自ら作成することも可能です。その場合、保険者や地域包括支援センターに事前申請の上、関係者とサービス担当者会議を開催し、保険者にケアプランを提出します。

利用者の費用負担

利用者の費用負担 ＝ 原則１割から３割

介護サービスと関連サービス	利用者の負担額
居宅介護支援、介護予防支援	費用の負担なし （保険者が全額負担）
居宅サービス、地域密着型サービス、施設サービス （ただし、自治体によっては利用者負担額軽減制度あり）	費用の１割～３割 （保険者が９割～７割負担）
食費、滞在費、家賃･管理費、教養娯楽費、特別室の費用、サービス利用時の交通費など	費用の全額 （ただし、利用者負担額軽減制度あり）

利用者負担軽減制度とは

所得が低く、生計を立てるのが困難な人に対して、サービス利用料の負担や食費の負担の一部を助成する制度。

費用負担の方法

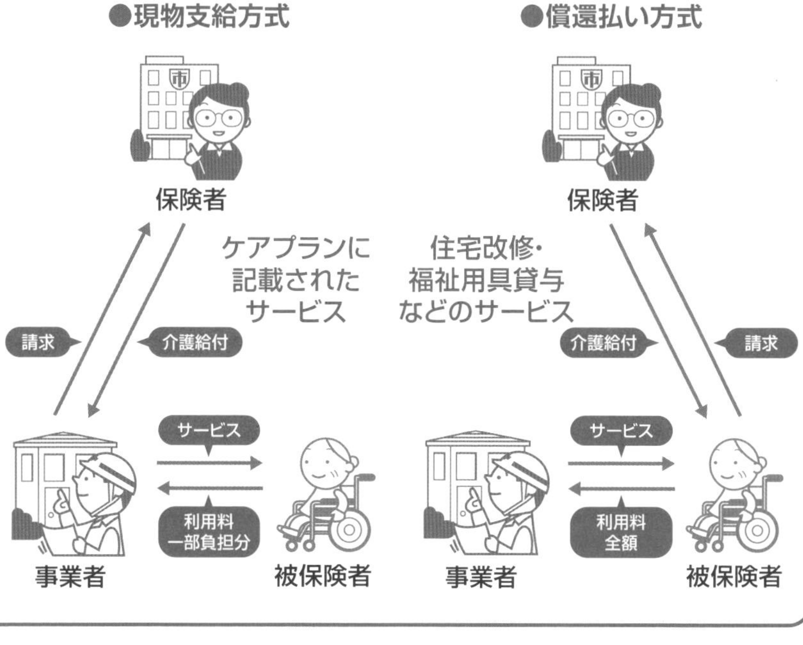

基礎編

質問19 介護給付の支給限度基準額とは何ですか？

簡単に言うと、1割から3割の自己負担で利用できるサービスの上限です。

もし、上限を超えたら？

超えた分は全額自己負担になります。

公費による給付が受けられる介護サービスの限度額です。

介護保険制度では、サービスの過度な利用を抑えるため、公費による給付で利用できるサービスの限度額として**支給限度基準額**を定めています。住宅改修と福祉用具購入以外の居宅サービスの支給限度基準額は、**区分支給限度基準額**と呼ばれ、要介護度ごとの点数で設定されています。住宅改修については**1回に限り20万円**、福祉用具購入については**1年に10万円**が上限額です。支給限度額を超えてサービスを利用した場合、超えた分は全額、利用者の負担となります。ただし、利用者の費用負担が一定額を超えた場合、**高額介護サービス費支給制度**により、超えた分は申請すれば支給されます。

ケアマネジャーは、支給限度額内でケアプランを立てます。

ケアマネジャーは、原則として、要介護度ごとに設定された支給限度基準額の範囲内で、ケアプランを作成することになります。

ただし、施設サービス、特定施設やグループホームなどの居住系施設におけるサービスについてはサービス利用料が一日定額で設定されているので、通常、支給限度基準額を考慮する必要はありません。また、医療系スタッフが提供する**居宅療養管理指導**も支給限度基準額の対象外となっています。なお、保険者（市町村）の判断でサービスごとに利用限度額を設定する**種類支給限度基準額**という制度もありますが、あまり活用されていないようです。

介護給付の支給限度額

要介護度	区分支給限度基準額	住宅改修費 支給限度基準額	福祉用具購入費 支給限度基準額
要支援 1	5,032　単位／月	20 万円（1 回限り）	10 万円／1 年
要支援 2	10,531　単位／月	20 万円（1 回限り）	10 万円／1 年
要介護 1	16,765　単位／月	20 万円（1 回限り）	10 万円／1 年
要介護 2	19,705　単位／月	20 万円（1 回限り）	10 万円／1 年
要介護 3	27,048　単位／月	20 万円（1 回限り）	10 万円／1 年
要介護 4	30,938　単位／月	20 万円（1 回限り）	10 万円／1 年
要介護 5	36,217　単位／月	20 万円（1 回限り）	10 万円／1 年

支給限度基準額とは

介護サービスの過度な利用を抑えるために設定された、利用できるサービスの限度額。市町村が独自に上げることも可能。

要介護度 3 の支給限度額内での利用

曜日	月	火	水	木	金	土	日
午前	デイサービス	ヘルパー	デイケア	訪問看護	デイサービス	ヘルパー	家族介護
午後		ヘルパー				ヘルパー	
サービス内容	介護・入浴・送迎	身体介護（30分から1時間未満）を昼・夕方2回利用	機能訓練・入浴・送迎	看護（30分から1時間未満）を昼1回利用	介護・入浴・送迎	身体介護（30分から1時間未満）を昼・夕方2回利用	
	900点	774点	1,039点	821点	900点	774点	**計5,208点**

5,208 単位／週 × 4.2 週 ＝ 21,873 単位／月 ＜ 27,048 点

3章では、何を学ぶのですか?

まずは、介護現場で働くスタッフについて学びましょう。

つまり、僕ら自身のことを学ぶということですか?

そう、介護保険制度ではスタッフの役割や資格が決められているのです。

お役所が作った制度だけあって、結構、うるさいですね。

むっっ。で、介護サービスを提供する施設について学びます。

訪問施設や通所施設、特定施設や介護保険施設、結構、色々ありますよね。

重要なのは、施設ごとに人員や設備の基準が決められている点です。

基準を満たしていないと?

保険者から介護給付を受け取れなくなります。

なるほど、固そうなしくみだ。

3章で学ぶこと

- **介護現場ではどのようなスタッフが働いているか?**
- **介護サービスを提供する事業所には何があるか?**

サービス編

［3章］介護サービスのスタッフと事業所

介護現場で働くスタッフ

質問1　介護現場ではどのようなスタッフが働いていますか？

質問2　介護系スタッフはどのような役割を担っていますか？

質問3　医療系スタッフはどのような役割を担っていますか？

質問4　その他、どのようなスタッフが働いていますか？

介護サービスを提供する事業所

質問5　介護サービスを提供する事業所に何がありますか？

質問6　居宅事業所の役割は何ですか？

質問7　介護保険施設や居住系施設の役割は何ですか？

質問8　特定施設にはどのような種類がありますか？

サービス編

質問1 介護現場ではどのようなスタッフが働いていますか?

介護系、医療系、その他に分けるとわかりやすいかな。

その他って、何ですか？

住宅改修や福祉用具の貸与・販売、あと行政サービスなどだよ。

スタッフは、介護系、医療系、その他に分けられます。

介護現場で働くスタッフは、身体介護や生活援助などを提供する**介護系**、リハビリや看護などを提供する**医療系**、**その他**に分けるとわかりやすいようです。

一般に、自宅に住む利用者が利用する**居宅事業所**ではヘルパーや介護福祉士やケアマネジャーなどの介護系スタッフが働き、利用者を施設に受け入れる**介護保険施設**や**居住系施設**では介護系のほか、看護師や医師などの医療系スタッフも働いています。なお、介護老人保健施設や介護医療院、介護療養型医療施設のように医療管理下における介護や看護を重点的に提供する施設では、医師や薬剤師のような医療系スタッフの人数が多くなります。

様々な役割のスタッフがチームでサービスを提供します。

介護とはそもそも、介護用品メーカーであるフットマークの経営者、礒部成文氏が**介助**と**看護**を組み合わせて作った造語です。

介護は、高齢者、病人、身体障害者など、日常生活に支障のある人（**要介護・支援者**）を世話することで、自ら望む行為を自律的に達成させ、社会参加させることを目的としています。

そのため介護現場で働くスタッフには、直接・間接的な生活援助や身体介護（介護）、機能訓練指導や医療関連行為（医療）、要介護者が生活しやすい環境・空間・機器の整備（その他）など、多様な役割が求められるのです。

介護現場で働くスタッフ

介護現場で働くスタッフに求められる役割

介助 ＋ 看護 ＝ 介護

介護とは

介護用品メーカーであるフットマークの経営者、礒部成文氏が**介助**と**看護**を組み合わせて作った造語。自律性と社会参加が重視される。

介護	看護・医療	その他
生活介助	機能訓練関連行為	環境整備
身体介護	医療関連行為	空間整備
問題行動関連行為	医学的な介護予防行為	機器整備

サービス編

質問2 介護系スタッフはどのような役割を担っていますか？

身体介護と生活援助、そしてケアプラン作成とアドバイスかな。

アドバイスって？

介護だけでなく、家庭事情や金銭状況の相談にも乗るんだ。

身体介護や生活援助、ケアプラン作成などを行います。

介護現場では、ヘルパー、**介護福祉士**、**ケアマネジャー**、**ソーシャルワーカー**などの介護系スタッフが働いています。

訪問介護員とも呼ばれるヘルパーや介護福祉士は主に、家事や食事のサポートなどの生活援助と入浴・排泄の世話などの身体介護を提供します。また**介護支援専門員**や**主任介護支援専門員**の資格を持つケアマネジャーは利用者の課題分析やケアプランの作成、事業者との調整などを行います。ソーシャルワーカーは介護・家庭・金銭に関する相談業務などを担い、多くの場合、社会福祉士の資格を有しています。

ヘルパーや介護福祉士のキャリアパスを設計中です。

厚生労働省は、介護職員のスキル向上と昇給・昇格を図るため、キャリパスの整備に取り組んでいます。2013 年からは訪問介護員養成研修と介護職員基礎研修が、**介護職員初任者研修**と**介護職員実務者研修**に一元化され、2017 年には介護福祉士に国家試験の合格が義務化されました（完全実施は 2022 年）。ただし、養成施設卒業生については、国家試験の未受験者および不合格者に**卒業後 5 年間の猶予期間**が設定され、「卒後 5 年以内に国家試験に合格する」「卒後 5 年連続して介護実務に従事する」のいずれかの条件を満たせば介護福祉士の資格を継続でき、いずれの条件も満たさない場合にも**準介護福祉士**の資格に移行します。

介護系スタッフの役割

スタッフの種類	提供するサービス	求められる資格
ヘルパー 	高齢者や身体障害者の居宅を訪問して、掃除、洗濯、買い物といった家事援助や食事、排せつ、着替え、入浴などの身体介護を行う	介護職員初任者研修、介護職員実務者研修、ガイドヘルパー、ヘルパー 1-3 級、介護職員基礎研修
介護福祉士 	訪問先あるいは通所・短期入所・施設・特定施設などにおいて、家事援助や食事、排せつ、着替え、入浴などの身体介護を行う	準介護福祉士、介護福祉士、認定介護福祉士
ケアマネジャー 	要介護者の課題を分析し、ケアプランを作成し、サービス事業者と調整し、サービス開始後にも見守り、保険給付を管理する	介護支援専門員、主任介護支援専門員
ソーシャルワーカー 	高齢者や身体障害者、あるいはその家族に対して、介護・家庭・金銭事情などの相談に応じたり、アドバイスしたりする	社会福祉士、精神保健福祉士

介護職員のキャリア

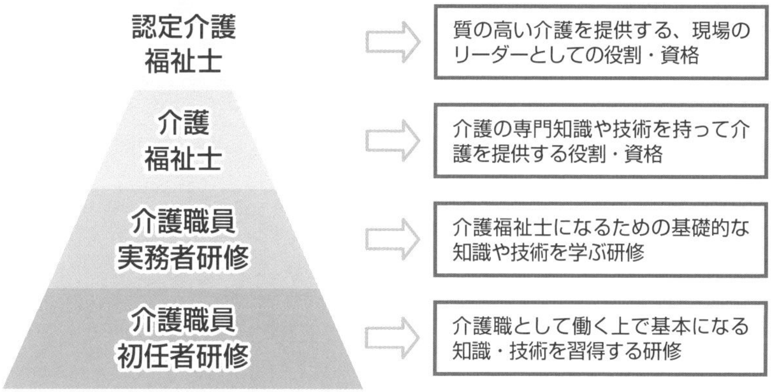

認定介護福祉士とは

より質の高い介護を提供する、介護現場のリーダーとして新設された資格。要件は、実務経験 7-8 年、チームリーダーとしての経験、施設介護と在宅介護の両方の経験など。

質問3 医療系スタッフはどのような役割を担っていますか？

介護現場で必要になる看護や医療行為だね。

医療行為って、具体的には？

リハビリや介護予防、痰の吸引や点滴の管理など様々だよ。

看護や介護予防、リハビリや医療管理などを提供します。

介護現場では、**医師**、**看護職員**、**機能訓練指導員**、**薬剤師**、**歯科衛生士**などの医療系スタッフも働いています。

このうち、**看護師**や**准看護師**などの看護職員は、医師の管理・指示のもと、重度の要介護者に対する褥瘡の予防や処置、点滴や人工呼吸器の管理などを担っています。また機能訓練指導員には、運動療法や物理療法を行う**理学療法士**、園芸や手芸といった作業を行う**作業療法士**、言語や聴覚、発声や摂食における障害の機能回復を担う**言語聴覚士**などがいて、様々なリハビリを提供します。そして、歯科医師や歯科衛生士は**口腔衛生の管理・指導**などを担っています。

介護職員にも、一部医療行為が解禁されています。

現在、介護現場において、重度の要介護者に対する**医療行為**は必須となっています。しかしニーズに対応するのに十分な数の医療スタッフを確保することは難しく、以前から多くの介護職員が何らかの医療行為を行っていました。

そのため国は、2012年4月から痰の吸引や経管栄養の処置などの医療行為を介護職員に解禁しました。ただし、介護職員が医療行為を行うには都道府県または登録機関が実施する研修を修了し、**認定特定行為業務従事者認定証**の交付を受ける必要があります。また実施にあたっては、**医師・看護職員と介護職員との連携体制**と**本人（家族）の同意**、**医療者による監督**が必須となります。

医療系スタッフの役割

スタッフの種類	求められる役割	該当する資格
医師	訪問診療、介護予防や治療の指導管理、検査、投薬、処置の指示など	医師、歯科医師
看護職員	褥瘡の予防や処置、点滴の管理、人工呼吸器の管理、痛みのコントロールなど	看護師、准看護師、看護助手
機能訓練指導員	歩行訓練、日常生活訓練、物理療法、温熱療法など	理学療法士、作業療法士、言語聴覚士
薬剤師	服薬指導と服薬管理、薬剤の効果と副作用のチェックなど	薬剤師
歯科衛生士	口腔内の清掃、口腔衛生の指導など	歯科衛生士

介護職員が対応可能な医療行為

医師･看護職員でないと対応できない医療行為

・褥瘡の処置
・血圧の測定（自動計測器を除く）
・吸入の処置
・胃ろうの処置
・点滴の管理
・摘便
など

介護職員でも対応可能な医療行為

・軟膏の塗布
・目薬などの点眼
・パッケージ薬の内服介助
・座薬の挿入
・痰の吸引（登録・研修が必要）
・経管栄養（登録・研修が必要）
など

医療行為とは

医療機関などで病気や怪我などの治療や診断、予防のために、医学的判断に基づいて行われる行為の総称。

サービス編

質問4 その他、どのようなスタッフが働いていますか？

まずは、僕ら市役所の福祉担当だね。

え、そうなんですか？

失礼な！　要介護認定や負担軽減制度の手続きなども重要な仕事だよ。

介護保険課担当、住宅改修・福祉用具事業者などです。

介護現場では、**市町村の介護保険課担当者**、**住宅改修事業者**、**福祉用具事業者**、**栄養士**などがそれぞれの役割を果たしています。

介護保険課の担当者は、要介護認定申請の手続きから介護事業者の紹介、負担軽減制度の手続きなど、介護サービス利用の利便性を高める役割です。2015年度の改正で市町村が主体となって実施する**地域支援事業**が強化され、その役割は重要度を増しています。また福祉用具事業者には**福祉用具専門相談員**の配置が求められ、住宅改修事業者には一部市町村において**介護保険住宅改修施行事業者**の登録が推奨されています。

生活支援コーディネーターという役割も登場しました。

地域支援事業の**生活支援・介護予防サービス**においては、2018年4月までに、**生活支援コーディネーター（地域支え合い推進員）**の配置が市町村の義務付けられました。

ただし、2018年以前にも、すでに一部の自治体は、生活支援コーディネーターは導入しており、彼らが地域主体の介護予防において、中心的役割を果たしていました。具体的には、元気なお年寄りの地域ボランティアとしての活用、介護事業者やNPOと連携した地域に不足する新たなサービスの立ち上げ、利用者のニーズと事業者のサービスのマッチングといった役割を生活支援コーディネーターが担っています。

その他スタッフの役割

スタッフの種類	求められる役割	該当する資格
行政担当者 	要介護認定申請の手続き、介護事業者の紹介、補助・負担軽減制度の説明など	社会福祉主事、社会福祉士
住宅改修事業者 	住宅改修の相談、住宅改修の手配・実施など	福祉住環境コーディネーター
福祉用具事業者 	要介護者の身体状態に応じた福祉用具の紹介と貸与・販売など	福祉用具専門相談員
栄養士 	介護施設における食事のメニュー作りや栄養管理、栄養指導など	栄養士、管理栄養士

生活支援コーディネーターの役割

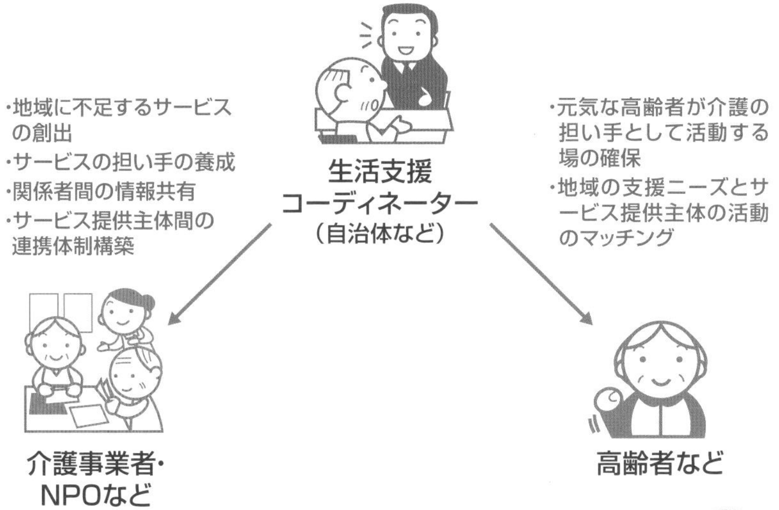

生活支援コーディネーターとは

生活支援や高齢者の社会参加に向けて、生活支援・介護予防の担い手の養成・発掘や地域のニーズとサービスのマッチングなどを行う。

サービス編

質問5 介護サービスを提供する事業所に何がありますか？

自宅に住む利用者向けの事業所と利用者に住居を提供する施設があるわ。

じゃあ、地域包括支援センターはどっちでしょう？

あれはまた、別に考えたほうがわかりやすいかな。

事業所は、サービスを利用する場所で分けられます。

介護サービスを提供する施設は、自宅に住む利用者が利用する**居宅事業所**、利用者に住居を提供する**介護保険施設**や**居住系施設**、その他に分けるとわかりやすいようです。居宅事業所には、訪問してサービスを提供する**訪問施設**、要介護者を日中受け入れる**通所施設**や数日間受け入れる**短期入所施設**などがあり、**居宅介護支援事業所**もケアプラン作成など重要な役割を担っています。一方、居住系施設には、重度の要介護者を受け入れる**介護老人福祉施設**、医学管理が必要な重度の要介護者を受け入れる**介護老人保健施設**や**介護医療院**といった介護保険施設のほか、**有料老人ホーム**や**グループホーム**などの**特定施設**があります。

人員、設備、運営の基準を満たす必要があります。

介護保険法では、介護サービスを提供する介護事業者に対して、人員・設備・運営に関する基準を定めています。

それぞれ、**人員基準**では配置すべきスタッフの最低人数や資格や勤務形態（常勤・非常勤）など、**設備基準**では専用区画・設備・備品の有無や居室の面積・廊下の幅など、**運営基準**ではスタッフの勤務体制や利用者の定員、運営計画の有無や利用者への説明体制などが定められており、事業者にはこれらの基準を満たすことが求められます。逆に言えば、都道府県や市町村による審査でこれらの基準を満たした事業者・施設が、**指定介護サービス事業者**の指定を受けられるのです。

介護サービスを提供する事業所

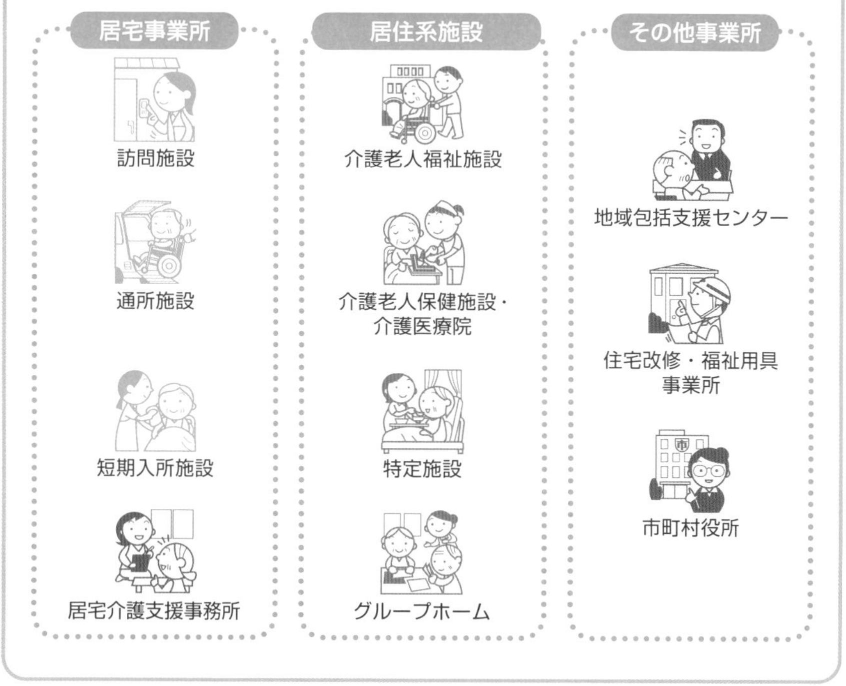

指定介護事業者に求められる基準

基準 ＝ 人員 ＋ 設備 ＋ 運営

介護保険法とは

介護保険制度における保険給付などについて必要な事項を定める法律。
指定介護事業者についての人員・設備・運営基準を定めている。

人員基準	設備基準	運営基準
配置スタッフと人数（利用者との割合）	専用室・区画の有無	計画の有無
スタッフの資格	必要な設備・備品の有無	スタッフの勤務体制
スタッフの雇用形態（常勤、非常勤など）	専用区画の面積、など（利用者1人あたり）	利用者への説明体制
常勤管理者の有無、など		利用者の定員、など

サービス編

質問6 居宅事業所の役割は何ですか？

自宅で暮らす高齢者が自立して暮らせるように支援するの。

私も年取ったら、それがいいな〜。

厚生労働省が、いま最も力を入れてるのよ。

自宅で暮らす高齢者を支援するサービスを提供します。

居宅事業所は、自宅で暮らす高齢者が自立した生活を送るためのサービスを提供します。

居宅事業所が提供するサービスは、訪問介護や訪問入浴介護、訪問看護や訪問リハビリテーション、通所介護や通所リハビリテーション、短期入所生活介護や短期入所療養介護、居宅介護支援や居宅療養指導などです。

このうち、訪問リハビリテーションや短期入所療養介護は介護老人保健施設や病院の併設施設などで提供されます。また居宅療養指導は、病院や診療所のほか、薬局などでも提供されています。

訪問介護や通所介護を提供する施設の数が増えています。

2022 年度の**介護サービス施設・事業所調査**（厚生労働省）によれば、数が多いのは訪問介護や訪問看護、通所介護や短期入所、認知症対応型共同生活介護の施設、居宅介護支援事務所です。特に通所介護は給付が近年急増したことから、厚生労働省は 2014 年、**通所介護新規参入抑制**の方針を打ち出し、事業者の指定を拒否できるようにしました（**指定拒否の権限**）。2018 年度には、小規模多機能型居宅介護普及の観点から、この指定拒否権限の対象に地域密着型通所介護が加わっています。今後、通所介護事業所は、①**レスパイトケア**、②機能訓練指導、③認知症対応、④ナーシング（看護）の 4 形態に分化していく模様です。

居宅事業所の種類

施設種類	提供施設	提供するサービス	働いているスタッフ
訪問施設 	訪問介護事業所	訪問介護	ヘルパー、介護福祉士
	訪問入浴介護ステーション	訪問入浴介護（含む、介護予防サービス）	ヘルパー、介護福祉士、看護師
	訪問看護ステーション	訪問看護（含む、介護予防サービス）	看護師、機能訓練指導員
通所施設 	デイサービスセンター	通所介護	介護福祉士、看護師、生活相談員、機能訓練指導員
	デイケアセンター	通所リハビリテーション（含む、介護予防サービス）	医師、介護福祉士、看護師、機能訓練指導員
短期入所施設 	ショートステイ専用施設	短期入所生活介護（含む、介護予防サービス）	医師、介護福祉士、看護師、生活相談員、機能訓練指導員、栄養士、調理師
	介護老人保健施設、病院の併設施設	短期入所療養介護（含む、介護予防サービス）	
居宅介護支援事務所 	居宅介護支援事務所、地域包括支援センター	居宅介護支援、介護予防支援	ケアマネジャー、主任ケアマネジャー

サービス別の居宅事業所の数

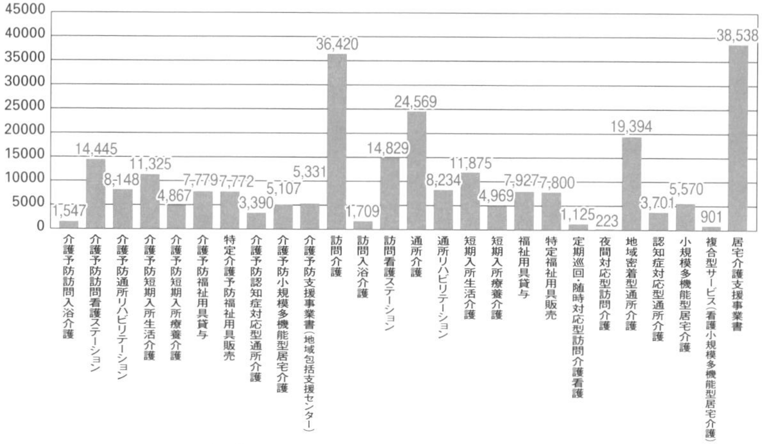

出典：「介護サービス施設・事業所調査」（厚生労働省）

レスパイトケアとは

在宅で高齢者などを介護している家族を癒やすために、施設に一時的に高齢者を受け入れ、ケアを代替し、家族にリフレッシュしてもらう支援サービスのこと。

サービス編

質問7 介護保険施設や居住系施設の役割は何ですか？

高齢者を施設に長期間受け入れるのが、特徴ね！

終の棲家ってことですか？

いや、それは施設の性格によって変わってくるわ。

高齢者を施設に受け入れて、介護サービスを提供します。

居住系施設は、高齢者を施設に受け入れて、介護や看護、リハビリテーションやレクリエーションなどのサービスを提供します。介護保険施設には**介護老人福祉施設**、**介護老人保健施設**、**介護医療院**といった介護保険施設のほか、**特定施設**、**グループホーム（認知症対応型共同生活介護）**があります。特定施設はさらに**有料老人ホーム**、**養護老人ホーム**、**軽費老人ホーム**、**サービス付き高齢者住宅（サ高住）**に分類されます。ただし、有料老人ホーム、養護老人ホーム、軽費老人ホーム、サ高住には、特定施設の指定を受けていない施設も多く、その場合、**特定施設入居者生活介護**という定額の介護保険によるサービスは受けられません。

サ高住やグループホームの数が増えています。

2022年度の**介護サービス施設・事業所調査**（厚生労働省）によれば、自宅で暮らす高齢者向けのサービスを提供する介護保険施設のうち、数が多いのはグループホームと介護老人福祉施設、数が増えているのは有料老人ホームやサ高住、地域密着型介護老人福祉施設です。

ただし、費用が比較的高めの有料老人ホームやサ高住は入居難易度が低いのに対して、費用が比較的抑えられている養護老人ホームや軽費老人ホーム、介護保険施設やグループホームは供給が足りないために入居難易度が高く、居住スペースが準個室や多床室の施設も多くなっています。

居住系施設の種類

施設の種類	提供する施設	提供するサービス	働いているスタッフ
介護保険施設  	介護老人福祉施設（特別養護老人ホーム、特養）	介護老人福祉施設	ヘルパー、介護福祉士、看護師、生活相談員、ケアマネジャー、事務員、栄養士、調理師
	介護老人保健施設（老健）	介護老人保健施設	ヘルパー、介護福祉士、看護師、生活相談員、ケアマネジャー、事務員、機能訓練指導員、栄養士、調理師、医師
	介護医療院	介護医療院	ヘルパー、介護福祉士、看護師、生活相談員、ケアマネジャー、事務員、機能訓練指導員、栄養士、調理師、医師
特定施設 	有料老人ホーム 養護老人ホーム 軽費老人ホーム サービス付き高齢者住宅	特定施設入居者生活介護 （含む、介護予防サービス）	ヘルパー、介護福祉士、ケアマネジャー、常勤管理者、機能訓練指導員、栄養士、調理師
地域密着型共同生活施設 	グループホーム	認知症対応型共同生活介護 （含む、介護予防サービス）	ヘルパー、介護福祉士、ケアマネジャー、常勤管理者

サービス別の居宅系施設の数

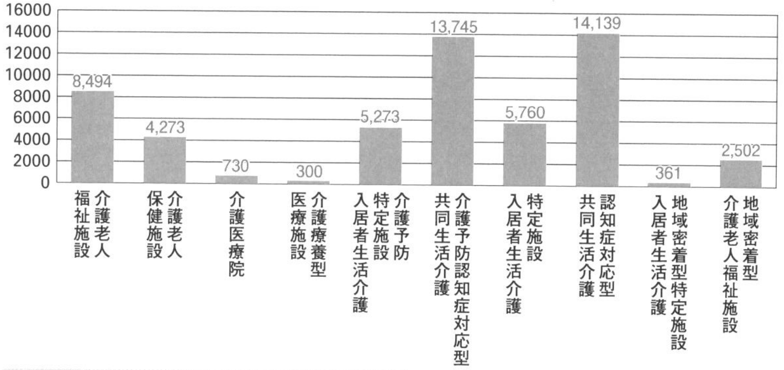

グループホームとは

軽度の認知症患者が５～９人のユニット単位で互いに役割を分担しながら、共同で自立した生活を送る施設。

出典:「介護サービス施設・事業所調査」（厚生労働省）

サービス編

質問8 特定施設にはどのような種類がありますか？

かなり種類が多いから、混乱するわよね。

そうなんですよ～。何で、こんなに複雑なんですか？

古い制度と新しい制度が混じっているからかな。

有料老人ホームにも色々な種類があります。

有料老人ホームの特徴は、受け入れる高齢者と提供するサービスの幅が広く、施設によって異なることです。

特定施設入居者生活介護が適用される**介護付有料老人ホーム**には、要介護者を受け入れて施設内のスタッフが介護する**介護専用型**、要介護者と健常者を受け入れて主に施設内のスタッフが対応する**混合型**、外部事業者による介護サービスを利用する**外部サービス利用型**があります。また、有料老人ホームの入居者は、毎月の家賃を負担する**賃貸方式**、所有権を買い取る**所有権分譲方式**、入居一時金を払った上で毎月の費用を負担する**終身利用権方式**のいずれかで費用を負担します。

サ高住は、その多くが特定施設の指定を受けていません。

特定施設には、有料老人ホームのほか、**養護老人ホーム**、**軽費老人ホーム**、**サービス付き高齢者住宅**があります。

収入・資産が一定額以下の 60 歳以上の高齢者やどちらか一方が 60 歳以上の高齢者夫婦に住居を提供する軽費老人ホームには、**A 型**、**B 型**、**ケアハウス**（一般型と介護型）があり、このうち特定施設の指定を受けているのは**介護型ケアハウス**だけです。また、2011 年 11 月から制度が開始されたサービス付き高齢者住宅は 2024 年 2 月時点で登録数 29 万戸弱と増えています、ただし、その多くが特定施設の指定を受けていません。

特定施設と特定施設以外の居住系施設

施設名			特徴	運営主体	特定施設	介護レベル	認知症対応
有料老人ホーム	介護付き有料老人ホーム	介護専用型	介護などのサービスが付いた高齢者向け居住系施設。要介護者を受け入れて施設内のスタッフが介護する	民間事業者	○	自立〜重度	○
		混合型	介護などのサービスが付いた高齢者向け居住系施設。要介護者と健常者を受け入れて主に施設内のスタッフが対応する		○	自立〜中度	△
		外部サービス利用型	生活支援などのサービスが付いた高齢者向け居住系施設。介護が必要になった場合は外部事業者によるサービスを利用する		○	自立〜中度	△
	住宅型有料老人ホーム		生活支援などのサービスが付いた高齢者向け居住系施設。介護が必要になった場合は外部事業者によるサービスを利用して住み続けることが可能		×	自立〜中度	△
	健康型有料老人ホーム		食事などのサービスが付いた高齢者向け居住系施設。介護が必要になった場合は退去しなければならない		×	自立〜軽度	×
養護老人ホーム			経済的・環境的な理由から自宅で生活を続けることが困難な人を養護することを目的とした措置施設。	社会福祉法人、地方自治体など	△	自立〜中度	△
軽費老人ホーム	A型（給食付き）		食事などのサービスが付いた高齢者向け居住系施設。介護が必要になった場合は退去しなければならない	社会福祉法人、地方自治体など	×	自立〜軽度	▲
	B型（自炊型）		食事のサービスが付かない高齢者向け居住系施設。介護が必要になった場合は退去しなければならない		×	自立〜軽度	▲
	ケアハウス	一般（自立）型	生活支援などのサービスが付いた高齢者向け居住系施設。介護が必要になった場合は退去しなければならない	社会福祉法人、地方自治体、民間事業者など	×	自立〜軽度	×
		介護型	介護などのサービスが付いた高齢者向け居住系施設。要介護者を受け入れて施設内のスタッフが介護する		○	自立〜重度	○
サービス付き高齢者住宅			生活支援などのサービスが付いた高齢者向け居住系施設。特定施設の指定を受けている場合、介護付き有料老人ホームと同様のサービスを提供する	民間事業者など	▲	自立〜中度	▲

○：対応、△：一部対応、▲：数が少ない、×：対応せず

4 章では、何を学ぶのですか?

介護保険のサービスのうち、居宅サービスと施設サービスを理解しましょう。

なぜ、その 2 つなんですか？

これが、基本となるサービスだからです。

それぞれ、どんな特徴があるのですか？

居宅サービスは自宅で暮らす人向け、施設サービスは施設で暮らす人向けです。

じゃあ、有料老人ホームで暮らす人は施設サービスを受けているわけか。

いや、それが有料老人ホームは特定施設なので、居宅サービスなのです。

何か、わかりにくいな～。

特定施設は、施設ではなく、利用者の居宅とみなされるのですよ。

まあ、4 章を読めば、わかるか……。

4 章で学ぶこと

- 居宅サービス（訪問・通所・短期入所）には何があるか?
- 居宅サービス（その他）には何があるか?
- 施設サービスには何があるか?

サービス編

［4章］居宅サービスと施設サービス

サービス編

質問9 訪問介護と訪問入浴介護とは何ですか？

訪問介護では、食事や排泄の介助、掃除・洗濯の援助などを行います。

じゃあ、訪問入浴介護は？

移動入浴車などを使った入浴の介助です。

訪問介護では、身体介護と生活援助などを提供します。

訪問介護とは、ヘルパーや介護福祉士が利用者の住居を訪問して、身体介護、生活援助などを提供するサービスです。身体介護では、入浴、排泄、食事、起床・就寝などの**介助**を、生活援助では、掃除、洗濯、調理などの**日常生活の援助**を行います。生活援助には一般に、利用者以外に関わる家事、草むしり・ペットの散歩といった日常生活外の家事は含まれません。また生活援助中心型のサービスを受けるには**一人暮らし**か**同居家族のやむを得ない事情がある**という条件が必要です。要支援者向けの**介護予防訪問介護**は、15 年度の制度改正で地域支援事業の**訪問型サービス**に移行されています。

訪問入浴介護では、入浴の介助を行います。

訪問入浴介護は、自宅の浴槽では入浴が困難な要介護者に対し、ホームヘルパーや介護福祉士や看護師が移動入浴車などを使って入浴の介助を行うサービスです。訪問入浴介護には**全身入浴**と**部分入浴**があり、いずれも自宅に搬入可能な浴槽を運ぶ車両、あるいは車内で入浴可能な浴槽や機器類を装備した車両が使われます。介護職員 2 名と看護師 1 名が入浴の前後に体温や血圧などを測った上でサービスを提供するため、全身入浴の場合、1 時間の訪問で実際に入浴する時間は 20 ～ 30 分前後と言われています。なお、利用者の半数以上を占める**要介護 5** の重度要介護者向けの訪問入浴介護では、サービス提供にあたり細心の注意が必要となります。

訪問介護と訪問入浴介護の利用者と基本報酬

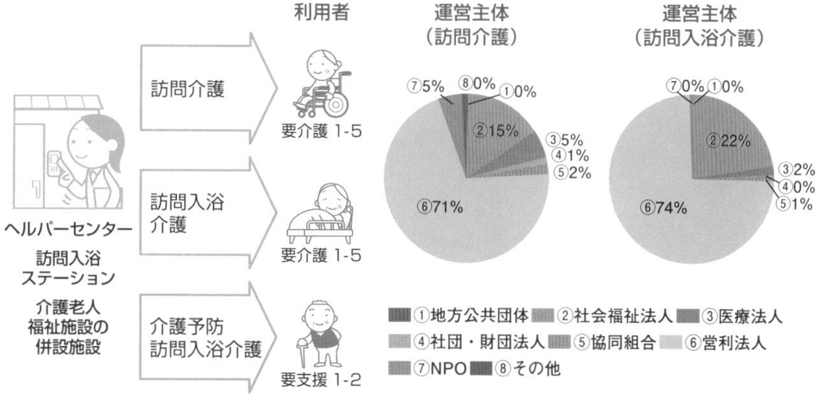

訪問介護費の基本報酬							訪問入浴介護費の基本報酬	介護予防訪問入浴介護費の基本報酬
身体介護				生活援助		通院等乗降介助		
20分未満	20分以上30分未満	30分以上1時間未満	1時間以上	20分以上45分未満	45分以上			
1630円	2440円	3870円	5670円（30分増すごとに820円）	1790円	2200円	970円／1回	12660円／1回	8560円／1回

*1　1点10円として計算、利用者の費用負担は上記の1割から3割
*2　赤字は増額、黒字は増減なし、青字は減額

制度改正と報酬改定のポイント

制度改正のポイント

訪問介護
- ・24時間の即応体制の見直し　⇒　制度改正編　質問20
- ・退院時共同指導の指導提供の柔軟化　⇒　制度改正編　質問20

共通
- ・認知症専門ケア加算の算定要件の見直し　⇒　制度改正編　質問11

報酬改定のポイント

訪問介護
- ・特定事業所加算の見直し　⇒　制度改正編 26
- ・口腔連携強化加算の新設　⇒　制度改正編 40
- ・同一建物減算の新区分の設定　⇒　制度改正編 48

訪問入浴介護
- ・看取り連携体制加算の新設　⇒　制度改正編 33

サービス編

質問10 訪問看護と訪問リハビリとは何ですか？

訪問看護では、病状の観察、身体の清潔などを行うね。

じゃあ、訪問リハビリは？

要介護者や家族、介護福祉士へのリハビリ指導です。

訪問看護では、療養上の介助と診療の補助を提供します。

訪問看護では、病院・訪問看護ステーション・診療所の看護師・理学療法士・作業療法士などが、主に**療養上の介助**と**診療の補助**を提供します。

療養上の介助とは、訪問介護同様に、入浴の介助、食事の援助、排泄の援助などのサービスです。一方、診療の補助は、かかりつけ医師の指示の下における、病状の観察、身体の清潔（膀胱洗浄、浣腸、人工肛門管理など）、褥瘡の予防や処置、医療機器の導入、検査の補助、リハビリテーション、点滴の管理などであり、必要に応じて、末期ガンの痛みのコントロールや人工呼吸器の管理などの処置をすることもあります。

なお、介護保険で提供される訪問看護は、医療保険の適用除外となります。

訪問リハビリでは、理学療法や作業療法を指導します。

訪問リハビリテーションでは、病院や診療所の理学療法士や作業療法士などが、要介護者や家族、ヘルパーや介護福祉士へのリハビリ指導を行います。

医学的管理下でのリハビリが必要であると認められる要介護・支援者の多くは、病状が安定期にある、**認知症**などによる精神障害を抱える人や**脳血管疾患**などによる運動障害を抱える人です。リハビリは、主治医や専門家がまとめた**リハビリ実施計画書**に基づいて、**運動療法**（日常生活の動作訓練）、**物理療法**（電気刺激やマッサージ）、**温熱療法**（患部や関節などの温め）などの**理学療法**、応用的な動作能力や社会適応能力の回復を図る**作業療法**によって実施されます。

訪問看護と訪問リハビリの利用者と基本報酬

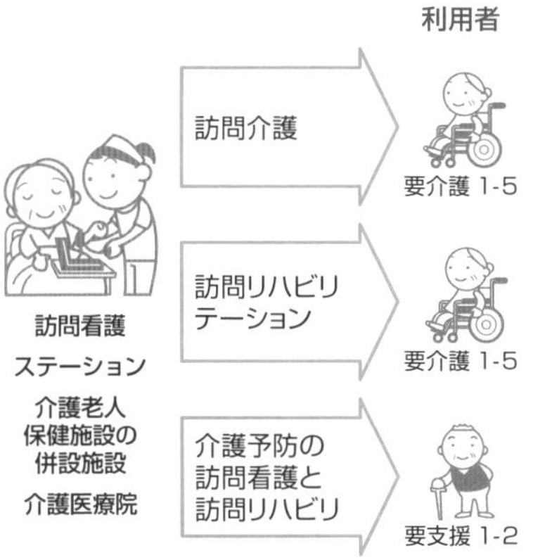

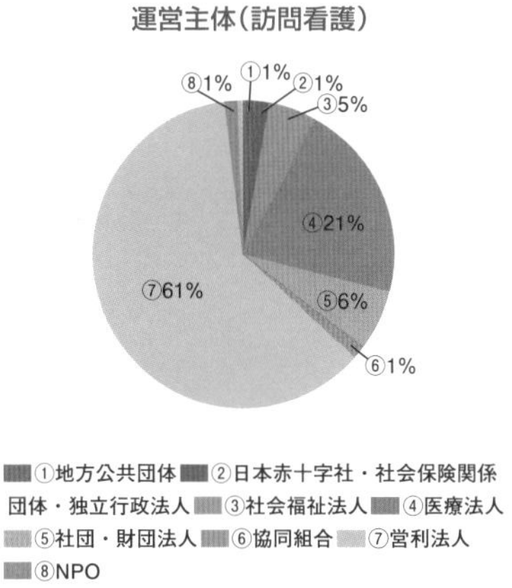

訪問看護費の基本報酬								訪問リハビリテーション費の基本報酬
訪問看護ステーション				病院または診療所				
20分未満	30分未満	30分以上1時間未満	1時間以上1時間30分未満	20分未満	30分未満	30分以上1時間未満	1時間以上1時間30分未満	
3140円	4710円	8230円	11280円	2660円	3990円	5740円	8440円	3080円／1回

*1　1点10円として計算、利用者の費用負担は上記の1割から3割
*2　赤字は増額、黒字は増減なし、青字は減額（詳細は巻末付録参照）

制度改正と報酬改定のポイント

制度改正のポイント

訪問リハビリ
- ・リハビリテーション計画書の受け取りの義務化　⇒　制度改正編　質問6

報酬改定のポイント

訪問介護
- ・専門管理加算の新設　⇒　制度改正編 27
- ・ターミナルケア加算の増額　⇒　制度改正編 33
- ・緊急時訪問看護加算（I）の新設　⇒　制度改正編 46
- ・基本報酬と減算の見直し　⇒　制度改正編 48

訪問リハビリ
- ・リハビリ計画書の受け取りと内容把握の義務化　⇒　制度改正編 29
- ・認知症短期集中リハビリテーション実施加算の新設　⇒　制度改正編 37
- ・加算（B）の廃止とリハビリテーションマネジメント加算（ハ）の新設　⇒　制度改正編 39
- ・リハビリテーションマネジメント加算の算定要件の見直し　⇒　制度改正編 39
- ・基本報酬の見直し　⇒　制度改正編 41

共通
- ・口腔連携強化加算の新設　⇒　制度改正編 40

サービス編

質問11 居宅療養管理指導とは何ですか？

実は、一言では説明しにくいんだ。

え、どうしてですか？

提供者によってサービスが変わってくるからだよ。

居宅療養管理指導は提供者によりサービスが異なります。

居宅療養管理指導は、医師や歯科医師、薬剤師や歯科衛生士、管理栄養士などが自宅で生活する要介護者に提供する介護サービスです。

居宅療養管理指導は、提供者によってサービスが異なり、医師や歯科医師であれば訪問診療や治療の指導管理、検査や投薬や処置、薬剤師であれば薬の管理や服用方法の指導、歯科衛生士であれば口腔内の清掃と口腔衛生の指導、管理栄養士であれば食事の栄養指導や調理の実技指導を行います。

居宅療養管理指導の対象は、病状が不安定な人、通院できない人、医学管理が必要な人などです。

居宅療養管理指導では近年、口腔ケアが重視されています。

居宅療養管理指導は利用者の要介護度にかかわらず、1か月あたり一律の報酬額が設定されており、少なくとも月1回以上の訪問あるいは往診を行うことが算定の前提となります。ただし、医師、薬剤師、歯科衛生士、管理栄養士などの提供者によって、介護報酬と提供可能な限度回数が異なります。

居宅療養管理指導において、近年、特に重視されているのは、歯科医師や歯科衛生士による**口腔ケア**（口腔内の清掃と口腔衛生の指導）です。口腔ケアは、虫歯や歯周病の予防・治療だけでなく、高齢者の死亡原因の1つである**誤嚥性肺炎**（口の中の細菌が肺に入って起こる肺炎）を防ぐ上で重要な役割を果たします。

居宅療養管理指導の利用者と基本報酬

病院・診療所

訪問看護ステーション

薬局

居宅療養管理指導 →

利用者

要介護 1-5

介護予防居宅療養管理指導 →

要支援 1-2

利用の対象

- 病状が不安定な人
- 通院できない人
- 褥瘡、糖尿病、心不全や血圧管理などの治療が必要な人
- 酸素吸入や呼吸器の管理が必要な人
- 入院・入所の可否の判断が必要な人
- 口腔や歯の問題を持つ人

居宅療養管理指導費と介護予防居宅療養管理指導費（単一建物居住者 1 人に対して行う場合 ）の基本報酬

医師（月２回を限度）	歯科医師（月２回を限度）	病院の薬剤師（月２回を限度）	薬局の薬剤師（月４回を限度）	居宅療養管理指導事業所の管理栄養士（月２回を限度）	居宅療養管理指導事業所以外の管理栄養士（月２回を限度）	歯科衛生士（月４回を限度）
5140円	5160円	5650円	5170円	5440円	5240円	3610円

*1　1点10円として計算、利用者の費用負担は上記の１割から３割

*2　赤字は増額、黒字は増減なし、青字は減額（詳細は巻末付録参照）

制度改正と報酬改定のポイント

制度改正のポイント

・居宅療養管理指導費の算定対象の見直し　⇒　制度改正編　質問 14

報酬改定のポイント

・在宅中心静脈栄養法加算の新設　⇒　制度改正編 28

・基本報酬と算定要件の見直し　⇒　制度改正編 46

管理栄養士とは

傷病者の療養あるいは特定多数の人に食事を提供する給食施設などにおける栄養の指導、管理業務、労務管理を担う職種。栄養士の免許をもつ者のみ取得資格がある。

質問12 通所介護と通所リハビリとは何ですか？

いずれも、介護とレクリエーション、リハビリなどを行う。

両者の違いって、何ですか？

最近、通所介護でもリハビリをするから、正直、違いは少ないね。

通所介護では介護と各種レクリエーションを提供します。

デイサービスとも呼ばれる**通所介護**は、送迎バスで通所する要介護者を施設に受け入れて、入浴・食事などの介護と各種レクリエーションなどを提供することで、要介護者の心身機能を維持・回復させるだけでなく、介護に従事する家族の負担を軽減するサービスです。

通所介護の事業所は、「1か月あたりの平均利用のべ人員数＝750人以内」が**通常規模型**、「750人-900人」が**大規模型Ⅰ**、「900人超」が**大規模型Ⅱ**と呼ばれます。なお、「1か月あたりの平均利用のべ人員数＝300人以内」の小規模型の区分は廃止されました。

通所リハビリはトレーニングや趣味活動などが中心です。

デイケアとも呼ばれる**通所リハビリテーション**は、送迎バスで通所する要介護者を施設に受け入れて、リハビリのほか、食事・入浴などの介護、各種レクリエーションなどを提供するサービスです。主に認知症などによる精神障害患者や脳血管疾患などによる機能障害患者を受け入れる通所リハビリでは、**通所リハビリテーション計画**に基づいてリハビリテーションを実施し、要介護者の心身機能の維持・回復と家族の負担軽減を図ります。通所リハビリの事業所は、規模別の基本報酬によって1か月あたりの平均利用のべ人員数750人以内の**通常規模型**、750人超の**大規模型**の2段階に分けられます（2024年度の制度改正で変更⇒制度改正編　質問40）。

通所介護と通所リハビリの利用者と基本報酬

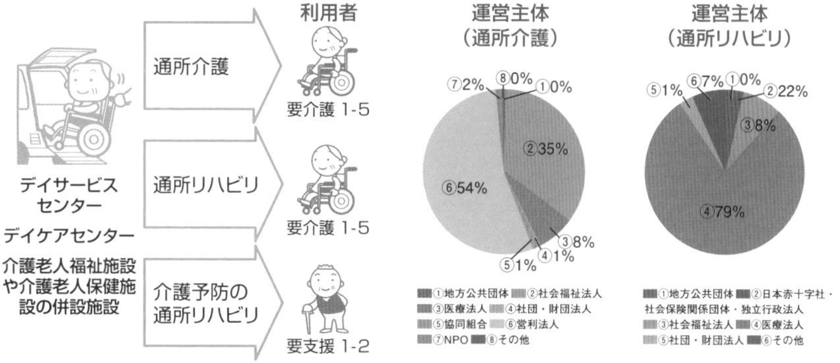

通所介護費（通常規模）の基本報酬									
6 時間以上 7 時間未満					7 時間以上 8 時間未満				
要介護 1	要介護 2	要介護 3	要介護 4	要介護 5	要介護 1	要介護 2	要介護 3	要介護 4	要介護 5
5840 円	6890 円	7960 円	9010 円	10080 円	6580 円	7770 円	9000 円	10230 円	11480 円

通所リハビリテーション費（通常規模）の基本報酬										介護予防通所リハビリテーション費の基本報酬 1月につき	
6 時間以上 7 時間未満					7 時間以上 8 時間未満						
要介護 1	要介護 2	要介護 3	要介護 4	要介護 5	要介護 1	要介護 2	要介護 3	要介護 4	要介護 5	要支援 1	要支援 2
7150 円	8500 円	9810 円	11370 円	12900 円	7620 円	9030 円	10460 円	12150 円	13790 円	22680 円	42280 円

*1　1点10円として計算、利用者の費用負担は上記の1割から3割　*2　赤字は増額、黒字は増減なし、青字は減額（詳細は巻末付録参照）

制度改正と報酬改定のポイント

制度改正のポイント

通所介護
- 認知症加算の算定要件の見直し　⇒　制度改正編 11
- 入浴介助加算の算定要件の見直し　⇒　制度改正編 15
- ADL 維持等加算の算定要件の見直し　⇒　制度改正編 17

通所リハビリ
- 通所リハビリ事業所における共生型・基準該当自立訓練の提供　⇒　制度改正編 5
- リハビリテーション計画書の受け取りの義務化　⇒　制度改正編 6
- 入浴介助加算（Ⅱ）の算定要件の見直し　⇒　制度改正編 15

共通
- 急な気象悪化などにおける所要時間の取扱いを明確化　⇒　制度改正編 5
- 一体的計画書の様式と訪問リハビリのみなし指定の見直し　⇒　制度改正編 13
- 科学的介護推進体制加算の算定要件の見直し　⇒　制度改正編 16

報酬改定のポイント

通所介護
- 個別機能訓練加算の見直し　⇒　制度改正編 47

通所リハビリ
- リハビリ計画書の受け取りと内容把握の義務化　⇒　制度改正編 29
- 加算（B）の廃止とリハビリテーションマネジメント加算（ハ）の新設　⇒　制度改正編 39
- リハビリテーションマネジメント加算の算定要件の見直し　⇒　制度改正編 39
- 事業所規模と基本報酬の見直し　⇒　制度改正編 40
- 基本報酬の見直し　⇒　制度改正編 41

サービス編

質問13 短期入所生活・療養介護とは何ですか？

利用者を施設に宿泊させて、介護などを提供するサービスです。

どんな違いがあるのですか？

療養介護の利用者の多くは、重度の要介護者や認知症患者だね。

短期入所生活介護では宿泊者に介護サービスを提供します。

短期入所生活介護は、**連続利用日数30日を上限**として（合計利用日数が要介護認定の有効期間の約半分以下）、介護老人福祉施設の併設施設などに入所した（宿泊している）要介護者に対して、介護と各種レクリエーションなどを提供することで、要介護者の心身機能の維持・回復と家族の負担軽減を図るサービスです。

短期入所生活介護の利用日数は**ケアプラン**に基づいて利用者と事業者が協議して決めます。入所期間が一定以上であれば、利用者や家族と相談の上で**短期入所生活介護計画**を立てます。なお短期入所介護には、宿泊用の居室やベッド、24時間体制の介護が必要なため、絶対数が不足している地域も多く、待機者が出ています。

短期入所療養介護では医学管理下での介護を提供します。

短期入所療養介護は、短期入所生活介護と同様の上限で、介護老人保健施設の併設施設などに入所した要介護者に対して、医学的管理下における、リハビリテーション、介護、各種レクリエーションを提供するサービスです。

短期入所療養介護の利用日数もまた**ケアプラン**に基づいて協議の上で決められ、入所期間が一定以上であれば**短期入所療養介護計画**が必要になります。短期入所療養介護の利用者の多くは、重度の要介護者や認知症患者であるため、生命または身体を保護するためにやむを得ず、隔離、身体的拘束、薬剤投与などを行うこともあり、その場合の根拠・行為・期間などを事前に説明することが求められます。

短期入所生活・療養介護の利用者と基本報酬

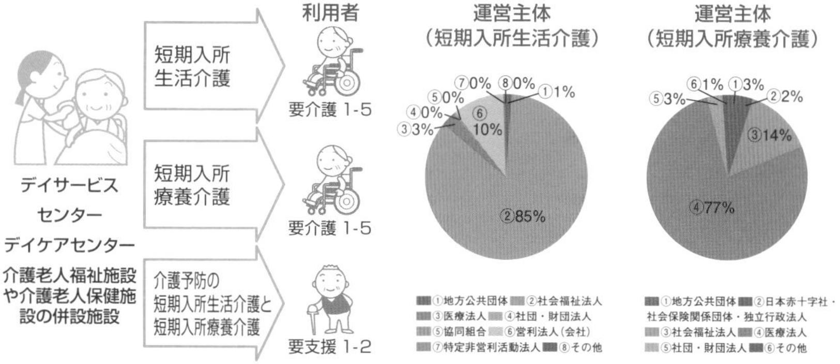

短期入所生活介護費（単独型）の基本報酬 1 日につき									
多床室					ユニット型個室				
要介護 1	要介護 2	要介護 3	要介護 4	要介護 5	要介護 1	要介護 2	要介護 3	要介護 4	要介護 5
6450 円	7150 円	7870 円	8560 円	9260 円	7460 円	8150 円	8910 円	9590 円	10280 円

短期入所療養介護費（Ⅰ）（介護老人保健施設）の基本報酬　1 日につき									
多床室（基本型）					ユニット型個室（基本型）				
要介護 1	要介護 2	要介護 3	要介護 4	要介護 5	要介護 1	要介護 2	要介護 3	要介護 4	要介護 5
8300 円	8800 円	9440 円	9970 円	10520 円	8360 円	8830 円	9480 円	10030 円	10560 円

*1　1 点 10 円として計算、利用者の費用負担は上記の 1 割から 3 割
*2　赤字は増額、黒字は増減なし、青字は減額（詳細は巻末付録参照）

制度改正と報酬改定のポイント

制度改正のポイント

短期入所療養介護

- ・総合医学管理加算の算定要件の見直し
  ⇒　制度改正編 6（介護老人保健施設のみ）
- ・見守り機器導入時の人員配置基準の見直し　⇒　制度改正編 18

報酬改定のポイント

短期入所生活介護

- ・看取り連携体制加算の新設　⇒　制度改正編 34
- ・基本報酬の新たな区分の設定　⇒　制度改正編 49

短期入所療養介護

- ・新たな室料負担の導入　⇒　制度改正編 50

共通

- ・身体拘束廃止未実施減算の新設　⇒　制度改正編 36
- ・口腔連携強化加算の新設　⇒　制度改正編 40
- ・生産性向上推進体制加算の新設　⇒　制度改正編 45
- ・基準費用額（居住費）と補足給付の見直し　⇒　制度改正編 51

サービス編

質問14 特定施設入居者生活介護とは何ですか？

有料老人ホームなどに入居した利用者に提供するサービスです。

どんな特徴があるのですか？

利用者の費用負担で、サービスの手厚さが変わってくることかな。

特定施設に入居した高齢者にサービスを提供します。

特定施設入居者生活介護とは、居住系施設に入居した高齢者に対して、介護や食事、家事、各種レクリエーションやリハビリテーションなどを提供するサービスです。特定施設入居者生活介護には、要介護者のみを対象とする**介護専用型（一般型）**、要介護者と健常者を対象とする**混合型**、外部事業者による介護サービスを利用する**外部サービス利用型**があります。利用者は、介護専用型と混合型では１日あたり定額の費用（包括報酬）を支払うのに対して、外部サービス利用型では生活相談・安否確認・ケアプラン作成についての定額の費用（定額報酬）に加えて、利用した居宅サービスに応じた費用（出来高報酬）を支払うことになります。

サービスの手厚さや設備などにかなり差があります。

特定施設入居者生活介護を提供する施設には、民間企業が運営する**有料老人ホーム**、社会福祉法人や地方自治体などが運営する**ケアハウス**、市町村が運営する**養護老人ホーム**、そして民間企業が運営する**サービス付き高齢者住宅**があります。ただしすべての施設が特定施設の指定を受けているわけではないので、注意が必要です（→サービス編　質問８）。特定施設は、現在、一時金無しの安い費用で最低限のサービスを提供する施設と、高額な費用で手厚いサービスを提供する施設に２極化しています。施設によって、居室の広さや共用設備の充実度にも差があり、医学管理下でのケアなどへの対応状況も変わってきます。

特定施設の利用者と基本報酬

利用者

運営主体
（特定施設入居者生活介護）

有料老人ホーム
軽費老人ホーム
養護老人ホーム
サービス付き
高齢者住宅

特定施設入居者生活介護 ⇒

要介護 1-5

介護予防特定施設入居者生活介護 ⇒

要支援 1-2

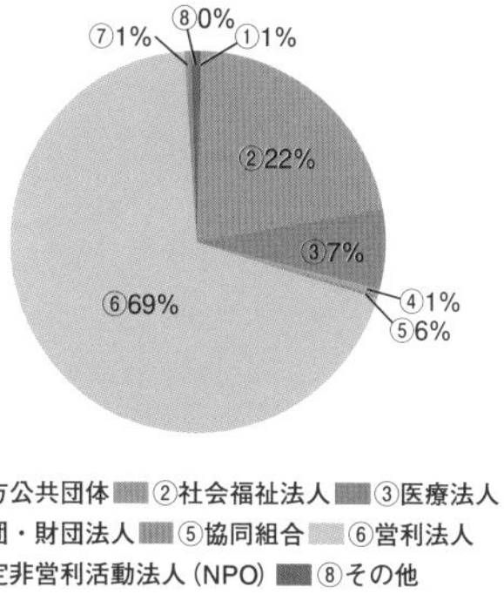

特定施設入居者生活介護費の基本報酬 1 日につき						介護予防特定施設入居者生活介護費の基本報酬 1 日につき		
要介護 1	要介護 2	要介護 3	要介護 4	要介護 5	外部サービス利用型	要支援 1	要支援 2	外部サービス利用型
5420 円	6090 円	6790 円	7440 円	8130 円	840 円	1830 円	3130 円	570 円

*1　1 点 10 円として計算、利用者の費用負担は上記の 1 割から 3 割
*2　赤字は増額、黒字は増減なし、青字は減額（詳細は巻末付録参照）

制度改正と報酬改定のポイント

制度改正のポイント

- 入居継続支援加算の算定要件の見直し　⇒　制度改正編 7
- 協力医療機関との連携体制の構築　⇒　制度改正編 9
- 科学的介護推進体制加算の算定要件の見直し　⇒　制度改正編 16
- ADL 維持等加算の算定要件の見直し　⇒　制度改正編 17
- 見守り機器活用時の人員配置基準の見直し　⇒　制度改正編 18

報酬改定のポイント

- 夜勤看護体制加算の見直し　⇒　制度改正編 30
- 協力医療機関連携加算の新設　⇒　制度改正編 31
- 高齢者施設等感染対策向上加算の新設　⇒　制度改正編 35
- 新興感染症等施設療養費の新設　⇒　制度改正編 35
- 口腔衛生管理体制加算の廃止　⇒　制度改正編 43
- 生産性向上推進体制加算の新設　⇒　制度改正編 45

サービス提供責任者とは

訪問介護計画の作成、利用申込みの調整、訪問介護員に対する技術指導を行う常勤職員。介護福祉士やヘルパー 1 級などの資格が必要。

サービス編

質問 15 居宅介護支援と介護予防支援とは何ですか？

わかりやすいのは、ケアプランの作成ですね。

それで終わりですか？

いや、その後も利用者宅を訪問し、モニタリングします。

課題の分析、ケアプランの作成、事業者の調整を行います。

居宅介護支援と**予防介護支援**では、利用者が自宅で自立した日常生活を送れるように、利用者の心身の状況や置かれている環境に応じて課題を分析し、介護サービスを利用するためのケアプランを作成します。ケアマネジャーはまた、ケアプランに基づいて施設・人員・設備などの面から最も適切と思われる地域内の介護事業者に連絡し、利用者の受入れが可能かを確認し、契約締結を手伝います。要介護者を対象とする居宅介護支援は**介護支援事務所**、要支援者を対象とする介護予防支援は基本的に**地域包括支援センター**が提供します。居宅介護支援と介護予防支援の費用は保険者が全額負担するため、利用者には費用負担が発生しません。

利用状況をモニタリングし、ケアプランを見直します。

ケアマネジャーは、サービス開始後も定期的に利用者を訪問し、サービス利用状況をモニタリングし、毎月、市町村に連絡し、必要に応じてサービスの評価とケアプランの見直しを行います。そのため、ケアマネジャーは介護保険制度や介護サービスだけでなく、サービス事業者の評判などにも精通している必要があります。18 年度の制度改正では管理者要件が主任ケアマネジャーとなり（27 年 3 月まで経過措置期間）、21 年度には ICT の活用と事務職員の配置を行っている事業所向けの居宅介護支援費（Ⅱ）が新設され、24 年度から保険者の指定を受けた居宅介護支援事務所も介護予防支援を提供できるようになっています（制度改正編　質問 25）。

居宅介護支援と介護予防支援の利用者と基本報酬

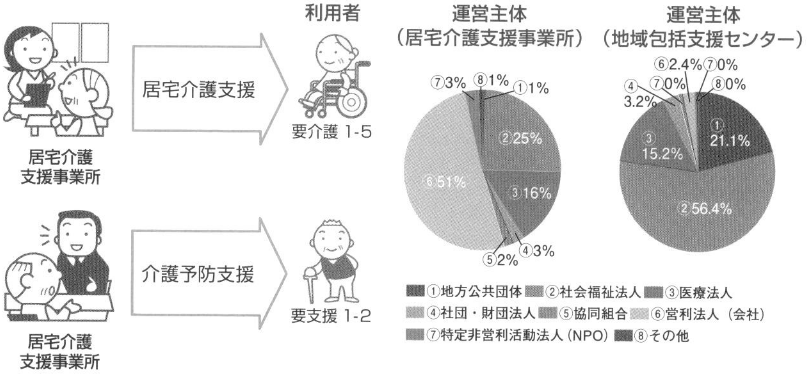

居宅介護支援費（Ⅰ）の基本報酬 1月につき						介護予防支援費の基本報酬 1月につき	
40件未満		40件以上60件未満		60件以上			
要介護 1・2	要介護 3・4・5	要介護 1・2	要介護 3・4・5	要介護 1・2	要介護 3・4・5	地域包括支援センター	居宅介護支援事業者
10860円	14110円	5440円	7040円	3260円	4220円	4420円	4720円

*1　ケアマネジャー1人・1月あたりの取扱件数
*2　1点10円として計算　*3　赤字は増額、黒字は増減なし、青字は減額（詳細は巻末付録参照）

制度改正と報酬改定のポイント

制度改正のポイント

居宅介護支援

・通院時情報連携加算の算定要件の見直し　⇒　制度改正編 7
・ターミナルケアマネジメント加算と特定事業所医療介護連携加算の算定要件の見直し　⇒　制度改正編 10
・一部の福祉用具に係る貸与と販売の選択制の導入　⇒　制度改正編 12
・開始時の説明・理解の努力義務化　⇒　制度改正編 21

共通

・継続的なモニタリングの実施　⇒　制度改正編 4
・テレビ電話などを活用したモニタリング　⇒　制度改正編 4
・入院医療機関の医師による訪問・通所リハビリの指示　⇒　制度改正編 13

報酬改定のポイント

居宅介護支援

・特定事業所加算の介護報酬と算定要件の見直し　⇒　制度改正編 25
・入院時情報連携加算の見直し　⇒　制度改正編 29
・基本報酬と基準などの見直し　⇒　制度改正編 47
・基本報酬の減算の新設　⇒　制度改正編 49

予防介護支援

・介護予防支援費（Ⅱ）の新設　⇒　制度改正編 25

居宅介護支援事業所による代行業務とは

要介護認定申請やその他介護保険に関わる手続きを、利用者本人や家族に代わって、居宅介護支援事業所が行うこと。

質問16 福祉用具の貸与や販売とは何ですか？

日常生活の便宜や機能訓練のための用具を貸与・販売します。

いくらでも、介護保険を利用して購入できるのですか？

いや、介護保険の支給限度額は年間10万円に設定されています。

日常生活の便宜・機能訓練用の用具を貸与・販売します。

介護保険法において「心身機能が低下し日常生活を営むのに支障がある要介護者等の日常生活上の便宜を図るための用具及び要介護者等の機能訓練のための用具であって、要介護者等の日常生活の自立を助けるためのもの」と定義される**福祉用具**の貸与・販売は、介護給付の対象となるサービスです。福祉用具を貸与・販売するにあたり事業者には、**福祉用具専門相談員**の資格を持ったスタッフと都道府県や市町村の指定が必要になります。福祉用具の貸与・販売では、福祉用具専門相談員がケアマネジャーと協力して、利用者の状況を把握し、課題を分析した上で目的に合った福祉器具を選ぶことになります。

販売の支給限度額は年間10万円に設定されています。

福祉用具貸与の対象となる福祉用具は歩行器やスロープなどで、車いすや特殊寝台は要支援１－２と要介護１の高齢者への貸与が認められていません。販売対象である**特定福祉用具**は簡易浴槽や腰掛便座など５種類で、限度額である年間10万円の範囲内で、利用者に購入費用の７割から９割が支給されます。福祉用具は、価格設定のルールがなく、情報が充分でないために、平均価格より明らかに高額あるいは低額に設定されることが問題になってきました。そのため、**福祉用具の価格情報の公表制度**が創設され、貸与価格の上限が設定され、24年度の制度改正で「**一部の福祉用具に係る貸与と販売の選択制**」が導入されました（⇒制度改正編　質問12）

福祉用具と特定福祉用具の利用者と貸与・販売の対象

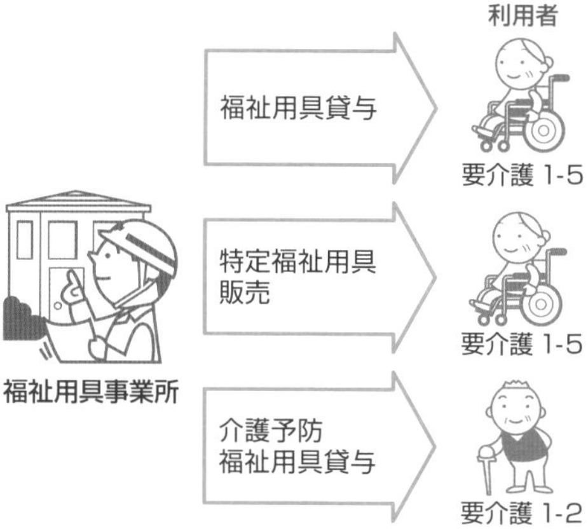

貸与の対象（福祉用具）

- 車いす（付属品含む）
- 歩行器
- 手すり
- 特殊寝台（付属品含む）
- 歩行補助つえ
- 体位変換器
- 床ずれ防止用具
- 認知症老人徘徊感知器
- 移動用リフト（つり具の部分を除く）
- 自動排泄処理装置
- スロープ

販売の対象（特定福祉用具）

- 簡易浴槽
- 腰掛便座
- 自動排泄処理装置の交換可能部
- 入浴補助用具（入浴用いす、浴槽用手すり、浴槽内いす、入浴台、浴室内すのこ、浴槽内すのこ、入浴用介助ベルト）
- 移動用リフトのつり具の部分

特殊寝台とは

床板が 3 つないしそれ以上に分割されており、背中を支える部分が起きあがるなど、必要に応じた姿勢をとることができるベッド。

制度改正と報酬改定のポイント

制度改正のポイント

・一部の福祉用具に係る貸与と販売の選択制の導入　⇒　制度改正編 12
・モニタリングとメンテナンスの実施　⇒　制度改正編 12

特殊尿器とは

センサーで尿を検知し、真空方式で自動的に尿を吸引する用具。寝たきりの高齢者などが使用する。

体位変換器とは

身体の下に棒・板・くさび状の用具などを差し込み、少ない力で身体を動かせるようにする用具。寝たきりの高齢者などが利用する。

サービス編

質問17 介護保険の住宅改修とは何ですか？

要介護・支援者が自宅で暮らし続けるための住宅の改修です。

利用者には、何が必要になるのですか？

市区町村の窓口への事前の届出と審査です。

手すりの取り付け、段差解消、便器取り替えなどです。

手すりの取り付け、段差の解消、滑りの防止、移動の円滑化のための床または通路面の材料変更、引き戸等への扉の取り替え、洋式便所等への便器の取り替え、その他各工事に付帯する工事といった高齢者向けの**住宅改修**も介護保険の対象となるサービスです。

利用者は改修にあたり、市区町村の窓口で事前に届け出て、審査の結果、改修が認められれば、**総額20万円を上限**に介護給付が支給されます。また1戸の住宅について1回が原則ですが、転居した場合あるいは要介護認定が**3段階以上上がった場合**には、再度の申請が認められます。

受領委任払い制度の利用には市町村への登録が必要です。

住宅改修を行う事業者に対する指定制度はなく、一般の住宅リフォーム業者が**バリアフリー、ユニバーサル設計**などと謳ってサービスを提供しています。そのため、一部の悪質なリフォーム業者が必要のない改修工事まで計画に盛り込んだり、法外な工事費を請求したりするなどのトラブルも発生しています。こうした事態を受けて、一部の市町村では、**介護保険住宅改修施工事業者**の登録を受けた事業者に対して、事前申請により保険給付分を市町村から施行業者に直接支払う**受領委任払い制度**を利用可能にしています。また、国により見積書式の様式が示され、複数の事業者から見積もりを取るようにケアマネが説明することを義務化するなどの方策も採られています。

介護保険における住宅改修の利用者と改修の対象

工務店
住宅事業者
建材店

事業者		利用者	改修の対象
工務店・住宅事業者・建材店	居宅介護住宅改修 →	要介護 1-5	●段差の解消 ●引き戸等への扉の取り換え ●手すりの取り付け ●洋式便所等への便器の取り換え ●滑りの防止 ●移動の円滑化のための床または通路面の材料変更 ●その他各工事に付帯する工事
	介護予防住宅改修 →	要支援 1-2	

介護保険住宅改修施工事業者とは

介護保険における住宅改修で受領委任払い制度を利用できる事業者。
基本的に毎年、市町村が実施する研修会の受講などが必要になる。

償還払いと受領委任払いのながれ

ケアマネジャーなどに相談 → 事業者の選定 → **償還払い** → 市町村へ事前申請 → 市町村から確認通知 → 着工・完了 → 費用の全額を支払う → 市町村へ事後申請（完了届け提出） → 利用者が費用の7割から9割を受け取る

ケアマネジャーなどに相談 → 事業者の選定 → **受領委任払い** → 市町村へ事前申請 → 市町村から確認通知 → 着工・完了 → 費用の1割から3割を支払う → 市町村へ事後申請（完了届け提出） → 事業者が費用の7割から9割を受け取る

受領委任払い　＝
介護保険住宅改修施工事業者の登録が必要

サービス編

質問18 介護老人福祉施設とは何ですか？

介護保険制度誕生以前からあった、老人福祉施設の１つね。

どんな特徴があるのですか？

比較的安価でサービスが受けられることと入所が難しいことよ。

入所者に介護や看護に重点を置いたケアを提供します。

特別養護老人ホーム（特養）とも呼ばれる**介護老人福祉施設**は、入所した要介護者に対して、入浴・食事・排泄の介護と各種レクリエーションなどを提供する施設です。86年の老人福祉法改正に基づいて制度化された介護老人福祉施設では、医療よりも介護や看護に重点を置いたケアが提供されます。介護老人福祉施設の居室はかつて**4人部屋**（多床室）や**ユニットを構成しない個室**（従来型個室）がほとんどでしたが、最近は厚生労働省によって**ユニットケア化**（**ユニット型個室**）が進められています。ユニットケア化された施設には、少人数のユニットごとに共同生活室が設置され、そこで食事や談話ができるようになっています。

27万人以上が入所を希望しながら待機しています。

厚生労働省や地方自治体は介護給付の財源の問題から、介護老人福祉施設の新設を制限しているので、2022年度時点で**27万人以上が介護老人福祉施設への入所を希望しながら待機**していると言われています。そのためかつては申込順だった入所も、現在は、要介護度、生活状況、年齢、在宅介護期間や入院期間、家族及び介護者の有無、資産や収入額などを**点数化**して入所が判断されるようになり、入所対象者が**原則要介護3以上**となりました。24年度の制度改正では、離島・過疎地域に所在する定員30名の短期入所生活介護事業所等が併設される介護老人福祉施設について、人員基準が緩和されています（経過的小規模介護福祉施設サービス費⇒付録2）。

介護老人福祉施設の利用者と基本報酬

利用者

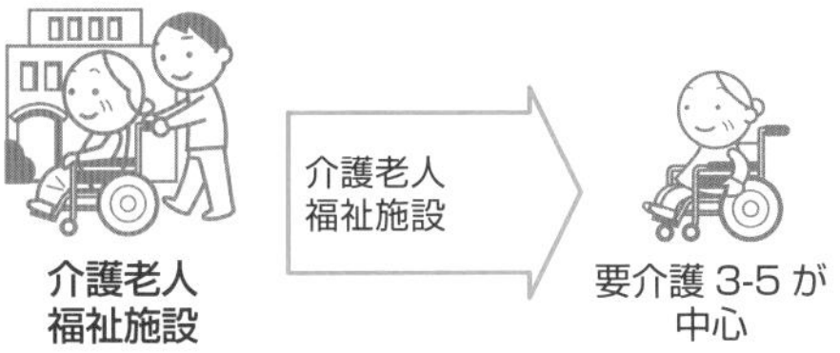

運営主体
（介護老人福祉施設）

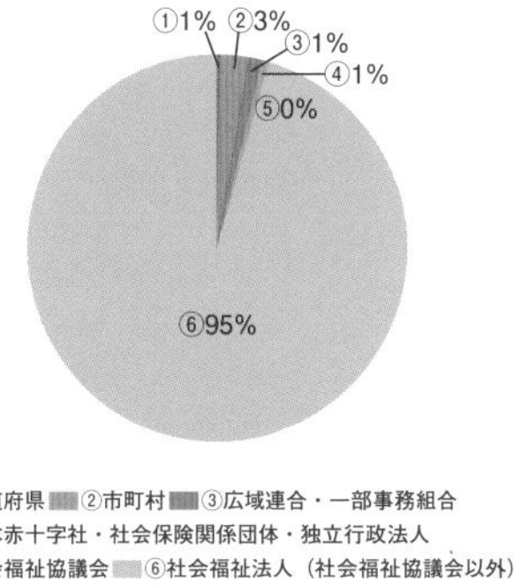

介護福祉施設サービス費（通常型）の基本報酬 1 日につき									
多床室					ユニット型個室				
要介護 1	要介護 2	要介護 3	要介護 4	要介護 5	要介護 1	要介護 2	要介護 3	要介護 4	要介護 5
5890 円	6590 円	7320 円	8020 円	8710 円	6700 円	7400 円	8150 円	8860 円	9550 円

*1　1 点 10 円として計算、利用者の費用負担は上記の 1 割から 3 割
*2　赤字は増額、黒字は増減なし、青字は減額（詳細は巻末付録参照）

制度改正と報酬改定のポイント

制度改正のポイント

・緊急時の対応方法の見直し　⇒　制度改正編 8
・協力医療機関との連携体制の構築　⇒　制度改正編 9
・一体的計画書の様式と訪問リハビリのみなし指定の見直し　⇒　制度改正編 13
・定期的な口腔衛生状態・口腔機能の評価の義務化　⇒　制度改正編 14
・科学的介護推進体制加算の算定要件の見直し　⇒　制度改正編 16
・ADL 維持等加算の算定要件の見直し　⇒　制度改正編 17
・排せつ支援加算と褥瘡マネジメント加算の算定要件の見直し　⇒　制度改正編 17
・経過的小規模介護老人福祉施設等の範囲の見直し　⇒　付録 1

報酬改定のポイント

・配置医師緊急時対応加算における勤務時間外対応の新設　⇒　制度改正編 30
・協力医療機関連携加算の新設　⇒　制度改正編 31
・高齢者施設等感染対策向上加算の新設　⇒　制度改正編 35
・新興感染症等施設療養費の新設　⇒　制度改正編 35
・認知症チームケア推進加算の新設　⇒　制度改正編 38
・個別機能訓練加算（III）の新設　⇒　制度改正編 42
・退所時栄養情報連携加算の新設　⇒　制度改正編 43
・生産性向上推進体制加算の新設　⇒　制度改正編 45
・基準費用額（居住費）と補足給付の見直し　⇒　制度改正編 51

サービス編

質問19 介護老人保健施設とは何ですか？

病院と介護福祉施設の中間的な存在ね。

ずっといられるのですか？

それが、3 か月ごとに退所あるいは入所継続を判定されるの。

病状の安定した患者に看護や介護などを提供します。

老人保健施設（老健）とも呼ばれる**介護老人保健施設**は、入院の必要がなく病状の安定した要介護者に対して、医療や看護やリハビリテーション、入浴・食事・排泄といった介護を提供する施設です。介護老人福祉施設と病院との中間的存在である介護老人保健施設は、主に寝たきり老人や認知症患者などを受け入れています。入所期間が比較的短い介護老人保健施設では、多床室から個室、従来型からユニット型への切り替えがゆっくりです。また 2008 年度には、介護療養型医療施設の転換の受け皿となる**介護療養型老人保健施設（新型老健）**と呼ばれる施設が誕生し、23 年度末には、基本的に介護医療院に移行することになっています。

3 か月ごとに退所あるいは入所継続の判定が行われます。

介護老人保健施設への入所の可否は、施設スタッフや医師、行政担当者などで構成される委員会が、**要介護度**、**介護の必要性**、**介護者の状況**、**待機期間**、**資産や収入額**などから総合的に判断します。また、介護老人保健施設でのサービスはあくまでも在宅復帰を目的としたケアであるため、介護老人福祉施設のように終身制ではなく、入所期間である 3 ヶ月ごとに**退所**あるいは**入所継続**の判定が行われ、検討会議で退所可能であると判断された場合には退所しなくてはなりません。一方で、平均在所日数が 1 年弱と短いため、入居率は高いものの、入所基準を満たしていれば、一般に 3 か月 - 半年程度で入所可能なケースが多いようです（**複数施設への申込可**）。

介護老人保健施設の利用者と基本報酬

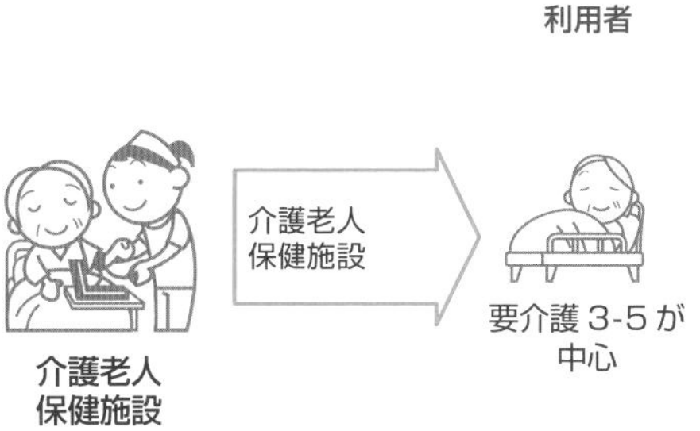

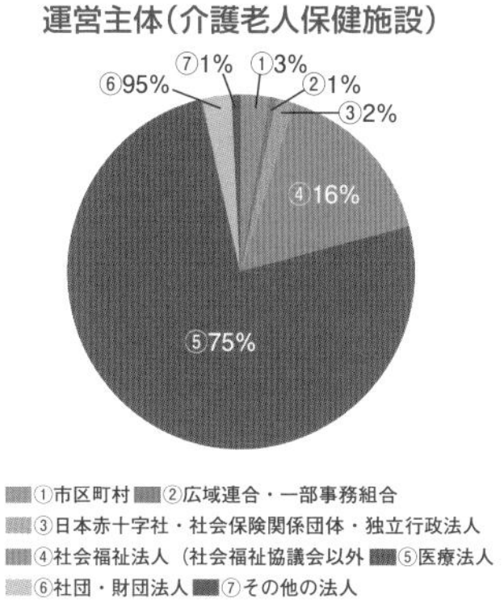

介護保険施設サービス費（基本型）の基本報酬（例） 1 日につき									
多床室					ユニット型個室				
要介護 1	要介護 2	要介護 3	要介護 4	要介護 5	要介護 1	要介護 2	要介護 3	要介護 4	要介護 5
7930 円	8430 円	9080 円	9610 円	10120 円	8020 円	8480 円	9130 円	9680 円	10180 円

*1　1 点 10 円として計算、利用者の費用負担は上記の 1 割から 3 割
*2　赤字は増額、黒字は増減なし、青字は減額（詳細は巻末付録参照）

制度改正と報酬改定のポイント

制度改正のポイント

- 所定疾患施設療養費の算定要件の見直し　⇒　制度改正編 8
- 協力医療機関との連携体制の構築　⇒　制度改正編 9
- 一体的計画書の様式と訪問リハビリのみなし指定の見直し　⇒　制度改正編 13
- 定期的な口腔衛生状態・口腔機能の評価の義務化　⇒　制度改正編 14
- 科学的介護推進体制加算の算定要件の見直し　⇒　制度改正編 16
- 排せつ支援加算と褥瘡マネジメント加算の算定要件の見直し　⇒　制度改正編 17
- 見守り機器導入時の人員配置基準の見直し　⇒　制度改正編 18

報酬改定のポイント

- 協力医療機関連携加算の新設　⇒　制度改正編 31
- 退所時情報提供加算の退所時情報提供加算への変更　⇒　制度改正編 32
- 初期加算の見直し　⇒　制度改正編 32
- ターミナルケア加算の見直し　⇒　制度改正編 34
- 高齢者施設等感染対策向上加算の新設　⇒　制度改正編 35
- 新興感染症等施設療養費の新設　⇒　制度改正編 35
- 認知症チームケア推進加算の新設　⇒　制度改正編 38
- 認知症短期集中リハビリテーション実施加算（I）の新設　⇒　制度改正編 38
- 短期集中リハビリテーション実施加算（I）の新設　⇒　制度改正編 41
- リハビリテーションマネジメント計画書情報加算の見直し　⇒　制度改正編 42
- 退所時栄養情報連携加算の新設　⇒　制度改正編 43
- 在宅復帰・在宅療養支援機能加算と基本報酬の見直し　⇒　制度改正編 44
- かかりつけ医連携薬剤調整加算の見直し　⇒　制度改正編 44
- 生産性向上推進体制加算の新設　⇒　制度改正編 45
- 新たな室料負担の導入　⇒　制度改正編 50
- 基準費用額（居住費）と補足給付の見直し　⇒　制度改正編 51

質問20 介護医療院とは何ですか？

慢性期の医療機能と看取り・ターミナルケア機能を提供するよ。

どうして新たに創設されることになったのですか？

廃止されることが決まっている介護療養型医療施設の受け皿だね。

制度改正で創設された、新しい施設サービスです。

2018年度にサービスが創設された**介護医療院**は、現在介護療養病床が担っている**慢性期の医療機能**や**看取り・ターミナルケア機能**と、入浴・食事・排泄といった介護を一体的に提供します。

介護医療院は、**介護療養型医療施設**や**介護療養型老人保健施設**に代わって、急性疾患からの回復期にある寝たきり患者に対する医学的管理下のケアを中心に提供する施設と位置付けられています。そのため、状態が改善してきた場合には退所を求められることもあります。介護医療院の利用者は、主に要介護3－5の中度から重度の要介護者です。

介護医療院には、Ⅰ型とⅡ型があります。

介護医療院には、重篤な身体疾患を有する者及び身体合併症を有する認知症高齢者などに介護療養型医療施設（**療養機能強化型A・B**）に相当するサービスを提供するⅠ型と、容体は比較的安定した者に**介護老人保健施設**に相当するサービスを提供するⅡ型の2つがあります。Ⅰ型とⅡ型では、人員・設備・運営基準が異なります。

Ⅰ型の人員基準は入院患者5人に対して介護職員1人以上、48人に対して医師1人以上であるのに対して、Ⅱ型の人員基準は入院患者6人に対して介護職員1人以上、100人に対して医師1人以上です。病室、機能訓練室、廊下、食堂の設備基準も決められており、介護療養型医療施設より広い病室が必要になります。

介護医療院の利用者と基本報酬

利用者

運営主体（介護医療院）

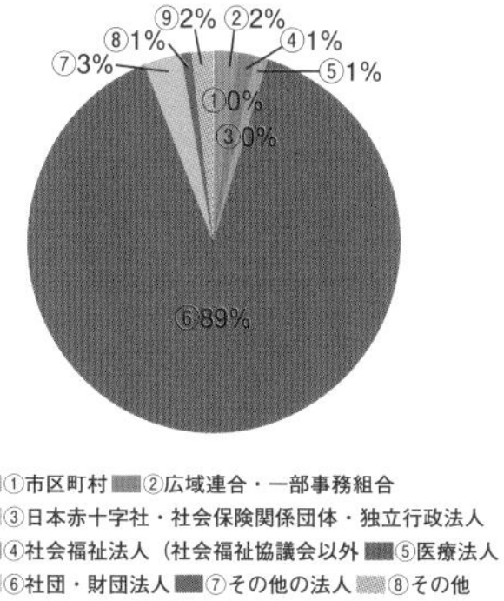

介護医療院サービス費（Ⅰ）の基本報酬（例） 1日につき									
Ⅰ型（多床室）					Ⅱ型（多床室）				
要介護 1	要介護 2	要介護 3	要介護 4	要介護 5	要介護 1	要介護 2	要介護 3	要介護 4	要介護 5
8330円	9430円	11820円	12830円	13750円	8210円	9300円	11650円	12640円	13550円

*1　※ 1 点 10 円として計算、利用者の費用負担は上記の 1 割から 3 割
*2　赤字は増額、黒字は増減なし、青字は減額（詳細は巻末付録参照）

制度改正と報酬改定のポイント

制度改正のポイント

・協力医療機関との連携体制の構築　⇒　制度改正編 9
・施設基準の見直し　⇒　制度改正編 10
・一体的計画書の様式と訪問リハビリのみなし指定の見直し　⇒　制度改正編 13
・定期的な口腔衛生状態・口腔機能の評価の義務化　⇒　制度改正編 14
・科学的介護推進体制加算の算定要件の見直し　⇒　制度改正編 16
・排せつ支援加算と褥瘡マネジメント加算の算定要件の見直し　⇒　制度改正編 17

報酬改定のポイント

・協力医療機関連携加算の新設　⇒　制度改正編 31
・退所時情報提供加算の退所時情報提供加算への変更　⇒　制度改正編 32
・高齢者施設等感染対策向上加算の新設　⇒　制度改正編 35
・新興感染症等施設療養費の新設　⇒　制度改正編 35
・認知症チームケア推進加算の新設　⇒　制度改正編 38
・退所時栄養情報連携加算の新設　⇒　制度改正編 43
・生産性向上推進体制加算の新設　⇒　制度改正編 45
・新たな室料負担の導入　⇒　制度改正編 50
・基準費用額（居住費）と補足給付の見直し　⇒　制度改正編 51

5 章では、何を学ぶのですか?

居宅サービスと施設サービス以外の介護保険のサービスを理解します。

それって、何ですか？

地域密着型サービスと地域支援事業です。

2000 年の制度開始当初から、ありましたっけ？

両方とも、2006 年から介護保険制度に組み込まれました。

どのような特徴があるのですか？

特徴は 2 つ。まず、その地域に住む住民だけを対象とすること。

もう 1 つの特徴は？

市町村の自由度が高いことです。

逆に言うと、市町村によって格差があるってことか……。

5 章で学ぶこと

- 地域密着型サービスには何があるか?
- 地域支援事業には何があるか?

サービス編

［5章］地域密着型サービスと地域支援事業

地域密着型サービス

質問21　定期巡回・随時対応型訪問介護看護とは何ですか？

質問22　夜間対応型訪問介護とは何ですか？

質問23　地域密着型と認知症対応型の通所介護とは何ですか？

質問24　（看護）小規模多機能型居宅介護とは何ですか？

質問25　認知症対応型共同生活介護とは何ですか？

質問26　地域密着型特定施設入居者生活介護とは何ですか？

質問27　地域密着型介護老人福祉施設とは何ですか？

地域支援事業

質問28　総合事業の訪問型サービスとは何ですか？

質問29　総合事業の通所型サービスとは何ですか？

質問30　総合事業の生活支援サービスと介護予防ケアとは何ですか？

質問31　総合事業の一般介護予防事業とは何ですか？

質問32　包括的支援事業とは何ですか？

質問33　任意事業とは何ですか？

その他

質問34　共生型サービスとは何ですか？

サービス編

質問21 定期巡回・随時対応型訪問介護看護とは何ですか？

訪問看護ステーションなどが提供するサービスだね。

サービス内容がわかりにくいのですが……

それは、4つのサービスを組み合わせて提供しているからだよ。

医療と介護が連携し、サービスを組み合わせて提供します。

定期巡回・随時対応型訪問介護看護とは、ヘルパーなどが1日複数回利用者宅を巡回する**定期巡回サービス**、通報を受けて対応の要否を判断する**随時対応サービス**、訪問の要望に応じて訪問する**随時訪問サービス**、看護師が訪問して療養上の世話または診療の補助を行う**訪問看護サービス**を組み合わせて提供する24時間対応型サービスです。定期巡回・随時対応型訪問介護看護は、在宅で暮らす重度の医療ニーズが高い要介護者を対象としています。2024年度には、認知症専門ケア加算の算定要件が見直され、夜間にのみサービスを必要とする利用者を対象とした新たな基本報酬の区分が設けられました。

訪問介護や訪問看護などとは併用できません。

定期巡回・随時対応型訪問介護看護は、4つすべてのサービスを一体的に行う**一体型事業所**、事業所が連携して行う**連携型事業所**のいずれかで提供されます。

一体型の場合、人員として、オペレーター、訪問介護員、看護職員、機能訓練指導員などが必要です。また、**定期巡回・随時対応型訪問介護看護計画**の作成責任者がケアプランの内容や利用者の状況を踏まえて、サービス提供日時を決めます。なお、サービス内容が重複することから、訪問介護（通院等乗降介助を除く）、訪問看護（連携型利用時を除く）、夜間対応型訪問介護は、定期巡回・随時対応型訪問介護看護と併用できません。

定期巡回・随時対応型訪問介護看護の利用者と基本報酬

ヘルパーセンター
＋
訪問看護
ステーション
介護老人福祉施設
の併設施設

定期巡回・
随時対応型
訪問介護看護

利用者

要介護 1-5

サービス内容

- ●定期的な巡回
- ●随時の通報による居宅訪問
- ●療養上の世話
- ●診療の補助
- ●入浴・排泄の身体介護
- ●食事などの生活支援
- ●緊急時の対応

定期巡回・随時対応型訪問介護看護費（I）の基本報酬 1 月につき									
訪問看護サービスを行わない場合					訪問看護サービスを行う場合				
要介護 1	要介護 2	要介護 3	要介護 4	要介護 5	要介護 1	要介護 2	要介護 3	要介護 4	要介護 5
54460 円	97200 円	161400 円	204170 円	246920 円	79460 円	124130 円	189480 円	233580 円	282980 円

*1　1 点 10 円として計算、利用者の費用負担は上記の 1 割から 3 割
*2　赤字は増額、黒字は増減なし、青字は減額

定期巡回・随時対応型訪問介護看護の改正と改定のポイント

制度改正のポイント

- ・認知症専門ケア加算の算定要件の見直し　⇒　制度改正編 11
- ・退院時共同指導の指導提供の柔軟化　⇒　制度改正編 20

報酬改定のポイント

- ・総合マネジメント体制強化加算の見直し　⇒　制度改正編 26
- ・ターミナルケア加算の増額　⇒　制度改正編 33
- ・口腔連携強化加算の新設　⇒　制度改正編 40
- ・緊急時訪問看護加算（I）の新設　⇒　制度改正編 46
- ・基本報酬の新たな区分の設定　⇒　制度改正編 50

オペレーターとは

利用者のコールを受け付け、相談内容に対応し、必要に応じて訪問を指示する職種。医師、保健師、看護師、准看護師、介護福祉士、社会福祉士、介護支援専門員に限られる。

サービス編

質問22 夜間対応型訪問介護とは何ですか？

基本的には、訪問介護と同じサービスです。

なぜ、このようなサービスが誕生したのですか？

施設から自宅へ戻った人の夜間・緊急時のリスクに対応するためです。

3つのサービスを提供する夜間対応型サービスです。

夜間対応型訪問介護とは、夜間帯（18時-8時）にヘルパーなどが利用者宅を巡回して排せつの介助や安否確認（おおよそ30分程度）を行う**定期巡回サービス**、利用者または家族からの通報を受けて調整・対応する**オペレーションサービス**、利用者や家族の求めに応じてを受けて随時、訪問して介護する**随時訪問サービス**という3つのサービスを組み合わせて提供する夜間対応型のサービスです。夜間対応型訪問介護では、夜間における転倒、転落、急な体調不良への対応と夜間における**訪問介護**の提供により、要介護者が可能な限り自宅で自立した日常生活を送れるようにしているのです。

300人に1か所以上オペレーションセンターが必要です。

夜間対応型訪問介護には、通報に対応するオペレーター、定期巡回・随時訪問を担う訪問介護員などが必要となります。また、夜間対応型訪問介護の事業所の設置にあたっては、利用者**300人に1か所以上オペレーションセンターの設置**が求められます（利用者と親密な関係が築かれている場合は設置しないことも可能）。しかも、利用者数が伸びていないため、あまり普及が進んでいません。そのため2021年度の改正では、オペレーターの要件が緩和されました。

夜間対応型訪問介護は、要介護1以上を対象とするサービスであり、要介護度にかかわらず、1か月あたり定額報酬と1回ごとの報酬が設定されています。

夜間対応型訪問介護の利用者と基本報酬

ヘルパーセンター
介護老人福祉施設の併設施設

→ 夜間対応型訪問介護 →

利用者

要介護 1-5

サービス内容

- 夜間の定期巡回
- 随時の通報による居宅訪問
- 入浴・排泄の身体介護
- 食事などの生活支援
- 緊急時の対応

夜間対応型訪問介護費（オペレーションセンター設置）の基本報酬			
基本夜間対応型訪問介護費 1月につき	定期巡回サービス費 1回につき	随時訪問サービス費（1人） 1回につき	随時訪問サービス費（2人） 1回につき
9890円	3720円	5670円	7640円

*1　1点10円として計算、利用者の費用負担は上記の1割から3割
*2　赤字は増額、黒字は増減なし、青字は減額

夜間対応型訪問介護の改正と改定のポイント

制度改正のポイント

・認知症専門ケア加算の算定要件の見直し　⇒　制度改正編 11

オペレーションセンターとは

利用者または家族からの通報を受けて対応の要否を判断する施設。利用者の心身状況、置かれている環境などを把握し、記録する。

サービス編

質問23 地域密着型・認知症対応型通所介護とは何ですか？

地域の住民や認知症患者を受け入れる通所介護だね。

対象が限定される以外、通常の通所介護と違いはありますか？

認知症対応型通所介護には、介護予防サービスもあることかな。

地域の住民のみを受け入れる通所サービスです。

地域密着型通所介護とは、定員 18 人以下の小規模施設に地域の要介護者を受け入れて、食事、入浴、その他日常生活上の支援や生活機能訓練などを提供するサービスです。受け入れる人数が少ない地域密着型通所介護の介護報酬は、通常の通所介護よりも高く設定されています。また地域密着型通所介護のうち、難病患者や末期ガン患者のみを受け入れるサービスは**療養通所介護**と呼ばれます。

なお、2024 年度の制度改正では、地域密着型通所介護において、認知症加算の算定要件や個別機能訓練加算が見直され、基本報酬において短期利用型の区分が新設されました。

要介護・支援の認知症患者専用の通所サービスです。

認知症対応型通所介護では、認知症患者を日中、施設に受け入れて、認知症ケアや生活についての相談・助言などを提供します。認知症対応型通所介護は、要介護・要支援に認定された認知症患者専用のサービスです。認知症対応型通所介護には、独立した施設で行う**単独型**、特別養護老人ホームなどの併設施設で行う**併用型**、認知症対応型共同生活施設や地域密着型介護老人福祉施設・特定施設の食堂または共同生活室で行う**共用型**があります。同時にサービスを提供できる定員は単独型や併用型では **1 施設あたり 12 人以下**、共用型では **1 ユニットあたり 3 人以下**、利用者 3 名に対して 1 名の介護従業者が必要と決められています。

地域密着型・認知症対応型通所介護の利用者と基本報酬

デイサービスセンター

介護老人福祉施設・グループホームの併設施設

地域密着型通所介護 ⇒
認知症対応型通所介護 ⇒

利用者

要介護 1-5

介護予防認知症対応型通所介護 ⇒

要支援 1-2
（認知症）

サービス内容

- ●通所介護における身体介護
- ●通所介護における生活支援
- ●認知症ケア
- ●生活などの相談や助言
- ●リハビリテーション

地域密着型の基本報酬					認知症対応型（単独型）の基本報酬				
8 時間以上 9 時間未満					8 時間以上 9 時間未満				
要介護 1	要介護 2	要介護 3	要介護 4	要介護 5	要介護 1	要介護 2	要介護 3	要介護 4	要介護 5
7830 円	9250 円	10720 円	12200 円	13650 円	10260 円	11370 円	12480 円	13620 円	14720 円

*1　1 点 10 円として計算、利用者の費用負担は上記の 1 割から 3 割
*2　赤字は増額、黒字は増減なし、青字は減額

認知症対応型通所介護の改正と改定のポイント

制度改正のポイント

地域密着型通所介護

・認知症加算の算定要件の見直し　⇒　制度改正編 11
・基本報酬における短期利用型の新設
　⇒　制度改正編 28（療養通所介護のみ）

共通

・急な気象悪化などにおける所要時間の取扱いを明確化
　⇒　制度改正編 5
・一体的計画書の様式と訪問リハビリのみなし指定の見直し
　⇒　制度改正編 13
・入浴介助加算の算定要件の見直し　⇒　制度改正編 15
・科学的介護推進体制加算の算定要件の見直し　⇒　制度改正編 16
・ADL 維持等加算の算定要件の見直し　⇒　制度改正編 17

報酬改定のポイント

地域密着型通所介護

個別機能訓練加算の見直し　⇒　制度改正編 47

質問24 (看護)小規模多機能型居宅介護とは何ですか?

1つの事業所で訪問、通所、短期入所を提供するサービスです。

どこで提供されているのですか?

小規模多機能ホームやグループホームの併設施設などでだよ。

通所、訪問、短期入所を1つの事業所で提供します。

小規模多機能型居宅介護とは、通所介護を中心に、訪問介護と短期入所介護とを、利用者の利便性に応じて組み合わせて提供するサービスです。小規模多機能型居宅介護では原則として、登録定員が29人以下、1日あたりの利用定員が通所で15人以下(一定の要件を満たすと18名以下)、短期入所で9人以下と決められています。

小規模多機能型居宅介護の事業所には、運営主体の事業所でサービス提供する**本体型**、運営主体の事業所から車で約20分以内の距離にあるサテライト型事業所でサービス提供する**サテライト型**があり(サテライト型の登録定員は18人以下)、報酬は1か月あたりの定額で設定されています。

小規模多機能型居宅介護と訪問看護を組み合わせます。

看護小規模多機能型居宅介護とは、小規模多機能型居宅介護と訪問看護を組み合わせて主に**医療ニーズの高い要介護者**に提供するサービスで、**複合型サービス**とも呼ばれます。看護小規模多機能型居宅介護の登録・利用定員は小規模多機能型居宅介護と同様で、本体型のほか、サテライト型でのサービス提供も可能です。また報酬は1か月あたりの定額です。

なお、小規模多機能型居宅介護、看護小規模多機能型居宅介護のいずれも、1つの事業所が全サービスを提供するため、居宅介護支援、訪問介護、通所介護、短期入所介護などと組み合わせて利用することはできません。

（看護）小規模多機能型居宅介護の利用者と基本報酬

小規模多機能
ホーム

有料老人ホームや
グループホームの
併設施設

利用者

小規模多機能型居宅介護

要介護 1-5

介護予防
小規模多機能型居宅介護

要支援 1-2

看護小規模多機能型居宅介護

要介護 1-5

サービス内容

- ●訪問サービスによる身体介護と生活援助
- ●通所サービスによる身体介護と生活援助
- ●短期入所サービスによる身体介護と生活援助
- ●生活などの相談や助言
- ●リハビリテーション

小規模多機能型居宅介護費の基本報酬（同一建物に居住するもの以外に対して行う場合）1月につき					看護小規模多機能型居宅介護費（複合型サービス）の基本報酬（同一建物に居住するもの以外に対して行う場合）1月につき				
要介護 1	要介護 2	要介護 3	要介護 4	要介護 5	要介護 1	要介護 2	要介護 3	要介護 4	要介護 5
104580円	153700円	223590円	246770円	272090円	124470円	174150円	244810円	277660円	314080円

*1　1点10円として計算、利用者の費用負担は上記の1割から3割
*2　赤字は増額、黒字は増減なし、青字は減額

（看護）小規模多機能型居宅介護の改正と改定のポイント

制度改正のポイント

看護小規模多機能型居宅介護

・排せつ支援加算と褥瘡マネジメント加算の算定要件の見直し
⇒　制度改正編 17

共通

・科学的介護推進体制加算の算定要件の見直し　⇒　制度改正編 16
・兼務可能なサービスの緩和　⇒　制度改正編 21

報酬改定のポイント

看護小規模多機能型居宅介護

・専門管理加算の新設　⇒　制度改正編 27
・緊急時訪問看護加算の緊急時対応加算への変更　⇒　制度改正編 27
・ターミナルケア加算の増額　⇒　制度改正編 33

共通

・総合マネジメント体制強化加算の見直し　⇒　制度改正編 26
・身体拘束廃止未実施減算の新設　⇒　制度改正編 36
・認知症加算（Ⅰ）と認知症加算（Ⅱ）の新設　⇒　制度改正編 37
・生産性向上推進体制加算の新設　⇒　制度改正編 45

サービス編

質問25 認知症対応型共同生活介護とは何ですか？

認知症患者が共同で自立した生活を送るためのサービスです。

自立した、とは具体的に何をやるのですか？

5-9人のユニット単位で互いに役割を分担します。

軽度認知症患者に共同生活の場と生活援助を提供します。

認知症対応型共同生活介護では、軽度の**認知症患者**が 5-9 人のユニット単位で互いに役割を分担しながら、共同で自立した生活を送るためのサービスを提供します。具体的には、食事や入浴や排せつなどの介護、リハビリテーションや口腔機能向上サービスなどの提供によって、認知症患者の心身機能の回復を図ります。自分でできることは自分でやってもらうことで、認知症患者の失われかけた能力を引き出すことを目標としているのです。

なお、介護予防認知症対応型共同生活介護は、**要支援 1** の高齢者はサービスを利用できません。

グループホームでは家庭に近い環境を作り上げます。

認知症対応型共同生活介護の施設である**グループホーム**には、民家型、アパート型、ミニ施設型など様々な形態があります。グループホームでは、少人数の顔なじみの認知症患者同士が互いにできる部分を補い合うことで、可能な限り家庭に近い環境を作り上げます。

グループホームは、現在、社会福祉法人や市町村、NPO などによって運営されていますが、施設数が少なく、施設の規模が小さいため、入所まで通常、数か月から数年程度の期間を必要とすると言われています。なお、2024 年度の制度改正では、協力医療機関との連携体制の構築が義務付けられています（→制度改正編　質問 9）。

認知症対応型共同生活介護の利用者と基本報酬

グループホーム

認知症対応型
共同生活介護

介護予防認知症
対応型
共同生活介護

利用者

要介護 1-5
（認知症）

要支援 2
（認知症）

サービス内容

- ●共同生活における身体介護
- ●共同生活における生活援助
- ●認知症ケア
- ●生活などの相談や助言
- ●リハビリテーション

認知症対応型共同生活介護費（Ⅰ型）の基本報酬 1日につき					短期利用共同生活介護費（Ⅰ型）の基本報酬 1日につき				
要介護 1	要介護 2	要介護 3	要介護 4	要介護 5	要介護 1	要介護 2	要介護 3	要介護 4	要介護 5
7650円	8010円	8240円	8410円	8590円	7930円	8290円	8540円	8700円	8870円

*1　1点10円として計算、利用者の費用負担は上記の1割から3割
*2　赤字は増額、黒字は増減なし、青字は減額

認知症対応型共同生活介護の改正と改定のポイント

制度改正のポイント

- 協力医療機関との連携体制の構築　⇒　制度改正編 9
- 科学的介護推進体制加算の算定要件の見直し　⇒　制度改正編 16

報酬改定のポイント

- 医療連携体制加算の見直し
  ⇒　制度改正編 31
- 協力医療機関連携加算の新設
  ⇒　制度改正編 31
- 高齢者施設等感染対策向上加算の新設
  ⇒　制度改正編 35
- 新興感染症等施設療養費の新設
  ⇒　制度改正編 35
- 認知症チームケア推進加算の新設
  ⇒　制度改正編 38
- 生産性向上推進体制加算の新設
  ⇒　制度改正編 45

日常生活費とは

利用者、入所者、入院患者、その家族などが自由な選択に基づいて、介護サービス提供の一環として提供する日常生活上の便宜に係る経費。おむつ代、おやつ代、洗濯費、食費、理美容費などが含まれる。

サービス編

質問26 地域密着型特定施設入居者生活介護とは、何ですか？

有料老人ホームなどに入居した利用者に提供するサービスです。

一般的な特定施設入居者生活介護との違いは何ですか？

基本的に、施設が所在する市町村の居住者のみを受入れます。

地域の特定施設に入居した高齢者にサービスを提供します。

地域密着型特定施設入居者生活介護とは、介護や食事や家事、各種のレクリエーションやリハビリテーションなどを提供することにより、施設と同じ地域に住む高齢者ができる限り住みなれた地域で、持っている能力に応じて自立した日常生活を営むことができるようにするサービスです。

地域密着型特定施設入居者生活介護の対象となる施設は、市町村の指定を受けた**有料老人ホーム**、**軽費老人ホーム（ケアハウス）**、**養護老人ホーム**、**サービス付き高齢者向け住宅**などです。また、入居定員が**29人以下**の小規模な施設であることが求められます。

見守り機器活用時の人員配置基準が緩和されています。

地域密着型特定施設入居者生活介護の対象者は、施設が所在する市町に居住する要介護１～要介護５までの人であり、その配偶者も対象となります。地域密着型特定施設では、特定施設同様に、居住者に対して**１週間に２回以上**の入浴を行うことが求められます。居室は個室である場合がほとんどですが、夫婦で入居するなど特例の場合は２人以上での居室の使用も可能です。

また多くの施設には看護師が常駐しており、入居者の急激な体調変化にも対応します。2024年度の制度改正では、**見守り機器活用時の人員配置基準**が緩和され、**生産向上推進体制加算**が新設されています。

地域密着型特定施設入居者生活介護の利用者と基本報酬

有料老人ホーム
軽費老人ホーム
養護老人ホーム
サービス付き高齢者住宅
（入居定員29人以下）

地域密着型特定施設入居者生活介護

利用者

要介護 1-5
（地域に在住）

運営主体
（地域密着型特定施設入居者生活介護）

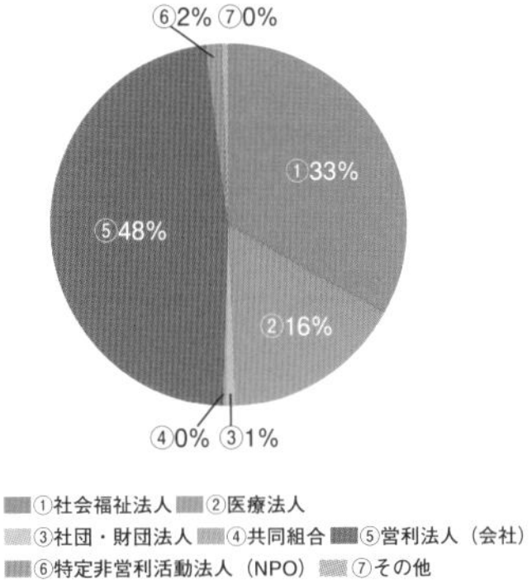

地域密着型特定施設入居者生活介護の基本報酬　1日につき					短期利用地域密着型特定施設入居者生活介護の基本報酬　1日につき				
要介護 1	要介護 2	要介護 3	要介護 4	要介護 5	要介護 1	要介護 2	要介護 3	要介護 4	要介護 5
5460円	6140円	6850円	7500円	8200円	5460円	6140円	6850円	7500円	8200円

*1　1点10円として計算、利用者の費用負担は上記の1割から3割
*2　赤字は増額、黒字は増減なし、青字は減額

制度改正・報酬改定のポイント

制度改正のポイント

・入居継続支援加算の算定要件の見直し　⇒　制度改正編 7
・協力医療機関との連携体制の構築　⇒　制度改正編 9
・科学的介護推進体制加算の算定要件の見直し　⇒　制度改正編 16
・ADL 維持等加算の算定要件の見直し　⇒　制度改正編 17
・見守り機器活用時の人員配置基準の見直し　⇒　制度改正編 18

報酬改定のポイント

・夜勤看護体制加算の見直し　⇒　制度改正編 30
・協力医療機関連携加算の新設　⇒　制度改正編 31
・高齢者施設等感染対策向上加算の新設　⇒　制度改正編 35
・新興感染症等施設療養費の新設　⇒　制度改正編 35
・生産性向上推進体制加算の新設　⇒　制度改正編 45

サービス編

質問27 地域密着型介護老人福祉施設とは何ですか？

介護老人福祉施設に入所した利用者に提供するサービスです。

一般的な介護老人福祉施設との違いは何ですか？

基本的に、施設が所在する市町村の居住者のみを受入れます。

地域に住む高齢者向けの入居定員が29人以下の施設です。

地域密着型介護老人福祉施設とは、介護や食事や家事、レクリエーションやリハビリテーションなどを提供することにより、施設と同じ地域に住む高齢者ができる限り住みなれた地域で、可能な限り自立した日常生活を営むことができるようにするサービスです。

地域密着型介護老人福祉施設の部屋は、介護老人福祉施設と同様に、**多床室**、**従来型個室**、**ユニット型個室**、**ユニット型個室的多床室**という４つのタイプに分かれます。また、入所定員が**29人以下**の小規模な施設であること、市町村や医療機関、居宅介護支援事務所や居宅サービス事業者などと連携することが求められます。

緊急時の対応方法や居住費などが見直されています。

地域密着型特定施設入居者生活介護の対象者は、地域に在住するつねに介護を必要とする高齢者であり、**要支援１･２**の人は基本的に利用できません。ただし「認知症」「知的障害・精神障害」「家族などによる虐待」「単身世帯、あるいは家族などによる支援が期待できない」など、やむを得ない理由がある場合は、要介護１・２の高齢者も入所が可能となります。

2024年度の制度改正では、緊急時の対応方法や**基準費用額（居住費）**などが見直され、協力医療機関との連携体制の構築、定期的な口腔衛生状態･口腔機能の評価、退所時における栄養情報の連携などが求められています。

地域密着型介護老人福祉施設の利用者と基本報酬

介護老人
福祉施設
（入所定員
29人以下）

介護老人
福祉施設

利用者

要介護 3-5 が
中心
（地域に在住）

運営主体
（地域密着型介護老人福祉施設）

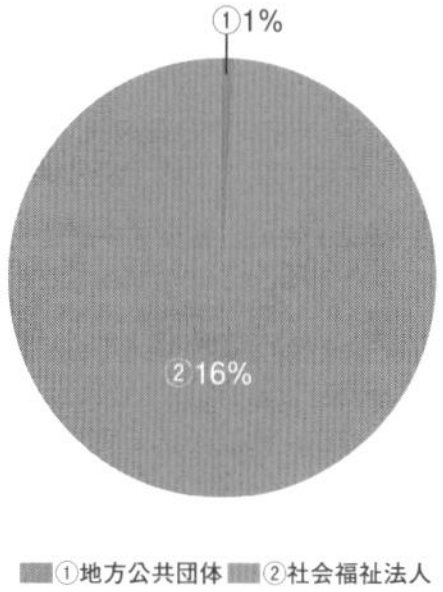

地域密着型介護老人福祉施設入所者生活介護の基本報酬（多床室）					地域密着型介護老人福祉施設入所者生活介護の基本報酬（ユニット型個室）				
要介護 1	要介護 2	要介護 3	要介護 4	要介護 5	要介護 1	要介護 2	要介護 3	要介護 4	要介護 5
6000円	6710円	7450円	8170円	8870円	6820円	7530円	8280円	9010円	9710円

*1　1点10円として計算、利用者の費用負担は上記の1割から3割
*2　赤字は増額、黒字は増減なし、青字は減額

制度改正・報酬改定のポイント

制度改正のポイント

- 緊急時の対応方法の見直し　⇒　制度改正編 8
- 協力医療機関との連携体制の構築　⇒　制度改正編 9
- 一体的計画書の様式と訪問リハビリのみなし指定の見直し　⇒　制度改正編 13
- 定期的な口腔衛生状態・口腔機能の評価の義務化　⇒　制度改正編 14
- 科学的介護推進体制加算の算定要件の見直し　⇒　制度改正編 16
- ADL 維持等加算の算定要件の見直し　⇒　制度改正編 17
- 排せつ支援加算と褥瘡マネジメント加算の算定要件の見直し　⇒　制度改正編 17

報酬改定のポイント

- 配置医師緊急時対応加算における勤務時間外対応の新設　⇒　制度改正編 30
- 協力医療機関連携加算の新設　⇒　制度改正編 31
- 高齢者施設等感染対策向上加算の新設　⇒　制度改正編 35
- 新興感染症等施設療養費の新設　⇒　制度改正編 35
- 認知症チームケア推進加算の新設　⇒　制度改正編 38
- 個別機能訓練加算（Ⅲ）の新設　⇒　制度改正編 42
- 退所時栄養情報連携加算の新設　⇒　制度改正編 43
- 生産性向上推進体制加算の新設　⇒　制度改正編 45
- 基準費用額（居住費）と補足給付の見直し　⇒　制度改正編 51

質問28 総合事業の訪問型サービスとは何ですか？

市町村が中心となって、利用者宅に訪問して提供するサービスです。

市役所が全部やるなんて、可能なんですか？

実施方法は、事業者指定や委託、補助や直接実施など様々です。

多様な団体やスタッフが提供する訪問型のサービスです。

介護予防・日常生活支援総合事業（総合事業）とは、市町村が中心となって地域の実情に応じて多様な介護予防と生活支援のサービスを提供する事業です。地域の住民、NPO、ボランティア団体などが主体的にサービスを提供することで、効果的かつ効率的な支援と介護給付費用の抑制を図る狙いがあります。総合事業の**訪問型サービス**では、ヘルパーや介護福祉士のほか、市町村の指定を受けた事業者の雇用労働者やボランティア、保健師や理学療法士などが利用者の住居を訪問して、入浴、食事などの介助、掃除、洗濯などの**日常生活の援助**、体力改善に向けた相談指導、移送時の乗車・降車の介助といったサービスを提供します。

訪問型サービスについて、5つの典型例が示されています。

要支援者と２次予防事業対象者に対する訪問型サービスの提供にあたり、市町村はその地域の実情に応じて、サービス内容、実施方法、基準、単価などを決めます。

厚生労働省は訪問型サービスの典型例として、介護予防訪問介護に準じるサービスを指定介護事業者が提供する**①訪問介護**、雇用労働者による**②緩和基準による訪問サービス**、ボランティア主体の**③住民主体による支援**と**⑤移動支援**、保健師などによる**④短期集中予防サービス**の５つをあげています。なお、2021 年度から要介護 1、2の高齢者も総合事業の対象となり、国が決めている上限額を超える報酬を市町村の判断で設定できるようになりました。

訪問型サービスの利用者とサービス内容

ヘルパーセンター
（指定・委託）

ボランティア団体
（補助・助成）

地域包括支援
センター

訪問型サービス →

利用者

要介護 1-2

要支援 1-2

２次予防事業
対象者

サービス内容

①**訪問介護**：訪問介護員による身体介護、生活援助
②**緩和基準によるサービス**：生活援助など
③**住民主体の支援**：住民主体の自主活動として行う生活援助など
④**短期集中予防サービス**：保健師などによる居宅での相談指導など
⑤**移動支援**：移送前後の生活支援

短期集中予防サービスとは

体力や日常生活動作の改善に向けて、保健師などによる居宅での相談指導などを想定している。実施期間は 3-6 か月程度。

訪問型サービスの人員・設備基準

人員基準	
①訪問介護	介護予防訪問介護の人員基準
②緩和基準によるサービス	介護予防訪問介護の人員基準を市町村が適切に緩和した基準
③住民主体の支援	個人情報保護などの最低限の基準
④短期集中予防サービス	サービス内容に応じて市町村が適切に設定した基準
⑤移動支援	個人情報保護などの最低限の基準
設備基準	
①訪問介護	介護予防訪問介護の設備基準
②緩和基準によるサービス	介護予防訪問介護の設備基準を市町村が適切に緩和した基準
③住民主体の支援	個人情報保護などの最低限の基準
④短期集中予防サービス	サービス内容に応じて市町村が適切に設定した基準
⑤移動支援	個人情報保護などの最低限の基準

サービス編

質問29 総合事業の通所型サービスとは何ですか？

基本的な考え方は、通所介護と一緒です。

でも、ボランティアなどがサービスを提供する場合、場所はどうするのですか？

市民センターのほか、住宅などが使われているみたい……

多様な団体が様々な場所で提供する通所型サービスです。

総合事業の**通所型サービス**とは、送迎バスで指定介護事業者の施設に通所する要介護者１、２の指定を受けた高齢者、要支援者、２次予防事業対象者に向けた介護やリハビリなどです。市町村の指定を受けた事業者の雇用労働者やボランティアによる**ミニデイサービス**、ボランティアが主体となって運営する**運動教室**、保健師や理学療法士による**リハビリ教室**なども提供されています。アート体験やヨガ教室、子どもと遊ぶ会やフロア体操など、多様なサービス事業を実施する自治体もあります。

自治体のモデル事業では、通所型サービスの提供場所として、大学や喫茶店、町会会館やフィットネス事業所などが利用されています。

通所訪問型サービスについても典型例が示されています。

通所型サービスの提供にあたり、市町村はその地域の実情に応じて、サービス内容、実施方法、基準、単価などを決めます。厚生労働省は通所型サービスの典型例として、介護予防通所介護に準じるサービスを指定介護事業者が提供する①**通所介護**、雇用労働者とボランティアが提供する②**緩和基準によるサービス**、ボランティア主体で提供する③**住民主体による支援**、日常生活動作の改善が必要な人に向けて理学療法士などが提供する④**短期集中予防サービス**の４つをあげています。なお、2021 年度から要介護１、２の高齢者も総合事業の対象となり、国が決めている上限額を超える報酬を市町村の判断で設定できるようになりました。

通所型サービスの利用者とサービス内容

デイサービスセンター
（指定・委託）
介護老人福祉施設
（指定・委託）
ボランティア団体
（補助・助成）
地域包括支援センター

通所型サービス →

利用者

要介護 1-2

要支援 1-2

2 次予防事業
対象者

サービス内容

①**通所介護**：介護予防通所介護のサービス
②**緩和基準によるサービス**：ミニデイサービス、運動・レクリエーションなど
③**住民主体の支援**：体操、運動などの活動、自主的な通いの場
④**短期集中予防サービス**：生活機能改善のための機能訓練や栄養改善などのプログラム

ミニデイサービスとは

虚弱高齢者、単身生活高齢者、家にとじこもりがちな高齢者に対する半日程度のレクリエーション活動。ボランティアスタッフなどが運営。

通所型サービスの人員・設備基準

人員基準	
①通所介護	介護予防訪問介護の人員基準
②緩和基準によるサービス	介護予防訪問介護の人員基準を市町村が適切に緩和した基準
③住民主体の支援	個人情報保護などの最低限の基準
④短期集中予防サービス	サービス内容に応じて市町村が適切に設定した基準

設備基準	
①通所介護	介護予防訪問介護の設備基準
②緩和基準によるサービス	介護予防訪問介護の設備基準を市町村が適切に緩和した基準
③住民主体の支援	個人情報保護などの最低限の基準
④短期集中予防サービス	サービス内容に応じて市町村が適切に設定した基準

サービス編

質問30 総合事業の生活支援サービスと介護予防ケアとは何ですか？

市町村と民間企業が協働で提供する事業です。

介護予防ケアマネジメントって何ですか？

総合事業で提供されるサービスを効率的に提供するための事業だよ。

訪問型・通所型サービス以外の生活支援サービスです。

総合事業のその他の**生活支援サービス**では、**栄養改善を目的とした配食サービス、住民ボランティアなどによる見守りや緊急時の対応、訪問型サービス・通所型サービスに準じる生活支援**（一体的な提供も含む）などを要介護者 1、2 の指定を受けた高齢者、要支援者、2 次予防事業対象者に提供します。

生活支援サービス提供にあたり、厚生労働省は提供範囲のイメージを、家事援助・交流サロン・配食や見守り・声掛けなどを提供する**自治会単位の圏域**、食材配達・外出支援・介護者支援などを提供する**小学校区単位の圏域**、安否確認・権利擁護・移動販売などを提供する**市町村単位の圏域**のように示しています。

要介護状態になることを可能な限り防ぐサービスです。

総合事業の**介護予防ケアマネジメント**とは、基本チェックリストによる**高齢者に対するスクリーニング（一次アセスメント）**、地域包括支援センターにおける要支援者に向けた**介護予防ケアプランの作成**、総合事業の**サービス提供後の再アセスメント**、総合事業の**事業評価**（介護予防につながる成果の評価など）などです。

いずれも、高齢者自身が地域において自立した日常生活を送れるように支援することで、要支援者と 2 次予防事業対象者が要介護状態になることを可能な限り防いだり、その時期を遅らせたりして、状態がそれ以上悪化しないようにするために実施されます。

生活支援サービスと介護予防ケアの利用者とサービス内容

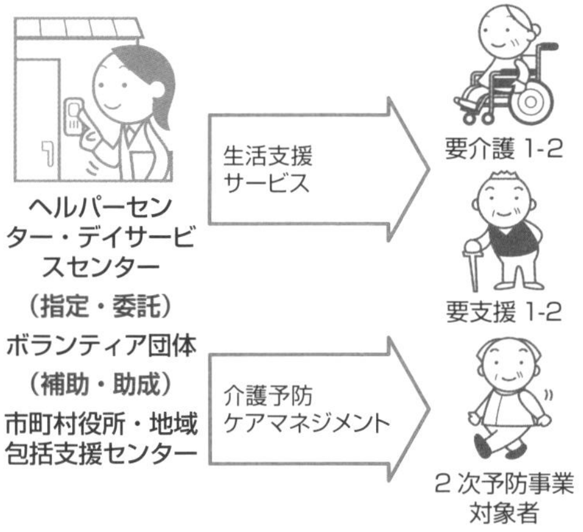

サービス内容

生活支援サービス：
①栄養改善を目的とした配食
②住民ボランティアなどによる見守り
③訪問型サービス・通所型サービスに準じる生活支援

介護予防ケアマネジメント：
①高齢者に対するスクリーニング（一次アセスメント）
②介護予防ケアプランの作成
③サービス提供後の再アセスメント
④事業評価

2次予防事業対象者とは

基本チェックリストによるスクリーニングの結果、今後、要支援あるいは要介護状態になる可能性が高いと判断された高齢者。

生活支援サービスの提供イメージ

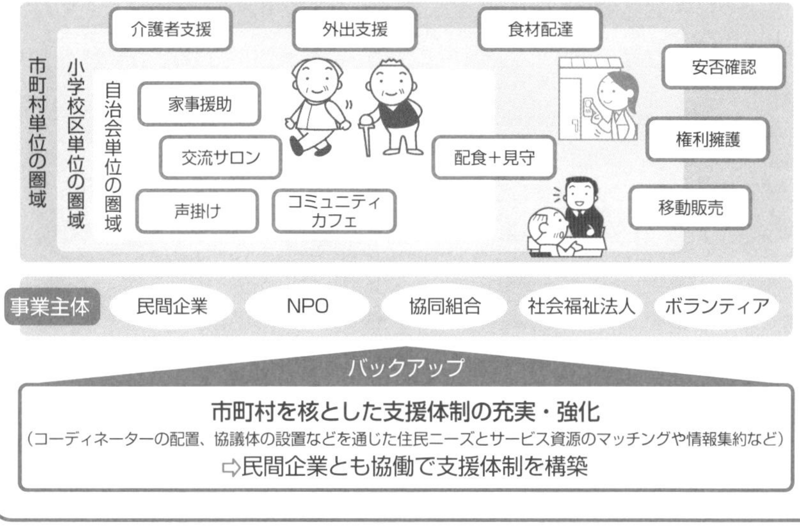

質問31 総合事業の一般介護予防事業とは何ですか？

すべての高齢者を対象とした予防支援サービスです。

目的は何ですか？

効果的な介護予防の実現ですね。

介護予防把握・普及、介護予防・リハビリ活動支援などです。

一般介護予防事業では、地域全体で高齢者の介護予防・生活支援体制を構築するため、**介護予防把握事業**、**介護予防普及啓発事業**、**地域介護予防活動支援事業**、そして理学療法士などを活用した自立支援の取り組みを支援する**地域リハビリテーション活動支援事業**を実施します。

一般介護予防事業は、2015 年度以前における一般高齢者向けの**一次予防事業**と 2 次予防事業対象者（旧**特定高齢者**）向けの**二次予防事業**が統合されることにより、2018 年度の制度改正で誕生しました。一般介護予防事業の対象者はすべての高齢者となっています。

事業内容は様々ですが、大まかな目的は示されています。

一般介護予防事業の内容は市町村によって差がありますが、基本的な事業の目的は示されています。介護予防把握事業では**支援を必要とする高齢者を把握**して介護予防につなげ、介護予防普及啓発事業では**予防活動の普及・啓発**、地域介護予防活動支援事業では**住民主体の介護予防活動の育成・支援**、一般介護予防事業評価事業では介護保険事業計画に定める**目標値の達成状況の検証**と一般介護予防事業の**事業評価**を行います。そして 2015 年から追加された地域リハビリテーション活動支援事業では、通所・訪問・地域ケア会議・サービス担当者会議・通いの場などへの**機能訓練指導員の関与**を促進します。

一般介護予防事業の対象と事業

対象　　提供する事業

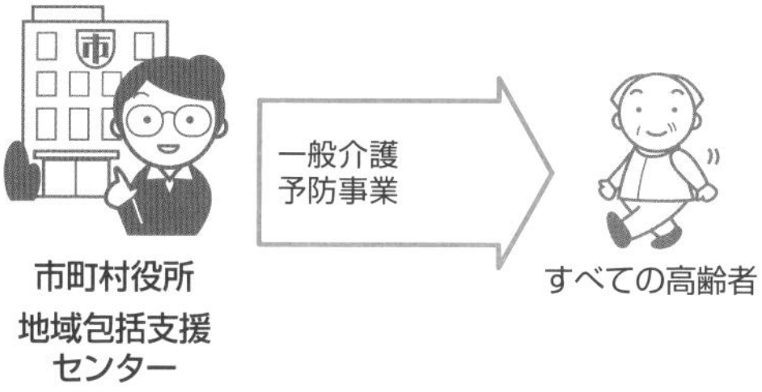

- 介護予防把握事業
- 介護予防普及啓発事業
- 地域介護予防活動支援事業
- 一般介護予防事業評価事業
- 地域リハビリテーション活動支援事業

基本チェックリストとは

要介護認定で非該当（自立）の人や要介護認定を受けていない人に対して、「介護が必要になる可能性があるか」の判定において利用されるリスト。判定の結果、可能性の高い人が 2 次予防事業対象者になる（→付録 5）。

一般介護予防事業の事業内容（例）

事業名	事業内容の例
介護予防把握事業	基本チェックリストの配布・回収（年齢に応じて 3 年に 1 回 - 毎年）、回収した基本チェックリストに基づくアドバイス表の送付や事業の案内、見守りなど
介護予防普及啓発事業 地域介護予防活動支援事業	運動教室や健康教室などの対象者選定、対象者に対する教室の実施、敬老会館や高齢者センターにおける介護予防関連講座の実施
一般介護予防事業評価事業	介護予防計画に定める目標の達成状況の把握、一般介護予防事業の事業評価
地域リハビリテーション活動支援事業	地域ケア会議やサービス担当者会議へのリハビリテーション専門職の参加、運動教室や健康教室へのリハビリテーション専門職・口腔機能向上指導員・栄養改善指導員の派遣など

サービス担当者会議とは

利用者のケアプラン作成を担当するケアマネジャーが主催する会議。利用者にサービスを提供するヘルパーや介護福祉士、看護師や医師などが集まって意見を述べ、サービスを検討する。

サービス編

質問32 包括的支援事業とは何ですか？

当初は利用者の相談やケアマネの指導でしたが……。

制度改正で業務内容が変わったのですか？

というか、医療・介護連携の推進などの業務が増えました。

地域包括支援センターなどで高齢者に提供されます。

包括的支援事業は、要介護者が住み慣れた地域で自立して生活するために必要な環境を整備する事業です。包括的支援事業では、**介護予防ケアマネジメント業務、総合相談支援業務、権利擁護業務、包括的・継続的ケアマネジメント支援業務**などが行われており、2018 年度からは**在宅医療・介護連携推進事業、認知症施策総合支援事業、生活支援サービス体制整備事業**が本格的に実施されました。

総合相談支援、権利擁護、ケアマネジメント支援の業務については地域包括支援センターが、その他の事業については市町村が、すべての高齢者を対象として進めています。

在宅医療・介護連携などが強化されています。

包括的支援事業のサービス内容などは市町村に任されていますが、基本的な事業の目的は示されています。それぞれ、総合相談支援業務では介護に関する相談・支援や事業者の紹介・仲介、権利擁護業務では成年後見制度の利用支援や高齢者に対する虐待防止・早期発見、包括的・継続的ケアマネジメント支援業務ではケアマネジャーに対する指導や支援困難事例への指導・助言などを行います。そして在宅医療・介護連携推進事業や認知症施策総合支援事業、生活支援サービス体制整備事業では、**医療機関と介護事業者の連携推進、早期認知症患者の症状悪化防止支援、生活支援・介護予防の体制整備**などを図ります。

包括的支援事業の利用者と事業

地域包括支援センター

市町村

包括的
支援事業

利用者

要支援 1-2

2 次予防
事業対象者・
一般高齢者

提供する事業

- 介護予防ケアマネジメント業務
- 総合相談支援業務
- 権利擁護業務
- 包括的・継続的ケアマネジメント支援業務
- 在宅医療・介護連携推進事業
- 認知症施策総合支援事業
- 生活支援サービス体制整備事業
- 地域ケア会議推進事業

地域ケア会議とは

地域包括支援センターまたは市町村が主催し、多職種協同で高齢者に対する支援の充実と、その基盤整備を進めるための会議。

包括的支援事業の事業内容

事業名	事業内容の例
介護予防ケアマネジメント業務	2 次予防事業対象者に対する介護予防ケアプランの作成
総合相談支援業務	居宅介護や介護サービスに関する相談・支援、介護事業者の紹介・仲介
権利擁護業務	成年後見制度の利用支援、高齢者に対する虐待防止・早期発見、その他権利擁護に関する相談・支援
包括的・継続的ケアマネジメント支援業務	ケアマネジャーに対する個別指導、支援困難事例などへの指導・助言、地域ケアマネとのネットワークづくり・長期支援
在宅医療・介護連携推進事業	居宅医療を提供する医療機関と介護事業者の連携推進、その他関係者と介護事業者の連携支援
認知症施策総合支援事業	早期認知症患者の症状悪化防止の支援、その他総合的な支援
生活支援サービス体制整備事業	日常生活の支援・介護予防に関する体制の整備、その他関係業務の促進
地域ケア会議推進事業	介護支援専門員、保健医療関係者、福祉関係者などで構成される、適切な支援検討のための会議開催に係る業務

成年後見制度とは

判断能力の不十分な方々を保護・支援するために、成年後見人が、本人の利益を考えながら、本人の代わりに契約などの法律行為を行ったり、本人にとって不利益な法律行為を後から取り消したりできるようにする制度。民法に基づく**法定後見**と任意後見契約に関する法律に基づく**任意後見**がある。

質問33 任意事業とは何ですか？

市町村が、独自に企画する事業やサービスだよ。

でも、市町村共通のものもあるんですよね？

介護給付費適正化事業と家族介護支援事業だね。

市町村が、独自の制度やサービスを企画・実行します。

地域支援事業の任意事業は、**介護給付費適正化事業**と**家族介護支援事業**以外、市町村が地域に実情に応じて独自の制度やサービスを企画・実行するもので、そのサービス内容は様々です。

現在、市町村が実施しているサービスメニューには、親族などがいない高齢者に対する市長による成年後見制度の申し立て、福祉用具・住宅改修に関する相談受付と情報提供、住宅改修費支給申請書類の作成代行、生活相談員や介護相談員の派遣、**配食サービス**の実施、**シルバーハウジング**の助成・促進、重度要介護者に対する**紙おむつ購入助成券支給**などがあります。

任意事業では、情報提供や環境整備などを行います。

介護給付費適正化事業では、介護（予防）給付が不要なサービスに支給されていないかの検証、介護保険制度の趣旨徹底・事業展開のために必要な情報提供、利用者への適切なサービス提供に向けた環境整備などを行います。

一方、家族介護支援事業では、家族介護教室の実施、**はいかい探索システム**を通じた徘徊高齢者の位置情報の提供、重度要介護者の家族に対する**慰労金の支給**などを行うことになります。

なお、すべての高齢者を対象に行う事業である任意事業によるサービスは、市町村の人口規模や取り組みによって、かなり差があります。

任意事業の利用者とサービス内容

市町村
地域包括支援センター
民間事業者（指定・委託）

→ 任意事業 →

利用者

要支援 1-2

2 次予防事業対象者・一般高齢者

サービス内容

- 介護給付費適正化事業
- 家族介護支援事業
- その他の事業

シルバーハウジングとは

生活相談や安否の確認、緊急時対応のライフサポートアドバイザーを配置した公営住宅。

任意事業の事業内容（例）

人員基準	事業内容の例
介護給付費適正化事業	介護（予防）給付が不要なサービスに支給されていないかの検証、介護保険制度の趣旨徹底・事業展開のために必要な情報提供、利用者への適切なサービス提供に向けた環境整備など
家族介護支援事業	家族介護教室の実施、はいかい探索システムを通じた徘徊高齢者の位置情報の提供、重度要介護者の家族に対する慰労金の支給など
その他の事業	親族などがいない高齢者に対する市長による成年後見制度の申し立て、福祉用具・住宅改修に関する相談受付と情報提供、住宅改修費支給申請書類の作成代行、生活相談員や介護相談員の派遣、配食サービスの実施など

はいかい探索システムとは

認知症のある高齢者などが徘徊したときに、介護者へ位置情報の提供を行うシステム。介護者には GPS 位置情報専門端末機が貸与される。

サービス編

質問34 共生型サービスとは何ですか？

１つは、障害福祉サービス事業所で提供される介護サービスだね。

もう１つは、何ですか？

介護サービス事業所で提供される障害福祉サービスだよ。

障害福祉と介護が互いのサービスを提供します。

これまで、障害福祉サービス事業所を利用していた障害者が高齢者となった場合、介護保険サービスの利用が優先されるため、従来から馴染みのある事業所を引き続き利用できないという事態がしばしば起こりました。また高齢化が進み人口が減少するなかで、障害福祉サービス、介護保険サービスともに、スタッフの確保が難しくなることは明らかです。

こうした状況を踏まえて 2018 年度の制度改正で創設されたのが、**共生型サービス**です。共生型サービスでは、障害福祉サービス事業所が介護サービスを提供し、指定介護サービス事業所が障害者福祉サービスを提供することが可能です。

対象となるのは、基本的に居宅サービスです

共生型サービスの対象になるのは、訪問介護、通所介護（地域密着型を含む）、療養通所介護、短期入所生活介護（予防を含む）などの居宅サービスです。（看護）小規模多機能型居宅介護（予防を含む）については、通い、泊まり、訪問のそれぞれのサービスを該当する障害福祉サービスとして提供することが可能です。

障害福祉サービスと介護保険サービスでは人員・設備要件などが異なるため、共生型サービスを提供する事業所には、指定を受けやすくする特例が設けられます。ただし、いずれの事業所も本来的なサービス事業所の基準を満たしていないため、報酬は本来の報酬単価と区別して設定されます。

共生型サービスの対象

●共生型サービスのイメージ

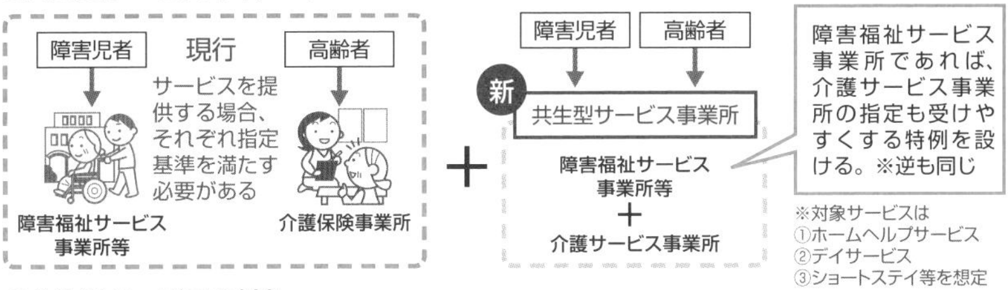

●共生型サービスの対象

	介護保険サービス		障害福祉サービス等
ホームヘルプサービス	訪問介護	⇔	居宅介護 重度訪問介護
デイサービス	通所介護 （地域密着型を含む）	⇔	生活介護（主として重症心身障害者を通わせる事業所を除く） 自立訓練（機能訓練・生活訓練） 児童発達支援（主として重症心身障害児を通わせる事業所を除く） 放課後等デイサービス（同上）
	療養通所介護	⇔	生活介護（主として重症心身障害者を通わせる事業所に限る） 児童発達支援（主として重症心身障害児を通わせる事業所に限る） 放課後等デイサービス（同上）
ショートステイ	短期入所生活介護 （予防を含む）	⇔	短期入所
「通い・訪問・泊まり」といったサービスの組み合わせを一体的に提供するサービス	（看護）小規模多機能型居宅介護（予防を含む）	⇔	生活介護（主として重症心身障害者を通わせる事業所を除く） 自律訓練（機能訓練・生活訓練） 児童発達支援（主として重症心身障害者を通わせる事業所を除く）
	・通い	→	放課後等デイサービス（同上）
	・泊まり	→	短期入所
	・訪問	→	居宅介護 重度訪問介護　概要

●障害福祉サービスと介護保険サービスの比較

	生活介護（障害福祉）〈障害者〉				通所介護（介護保険）	
概要	昼間・入浴・排せつ・食事等の介護、調理・洗濯・掃除等の家事、生活等に関する相談及び助言を行うとともに、創作的活動又は生産活動の機会を提供する				入浴・排せつ・食事等の介護、生活等に関する相談及び助言・健康状態の確認その他日常生活上の世話、機能訓練を行う	
定員	原則20名以上				-	
人員配置	管理者	原則専従（非常勤でも可）			管理者	常勤専従
	医師	必要数 （医療機関との連携等ができていれば不要）			医師	-
	サービス管理責任者 （実務経験3～10年＋研修30.5時間）	利用者60人まで：1以上 利用者60人を超える部分：40：1 （常勤1以上）			生活相談員 （社会福祉士、精神保健福祉士、社会福祉主事等）	1人
	看護職員、理学療法士又は作業療法士及び生活支援員の総数	平均障害支援区分4未満→6：1	生活支援員	1人 （常勤1以上）	介護職員	5：1 （利用者15人まで、1以上で可）（常勤1以上）
		平均障害支援区分4以上未満→5：1	看護職員	1人	看護職員	1人（定員10人以下では、不要）
		平均障害支援区分5以上→3：1	理学療法士又は作業療法士	必要数	機能訓練指導員（理学療法士又は作業療法士）	1人
設備	訓練・作業室	支障がない広さ			食堂及び機能訓練室	$3m^2$×利用定員
事業所等	約1万事業所				約4.3万事業所	

出典:「厚生労働省　資料」

6章では、何を学ぶのですか？

24年度の制度改正で変更されたポイントを学びます。

今回、制度は大きく変わったのですか？

基本的には、前回の制度変更の延長線上よ。

新しく導入された制度はないのですか。

福祉用具貸与・特定福祉用具販売が見直されたわ。

どういうものですか、それ？

一部の福祉用具について貸与と販売の選択制が導入されたの。

なるほど、ほかには？

入力負担を軽減するため、LIFEへのデータ提出頻度が見直されたわ。

それは、大歓迎です！

6章で学ぶこと

- 24年度　制度改正の全体像
- 制度改正によって、変更される業務内容
- 制度改正による、事業所の運営基準の変更など

制度改正編

[6章]
24年度 制度改正のポイント

制度改正の全体像

質問1 介護保険制度は何年ごとに見直されますか?
質問2 なぜ制度改正や報酬改定を行うのですか?
質問3 24 年度の制度改正はどのように進められますか?

地域包括ケアシステムの進化・推進

質問4 業務の効率化に向けて何が変わりましたか?
質問5 柔軟な取組に向けて何が変わりましたか?
質問6 医療ニーズの対応では何が変わりましたか?①
質問7 医療ニーズの対応では何が変わりましたか?②
質問8 医療ニーズの対応では何が変わりましたか?③
質問9 医療ニーズの対応では何が変わりましたか?④
質問10 看取りへの対応強化では何が変わりましたか?
質問11 認知症の対応力向上に向けて何が変わりましたか?
質問12 福祉用具貸与、特定福祉用具販売では何が変わりましたか?

自立支援・重度化防止に向けた対応

質問13 一体的取組に向けて何が変わりましたか?①
質問14 一体的取組に向けて何が変わりましたか?②
質問15 重度化防止に向けて何が変わりましたか?
質問16 LIFE 活用に向けて何が変わりましたか?①
質問17 LIFE 活用に向けて何が変わりましたか?②

良質な介護サービスの効率的な提供に向けた働きやすい職場づくり

質問18 生産性向上に向けて何が変わりましたか?①
質問19 生産性向上に向けて何が変わりましたか?②
質問20 サービス提供の効率化に向けて何が変わりましたか?①
質問21 サービス提供の効率化に向けて何が変わりましたか?②

その他

質問22 級地の設定などでは何が変わりましたか?

制度改正編

質問1 介護保険制度は何年ごとに見直されますか？

制度と報酬が３年ごとに見直されるね。

でも、最初の制度改正って、確か2006年でしたよね。

２期目では見直さなかったからだよ。

原則として、3年ごとに制度や報酬が見直されます。

介護保険制度は、原則として３年ごとに制度が見直され（介護保険法の改正）、それに伴って**介護報酬**が改定されます（厚生労働省令の公布）。厚生労働省の社会保障審議会の**介護保険部会**が介護保険制度全般を、**介護給付費分科会**が介護報酬や運営基準などを検討し、そこでの議論に基づいて改正や改定の方針が決められるのです。ただし、法律が改正されるのは新しい**介護事業計画**が始まる前年で、法律改正から１年から１年半程度の猶予期間を置いた後、法律が施行されます。

自立支援・重度化防止に向けた対応が重視される2024年度の制度改正は2023年に法律が改正され、原則、2024年の４月と６月から施行されます。

原則3年を1期として、事業計画を立てています。

介護保険制度では、保険者である市町村などが、**原則３年を１期として財政収支を見通し**、**介護保険事業**を運営しています。事業計画では、介護給付と介護保険料収入の見通しなどに応じて、介護報酬と保険料が決められます。

介護保険制度がスタートした2000年時点に3.6兆円だった介護費用額は、2021年度には11兆円にまで膨らみ、１号保険料の平均額も開始時の2911円から6216円まで上がりました。

そして団塊の世代が75歳以上になる2025年には介護給付が21兆円、保険料が8200円になるとの試算もあります。

介護保険制度の改正と介護費用額介護保険料の推移

法律改正とトピック	介護事業計画	介護費用額介護保険料と介護報酬改定率と1号保険料
介護保険制度の開始 成年後見制度の開始 支給限度額の一本化 新型特養の制度化	**第1期** 2000〜2002	介護費用額=3.6兆円−5.2兆円 1号保険料=2,911円
介護保険料の見直し 介護報酬の改定 高齢者虐待防止法の施行	**第2期** 2003-2005	介護費用額=5.7兆円−6.3兆円 介護報酬改定率=−2.3% 1号保険料=3,293円
介護保険法改正 (2005年改正、2006年施行) コムスン 不許可処分	**第3期** 2006-2008	介護費用額=6.1兆円−6.7兆円 介護報酬改定率=−2.4% 1号保険料=4,090円 ※介護報酬改定率は、2005年度改定も含めた率
介護保険法改正 (2008年改正、2009年施行) 業務管理体制の整備徹底 サービス付き高齢者住宅の創設 処遇改善交付金を交付	**第4期** 2009-2011	介護費用額=7.1兆円−7.9兆円 介護報酬改定率=+3.0% 1号保険料=4,160円 ※処遇改善加算で+2%、報酬基本部分などで−0.8%
介護保険法改正 (2011年改正、2012年施行)	**第5期** 2012-2014	介護費用額=8.5兆円−9.3兆円 介護報酬改定率=+1.2% 1号保険料=4,972円
介護保険法改正 (2014年改正、2015年施行)	**第6期** 2015-2017	介護費用額=9.5兆円−9.9兆円 介護報酬改定率=−2.27% 1号保険料=5,514円
介護保険法改正 (2017年改正、2018年施行) 居宅介護支援事業所の指定権限の 介護医療院の市町村への委譲	**第7期** 2018-2020	介護費用額=10.1兆円−10.7兆円 介護報酬改定率=+0.54% 介護保険料=5,869円
介護保険法改正 (2020年改正、2021年施行) 感染症や災害への対応力強化 科学的介護の取組	**第8期** 2021-2023	介護費用額=11兆円−11.4兆円? 介護報酬改定率=+0.7% 介護保険料=6,014円
介護保険法改正 (2023年改正、2024年施行) 福祉用具貸与·販売の見直し 基準費用額(居住費)の見直し	**第9期** 2024-2026	介護報酬改定率＝+1.59%
	第10期 2027-2029	

制度改正編

質問 2 なぜ制度改正や報酬改定を行うのですか？

制度改正は利用者や事業の状況に応じてサービスを見直すためです。

じゃあ、報酬改定は？

制度の持続とサービスの需給調整を図るためです。

制度改正は利用者のニーズなどに応じて行われます。

介護保険の制度改正は、利用者のニーズや介護事業の運営状況などに応じて、新たなサービスを創設したり、既存のサービスを見直したり、事業の枠組みを変更したりするために行われます。

例えば、2006 年度の改正では、高齢者が住み慣れた地域で最後まで住み続けられるようにするために地域密着型サービスが創設され、介護予防事業が介護保険に組み入れられました。そして 2015 年度や 2018 年度の改正では、利用者の費用負担や保険料負担の見直しなどが行われ、2021 年度や 2024 年度の改正では災害への対応力強化や科学的介護の取組推進などが図られたのです。

介護報酬の改定は収支状況などに応じて行われます。

介護報酬の改定は、報酬が高すぎる・低すぎるために、引き上げ・引き下げが必要なサービスについて行われます。改定にあたっては、**介護事業経営実態調査**の「各介護サービスにおける収支差率（＝（介護サービスの収入額－介護サービスの支出額）／介護サービスの収入額）を参考にします。2023 年度の調査結果によれば、収支差率が大きく改善したのは、訪問リハビリテーション（-0.4 → +9.5）と夜間対応型訪問介護（3.8 → 9.9）であり、訪問看護や（地域密着型）特定施設入居者生活介護、小規模多機能型居宅介護や認知症対応型共同生活介護、介護保険施設は 1% 以上下がっています。また、全サービス平均も減少傾向です。

制度改正によるサービスの再編・追加・見直し

第4期 2009-2011
- 介護従事者の処遇改善策
- 介護事業者の業務管理体制の整備

↓

第5期 2012-2014
- 介護職員による医療行為の一部緩和
- 地域密着型サービスにおける新サービスの創設

↓

第6期 2015-2017
- 介護予防サービスと地域支援事業の再編
- 低所得者の負担軽減と高所得者の費用負担増

↓

第7期 2018-2020
- 介護医療院の創設
- 高所得者の費用負担増

↓

第8期 2021-2023
- 感染症や災害への対応力強化
- 科学的介護の取組の推進

↓

第9期 2024-2026
- 福祉用具貸与･販売の見直し
- 基準費用額(居住費)の見直し

収支差率とは

「(収入－費用)／収入×100%」という式で算出される事業収入に対する利益の割合。収支差率が高いほど、儲かっていることになる。

主な介護サービスの収支差率

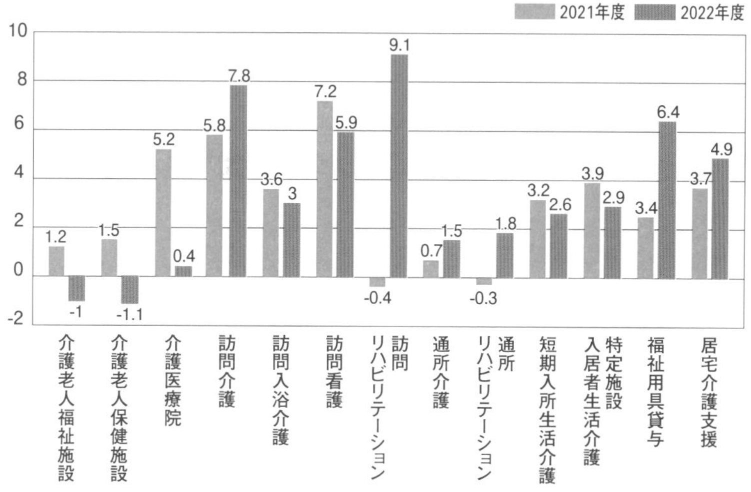

出典:「介護事業経営実態調査」(厚生労働省)

制度改正編

質問3 24年度の制度改正はどう進められますか？

基本的には、21年度の改正と方向性が変わりません。

自立支援・重度化防止に向けた対応が重視されるみたいですね。

あと、介護保険施設の居住費も見直されるみたいです。

自立支援・重度化防止に向けた対応が重視されています。

24年度の制度改正の方向性は、基本的に21年度制度改正とほぼ変更ありません。制度改正の中心は、**地域包括ケアシステムの進化・推進、自立支援・重度化防止に向けた対応、良質な介護サービスの効率的な提供に向けた働きやすい職場づくり、制度の安定性・持続可能性の確保**です。昨今の物価高などの影響を受けて、介護保険施設の居住費も見直されています。

また、一部の福祉用具にかかわる貸与と販売については選択制が導入されました。そして、自立支援・重度化防止の取組の一環として、口腔、栄養専門家の関与がさらに強化され、LIFEの運用も見直されています。

人材確保、働きやすい職場環境づくりなども進められています。

介護人材の確保に向けては、3つのアプローチが採られています。1つは、21年度から引き続き進められている**処遇改善加算**や**テレワーク対応**といった介護職員の処遇改善。2つ目は、介護ロボットやICT機器や見守り機器などの活用やそれに伴う人員配置基準の緩和による働きやすい職場環境づくり。3つ目は、業務範囲やサービス提供方法の柔軟化による効率的なサービス提供の推進です。特に今回は、**外国人介護人材に係る人員配置基準上の取扱い**が見直されています。また増え続ける介護給付を抑えるため、リハビリテーションの評価・提供回数や介護職員処遇改善加算が見直され、評価の適正化・重点化や報酬の整理・簡素化などが行われています。

改正の方向性と本書での解説箇所

人口構造や社会経済状況の変化を踏まえ、「地域包括ケアシステムの深化・推進」「自立支援・重度化防止に向けた対 応」「良質な介護サービスの効率的な提供に向けた働きやすい職場づくり」「制度の安定性・持続可能性の確保」を基本的な視点として、介護報酬改定を実施。

1 地域包括ケアシステムの進化・推進

認知症の方や単身高齢者、医療ニーズが高い中重度の高齢者を含め、質の高いケアマネジメントや必要なサービスが切れ目なく提供されるよう、地域の実情に応じた柔軟かつ効率的な取組を推進

- **質の高い公正中立なケアマネジメント**
- **地域の実情に応じた柔軟かつ効率的な取組**
- **医療と介護の連携の推進**

▷在宅における医療ニーズへの対応強化
▷在宅における医療・介護の連携強化
▷高齢者施設等における医療ニーズへの対応強化
▷高齢者施設等と医療機関の連携強化
▷看取りへの対応強化
▷感染症や災害への対応力向上
▷高齢者虐待防止の推進
▷認知症の対応力向上
▷福祉用具貸与・特定福祉用具販売の見直し

2 自立支援・重度化防止に向けた対応

高齢者の自立支援・重度化防止という制度の趣旨に沿い、多職種 連携やデータの活用等を推進

- **リハビリテーション・機能訓練、口腔、栄養の一体的取組等**
- **自立支援・重度化防止に係る取組の推進**
- **LIFEを活用した質の高い介護**

3 良質な介護サービスの効率的な提供に向けた働きやすい職場づくり

介護人材不足の中で、更なる介護サービスの質の向上を図るため、処遇改善や生産性向上による職場環境の改善に向けた先進的な取組を推進

- **介護職員の処遇改善**
- **生産性の向上等を通じた働きやすい職場環境づくり**
- **効率的なサービス提供の推進**

4 制度の安定性・持続可能性の確保

介護保険制度の安定性・持続可能性を高め、すべての世代にとって 安心できる制度を構築

- **評価の適正化・重点化**
- **報酬の整理・簡素化**

5 その他

- **「書面掲示」規制の見直し**
- **通所系サービスにおける送迎にかかわる取扱いの明確化**
- **基準費用額（居住費）の見直し**
- **地域区分**

出典:「厚生労働省　資料」

制度改正編

質問4 公正なケアマネジメントに向けて何が変わりましたか？

モニタリングにテレビ電話などが使用可能になりました。

でも、条件はあるのですよね。

利用者の同意と、担当者・関係者の合意などです。

継続的なモニタリングの実施が義務付けられています。

居宅介護支援や介護予防支援では、ケアプランの作成後に、利用者や家族の状況理解、利用者との信頼構築、サービス提供チームの構築を目的として、**継続的なモニタリング**の実施が義務付けられています。実施の頻度は、居宅介護支援で**1か月に1回以上**、介護予防支援で**3か月に1回以上**と定められており、結果を記録する必要があり、未実施は運営基準減算の対象となります。ただし、利用者が「入院中あるいは月末に退院した場合」「ショートステイを利用した場合」「感染症に罹患した場合」「被災した場合」「旅行などで不在の場合」「月途中に死去した場合」などは減算対象となりません。

テレビ電話などを活用したモニタリングが可能になります。

居宅介護支援や介護予防支援では、24年度の改正により、**テレビ電話などを活用したモニタリング**が可能になり、その頻度は居宅介護支援では2か月に1回以上、介護予防支援では6か月に1回以上となりました。ただし、「ア 利用者の同意を得ること」「イ サービス担当者会議などにおいて「i 利用者の状態が安定していること」「ii 利用者がテレビ電話装置等を介して意思疎通ができること」「iii テレビ電話装置等を活用したモニタリングでは収集できない情報について、他のサービス事業者との連携により情報を収集すること」についての主治医、担当者、関係者との合意形成が求められます。

単独のモニタリングと連携によるモニタリング

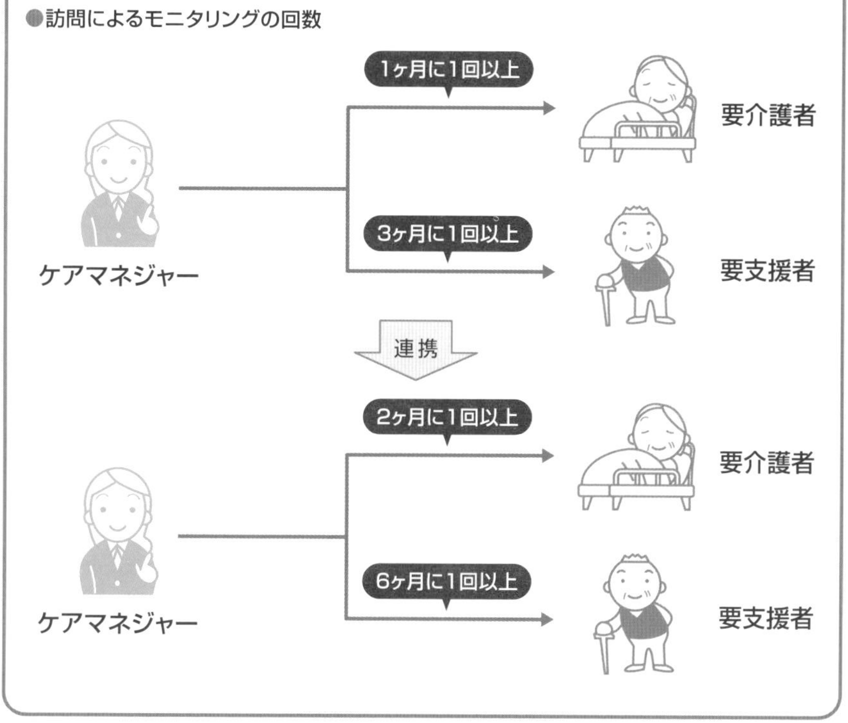

他のサービス事業所との連携の流れ

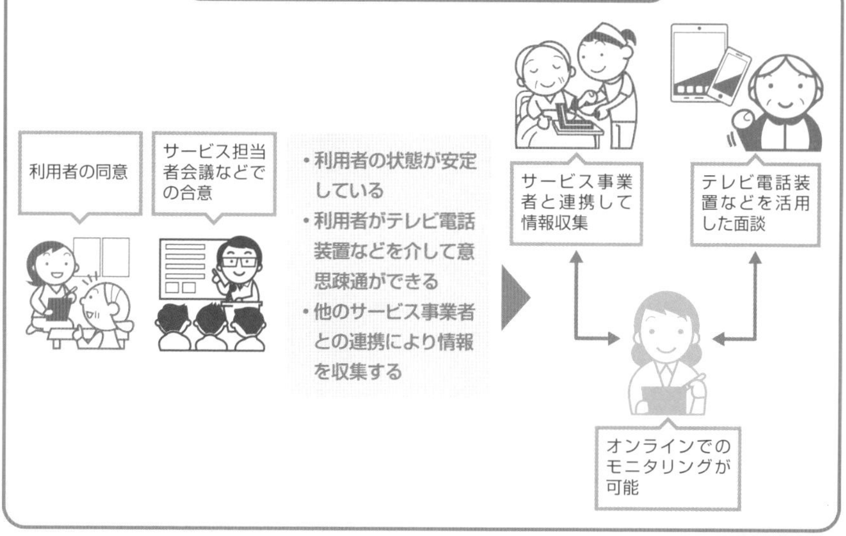

制度改正編

質問5 看取りへの対応強化に向けて何が変わりましたか？

「やむを得ず短くなった場合」の扱いが明確になりました。

どのように、明確になったのですか？

計画上の単位数を算定して問題ないとされました。

気象悪化などにおける所要時間の取扱いを明確化しました。

通所介護、地域密着型通所介護、認知症対応型通所介護、通所リハビリテーションでは、**豪雪地帯**などで継続的にサービスを提供する観点から、利用者の心身状況の悪化（急な体調不良など）だけでなく、積雪など急な気象状況の悪化などによって「やむを得ず短くなった場合」、計画上の単位数を算定して問題ない、とされました。このやむを得ず短くなった場合には、急な気象状況の悪化などにより、利用者宅と事業所間の送迎に平時よりも時間を要した場合も該当します。なお、計画上の所要時間よりも大きく短縮した場合には、計画を変更の上、変更後の所要時間に応じた単位数を算定することになります。

共生型と基準該当のサービス提供の共有が可能になりました。

通所リハビリテーションではまた、通所リハビリテーション事業所における「**共生型自立訓練**（機能訓練）＝障害者の日常生活及び社会生活を総合的に支援するための法律に基づく障害福祉サービス」または「**基準該当自立訓練**（機能訓練）＝指定障害福祉サービスの基準は満たしていないものの、介護保険事業所などの基準を満たす障害福祉サービス」の提供と、サービス提供にあたりその人員及び設備の共有が可能となりました。これは、介護サービスと障害福祉サービスとの連携を強化し、障害者の身体機能・生活能力の維持・向上等に関する自立訓練（機能訓練）の機会を拡充する観点からの変更です。

豪雪地帯および特別豪雪地帯

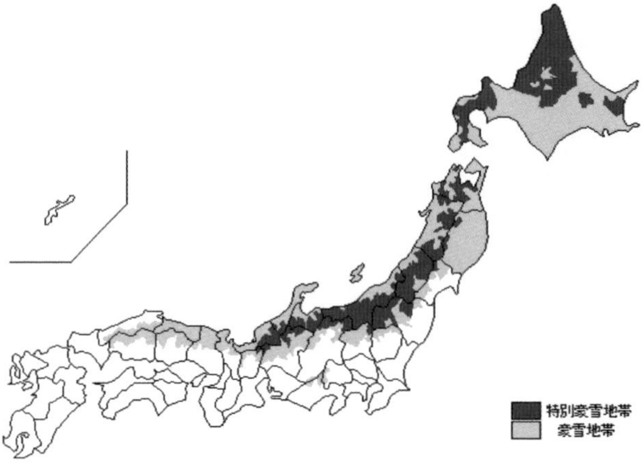

障害福祉サービスなどの体系（訓練等給付）

居住支援系	訓練等給付	自立生活援助（機能訓練）	一人暮らしに必要な理解力・生活力などを補うため、定期的な居宅訪問や随時の対応により日常生活における課題を把握し、必要な支援を行う
居住支援系	訓練等給付	共同生活援助（生活訓練）	夜間や休日、共同生活を行う住居で、相談、入浴、排せつ、食事の介護、日常生活上の援助を行う
訓練系・就労系	訓練等給付	就労移行支援	一般企業などへの就労を希望する人に、一定期間、就労に必要な知識および能力の向上のために必要な訓練を行う
訓練系・就労系	訓練等給付	就労継続支援（A 型）	一般企業などでの就労が困難な人に、雇用して就労の機会を提供するとともに、能力などの向上のために必要な訓練を行う
訓練系・就労系	訓練等給付	就労継続支援（B 型）	一般企業などでの就労が困難な人に、就労する機会を提供するとともに、能力などの向上のために必要な訓練を行う
訓練系・就労系	訓練等給付	就労定着支援	一般就労に移行した人に、就労に伴う生活面の課題に対応するための支援を行う

制度改正編

質問6 医療ニーズの対応では何が変わりましたか？①

総合医学管理加算の算定要件が見直されたね。

ほかには？

リハビリテーション計画書の受け取りが義務化されたよ。

総合医学管理加算の算定要件が見直されました。

介護老人保健施設が提供する短期入所療養介護では、医療ニーズのある利用者の受入れをさらに促進する観点から、**総合医学管理加算の算定要件**が見直されました。具体的には、「ア ケアプランで計画的に実施することになっている短期入所療養介護についても、治療管理を目的とするものについては同加算の対象」となり、「イ 算定日数について7日を限度としているところ、10日間を限度とする」ことに変更されました。

ただし、「緊急時施設療養費を算定した日は、算定しない」点には変更がありません。これは、介護老人保健施設が提供する場合に限られます。

リハビリテーション計画書の受け取りが義務化されました。

訪問リハビリテーション、通所リハビリテーションでは、退院時の情報連携を促進し、退院後早期に連続的で質の高いリハビリテーションを実施する観点から、**医療機関からのリハビリテーション計画書**の受け取りが義務化されました。

リハビリテーション事業所の医師など理学療法士、作業療法士、言語聴覚士は、入院中にリハビリテーションを実施した医療機関のリハビリテーション実施計画書などを受け取り、**退院前カンファレンス**に参加します。これによって、リハビリテーション事業所のメンバーが入院中のリハビリテーションに関する情報を把握し、**退院後のリハビリテーション計画**に反映させるのです。

総合医学管理加算の算定要件の見直し

介護老人保健施設

短期入所療養介護入所

退所

在宅

在宅

かかりつけ医

総合医学管理加算（275単位/日）

・10日を限度として1日に所定単位数を加算する。
・診療方針を定め、治療管理として投薬、検査、注射、処置などを行うこと。
・診療方針、診断、診断を行った費、実施した投薬、検査、注射、処置などの内容などを診療録に記載すること。
・かかりつけ医に対し、利用者の同意を得て、診療状況を示す文書を添えて必要な情報の提供を行うこと。

リハビリテーション計画書の受取り義務化

入院中に
リハビリテーションを
実施した医療機関

リハビリテーション実施計画書などの提供

リハビリテーション
事務所

リハビリテーション実施計画書などの入手・内容の把握

リハビリテーション実施計画書など

入院中に実施していたリハビリテーションに関わる情報、利用者の健康状態、心身機能･構造、活動･参加、目標、実施内容、リハビリテーション実施に関しての注意点など

制度改正編

質問 7 医療ニーズの対応では何が変わりましたか？②

通院時情報連携加算の算定要件が見直されました。

そのほかには？

入居継続支援加算の算定要件が見直されたよ。

通院時情報連携加算の算定要件が見直されました。

居宅介護支援では、利用者の口腔衛生の状況等を適切に把握し、医療と介護の連携を強化した上でケアマネジメントの質の向上を図る観点から、**通院時情報連携加算の算定要件**が見直されました。利用者が病院または診療所において、医師の診察を受ける際に同席する場合だけでなく、歯科医師の診察を受ける際に同席する場合にも、ケアマネジャーは通院時情報連携加算の算定が可能になりました。

ただし、通院時情報連携加算を算定するには、利用者に関する必要な情報の提供を受けた上でケアプランに記録する必要があり、利用者１人につき１月に１回が限度です。

特定施設で入居継続支援加算の算定要件が見直されました。

特定施設入居者生活介護、地域密着型特定施設入居者生活介護では、「医療的ケアを要する者」が入居者の 100 分の 15 以上の特定施設において、**入居継続支援加算の算定要件**が見直されました。

具体的には、医療的ケアを必要とする者の範囲に、これまでの「社会福祉士及び介護福祉士法施行規則第１条各号に掲げる行為＝口腔内の喀痰吸引、鼻腔内の喀痰吸引、気管カニューレ内部の喀痰吸引、胃ろう又は腸ろうによる経管栄養、経鼻経管栄養」に加えて、「**尿道カテーテル留置、在宅酸素療法、インスリン注射を実施している状態**」の者が追加されました。

通院時情報連携加算のイメージと算定要件

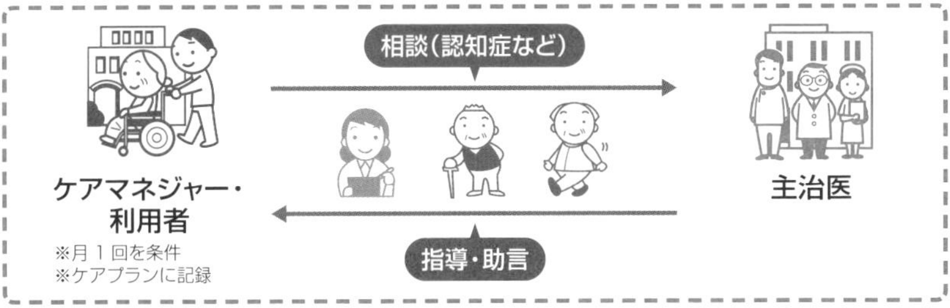

単位数

通院時情報連携加算：50 単位

入居継続支援加算の単位数と算定要件

単位数

入居継続支援加算（Ⅰ）：36 単位 / 日
入居継続支援加算（Ⅱ）：22 単位 / 日

算定要件

入居継続支援加算（Ⅰ）：(1-1) または (2-1) のいずれかに適合し、かつ (3) および (4) のいずれにも適合すること。

入居継続支援加算（Ⅱ）：(1-2) または (2-2) のいずれかに適合し、かつ (3) および (4) のいずれにも適合すること。

(1-1)「社会福祉士及び介護福祉士法施行規則第 1 条各号に掲げる行為＝①口腔内の喀痰吸引、②鼻腔内の喀痰吸引、③気管カニューレ内部の喀痰吸引、④胃ろう又は腸ろうによる経管栄養、⑤経鼻経管栄養」を必要とする者の占める割合が入居者の 100 分の 15 以上であること。
(1-2)「社会福祉士及び介護福祉士法施行規則第 1 条各号に掲げる行為」を必要とする者の占める割合が入居者の 100 分の 5 以上、100 分の 15 未満であること。
(2-1)「社会福祉士及び介護福祉士法施行規則第 1 条各号に掲げる行為」を必要とする者および「①尿道カテーテル留置を実施している状態、②在宅酸素療法を実施している状態、③インスリン注射を実施している状態」のいずれかに該当する状態の者の占める割合が入居者の 100 分の 15 以上であり、かつ、常勤の看護師を 1 名以上配置し、看護に係る責任者を定めていること。
(2-2)「社会福祉士及び介護福祉士法施行規則第 1 条各号に掲げる行為」を必要とする者および「①尿道カテーテル留置を実施している状態、②在宅酸素療法を実施している状態、③インスリン注射を実施している状態」のいずれかに該当する状態の者の占める割合が入居者の 100 分の 5 以上、100 分の 15 未満であり、かつ、常勤の看護師を 1 名以上配置し、看護に係る責任者を定めていること。
(3) 介護福祉士の数が、常勤換算方法で入居者の数が 6 はその端数を増すごとに 1 以上であること。ただし、テクノロジーを活用した複数の機器（見守り機器、インカム、記録ソフトなどの ICT、移乗支援機器など）を活用し、利用者に対するケアのアセスメント・評価や人員体制を見直し、かつ安全体制およびケアの質の確保並びに職員の負担軽減に関する事項を実施し、機器を安全かつ有効に活用するための委員会を設置し必要な検討等を行う場合は、当該加算の介護福祉士の配置要件を「7 またはその端数を増すごとに 1 以上」とする。
(4) 人員基準欠如に該当していないこと。

制度改正編

質問8 医療ニーズの対応では何が変わりましたか？③

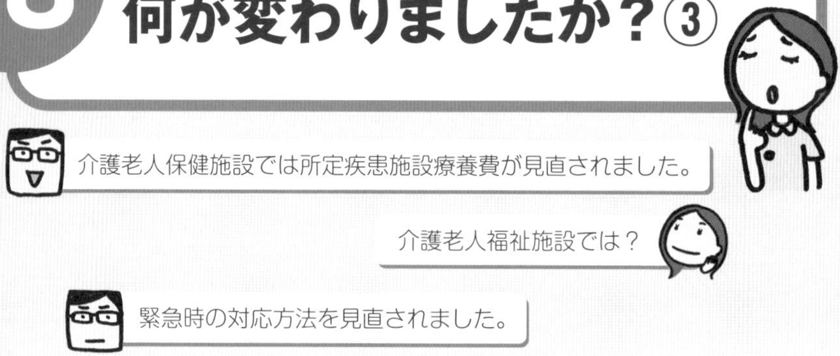

介護老人保健施設で所定疾患施設療養費が見直されました。

介護老人保健施設では、入所者に適切な医療を提供する観点から、所定疾患施設療養費の算定対象となる入所者の疾患に、これまでの「肺炎、尿路感染症、帯状疱疹、蜂窩織炎の増悪」に加えて、2024 年度の改正では「**慢性心不全の増悪**」が追加されました。

なお、**所定疾患施設療養費（Ⅰ）**の算定には「診断、診断を行った日、実施した投薬、検査、注射、処置等の内容等を診療録に記載していること」、**所定疾患施設療養費（Ⅱ）**の算定には「診断及び診断に至った根拠、診断を行った日、実施した投薬、検査、注射、処置等の内容等を診療録に記載していること」などが求められます。

介護老人福祉施設で緊急時の対応方法見直しが求められます。

介護老人福祉施設、地域密着型介護老人福祉施設入所者生活介護では、入所者の病状が急変したときに適切に対応するため、配置医師や協力医療機関と協力の上で、あらかじめ「**緊急時等における対応方法**」を定めることが求められます。今回の改定では、これに加えて、1 年に 1 回以上、対応方法を見直して、必要に応じて変更しなければならないと決められました。

「緊急時等の対応方法に定める規定」については、「緊急時の注意事項」「病状等についての情報共有の方法」「曜日や時間帯ごとの医師との連携方法」「診察を依頼するタイミング」などの例があげられています。

所定疾患施設療養費の算定要件の見直し

単位数

所定疾患施設療養費（Ⅰ）：239 単位 / 日
所定疾患施設療養費（Ⅱ）：480 単位 / 日

算定要件

○肺炎、尿路感染症、帯状疱疹、蜂窩織炎、慢性心不全の増悪のいずれかに該当する入所者に対し、投薬、検査、注射、処置等を行った場合に所定単位数を算定する。

所定疾患施設療養費（Ⅰ）：診断、診断を行った日、実施した投薬、検査、注射、処置等の内容等を診療録に記載していること。所定疾患施設療養費の算定開始年度の翌年度以降において、当該施設の前年度における当該入所者に対する投薬、検査、注射、処置等の実施状況を公表していること。

所定疾患施設療養費（Ⅱ）：診断及び診断に至った根拠、診断を行った日、実施した投薬、検査、注射、処置等の内容等を診療録に記載していること。所定疾患施設療養費の算定開始年度の翌年度以降において、当該施設の前年度における当該入所者に対する投薬、検査、注射、処置等の実施状況を公表していること。当該介護保健施設サービスを行う介護老人保健施設の医師が感染症対策に関する研修を受講していること。

緊急時の対応方法の見直し

基準

＜現行＞
指定介護老人福祉施設は、入所者の病状の急変が生じた場合のため、あらかじめ、配置医師との連携方法その他の緊急時等における対応方法を定めておかなければならない。

＜改定後＞
指定介護老人福祉施設は、入所者の病状の急変が生じた場合その他必要な場合のため、あらかじめ、配置医師及び協力医療機関の協力を得て、配置医師及び協力医療機関との連携方法その他の緊急時等における対応方法を定めておかなければならない。
指定介護老人福祉施設は、配置医師及び協力医療機関の協力を得て、1年に1回以上、緊急時等における対応方法の見直しを行い、必要に応じて緊急時等における対応方法の変更を行わなければならない。

緊急時等の対応方法に定める規定の例

○緊急時の注意事項
○病状等についての情報共有の方法
○曜日や時間帯ごとの医師との連携方法
○診察を依頼するタイミング

質問9 医療ニーズの対応では何が変わりましたか？④

協力医療機関との連携体制構築が求められます。

両方とも同じですか？

特定施設と連携する医療機関には、入院体制は必要ありません。

介護保険施設で協力医療機関との連携が求められます。

介護老人福祉施設、地域密着型介護老人福祉施設入所者生活介護、介護老人保健施設、介護医療院では、施設内で対応可能な医療の範囲を超えた場合にも適切に対応する体制を確保する観点から、**協力医療機関との連携体制**の構築が求められるようになりました。連携体制構築では、「ア 相談対応・診療・入院体制を確保している協力医療機関を定めること」「イ 1年に1回以上、協力医療機関と入所者の病状急変時の対応を確認し、その名称などを自治体に提出すること」「ウ 入所者が医療機関に入院後、病状が軽快し、退院が可能となった場合、速やかに再入所させるように努めること」が義務付けられています。

特定施設なども協力医療機関との連携が求められます。

特定施設入居者生活介護、地域密着型特定施設入居者生活介護、認知症対応型共同生活介護でも、施設内で対応可能な医療の範囲を超えた場合にも適切に対応する体制を確保する観点から、**協力医療機関との連携体制の構築**が求められるようになっています。連携体制構築では、「ア 相談対応・診療体制を確保している協力医療機関を定めること」「イ 1年に1回以上、協力医療機関と入所者の病状急変時の対応を確認し、その名称などを自治体に提出すること」「ウ 利用者が医療機関に入院後、病状が軽快し、退院が可能となった場合、速やかに再入所させるように努めること」が義務付けられています。

介護保険施設の医療機関連携体制の構築

概要

ア 以下の要件を満たす協力医療機関（3については病院に限る）を定めることを義務付ける（複数の医療機関を定めることにより要件を満たすこととしても差し支えないこととする）。その際、義務付けにかかる期限を3年とし、併せて　連携体制に係る実態把握を行うとともに必要な対応について検討する。

1 入所者の病状が急変した場合等において、医師又は看護職員が相談対応を行う体制を常時確保していること。

2 診療の求めがあった場合において、診療を行う体制を常時確保していること。

3 入所者の病状の急変が生じた場合等において、当該施設の医師又は協力医療機関その他の医療機関の医師が診療を行い、入院を要すると認められた入所者の入院を原則として受け入れる体制を確保していること。

イ 1年に1回以上、協力医療機関との間で、入所者の病状の急変が生じた場合等の対応を確認するとともに、当該協力医療機関の名称等について、当該事業所の指定を行った自治体に提出しなければならないこととする。

ウ 入所者が協力医療機関等に入院した後に、病状が軽快し、退院が可能となった場合においては、速やかに再入所させることができるように努めることとする。

特定施設などの医療機関連携体制の構築

概要

ア 協力医療機関を定めるに当たっては、以下の要件を満たす協力医療機関を定めるように努めることとする。

1 利用者の病状の急変が生じた場合等において、医師又は看護職員が相談対応を行う体制を常時確保していること。

2 診療の求めがあった場合に、診療を行う体制を常時確保していること。

イ 1年に1回以上、協力医療機関との間で、利用者の病状の急変が生じた場合等の対応を確認するとともに、当該協力医療機関の名称等について、当該事業所の指定を行った自治体に提出しなければならないこととする。

ウ 利用者が協力医療機関等に入院した後に、病状が軽快し、退院が可能となった場合においては、速やかに再入居させることができるように努めることとする。

制度改正編

質問10 看取りへの対応強化では何が変わりましたか？

居宅介護支援ではターミナルケアマネジメント加算が見直されたよ。

介護医療院では？

サービスの施設基準が変更されました。

ターミナルケアマネジメント加算などが見直されました。

居宅介護支援では、**ターミナルケアマネジメント加算の算定要件**と**特定事業所医療介護連携加算の算定要件**が見直されました。ターミナルケアマネジメント加算の算定では、「終末期の医療やケアの方針に関する当該利用者又はその家族の意向を把握した上で」という要件が追加され、「末期の悪性腫瘍の患者に限る」という要件が削除されました。

特定事業所医療介護連携加算の算定要件におけるターミナルケアマネジメント加算の算定回数が、「5回以上」から「**15回以上**」に変更されています。ただし、算定回数の要件変更には2026年8月31日までの**移行期間**が設けられています。

介護医療院では施設基準が見直されました。

介護医療院では、「**人生の最終段階における医療・ケアの決定プロセスに関するガイドライン**」に沿った取組として、**介護医療院サービスの施設基準**が見直されました。Ⅰ型介護医療院サービス費を算定すべき介護医療院サービスの施設基準において、「iv ii及び iii について、入所者本人及びその家族等と話し合いを行い、入所者本人の意思決定を基本に、他の関係者との連携の上、対応していること」という要件が削除され、「i 施設サービスの計画の作成や提供に当たり、入所者の意思を尊重した医療及びケアが実施できるよう、入所者本人の意思決定を基本に、他の関係者との連携の上対応していること」という要件が追加されたのです。

ターミナルケアマネジメント加算の算定要件の見直し

単位数

ターミナルケアマネジメント加算：400 単位 / 月

算定要件

在宅で死亡した利用者に対して、終末期の医療やケアの方針に関する当該利用者又はその家族の意向を把握した上で、その死亡日及び死亡日前 14 日以内に2日以上、当該利用者又はその家族の同意を得て、当該利用者の居宅を訪問し、当該利用者の心身の状況等を記録し、主治の医師及び居宅サービス計画に位置付けた居宅サービス事業者に提供した場合

特定事業所医療介護連携加算の算定要件の見直し

単位数

特定事業所医療介護連携加算：125 単位 / 月

算定要件

前々年度の 3 月から前年度の 2 月までの間においてターミナルケアマネジメント加算を 15 回以上算定していること。

※ 2025 年 3 月 31 日までの間はなお従前の例によるものとし、同年 4 月 1 日から 2026 年 3 月 31 日までの間は 2024 年 3 月におけるターミナルケアマネジメント加算の算定回数に 3 を乗じた数に 2024 年 4 月から 2025 年 2 月までの間におけるターミナルケアマネジメント加算の算定回数を加えた数が 15 以上であることとする。

介護医療院サービスの施設基準の見直し

イ Ⅰ型介護医療院サービス費を算定すべき介護医療院サービスの施設基準

(1) Ⅰ型介護医療院サービス費（Ⅰ）を算定すべき介護医療院サービスの施設基準

(一) 併設型小規模介護医療院以外の介護医療院が行う介護医療院サービスの場合にあっては、次に掲げる規定のいずれにも適合していること。

a ～ h（略）

i 算定日が属する月の前三月間における入所者等のうち、次のいずれにも適合する者の占める割合が百分の十以上であること。

ⅰ 医師が一般的に認められている医学的知見に基づき回復の見込みがないと診断した者であること。

ⅱ 入所者等又はその家族等の同意を得て、当該入所者等のターミナルケアに係る計画が作成されていること。

ⅲ 医師、看護職員、介護職員、管理栄養士等が共同して、入所者等の状態又は家族等の求め等に応じ随時、入所者等又はその家族等への説明を行い、同意を得てターミナルケアが行われていること。

(ⅵ 削る)

j 施設サービスの計画の作成や提供に当たり、入所者の意思を尊重した医療及びケアが実施できるよう、入所者本人の意思決定を基本に、他の関係者との連携の上対応していること。

制度改正編

質問 11 認知症の対応力向上に向けて何が変わりましたか？

訪問系サービスでは、認知症専門ケア加算が見直されました。

通所介護では？

認知症加算が見直されています。

訪問系サービスでは、認知症専門ケア加算が見直されました。

訪問介護、訪問入浴介護、定期巡回・随時対応型訪問介護看護、夜間対応型訪問介護では、認知症高齢者の重症化を緩和し、日常生活自立度Ⅱの者に対する適切な認知症の専門的ケアを評価する観点から、**認知症専門ケア加算の算定要件**が見直されました。

まず、認知症専門ケア加算（Ⅰ）の算定要件では、ア～ウの項目において、利用者が「認知症高齢者の日常生活自立度Ⅱ以上の者」に変更されています。また、認知症専門ケア加算（Ⅱ）の算定要件には、「認知症高齢者の日常生活自立度Ⅲ以上の者が利用者の 100 分の 20 以上」が追加されました。

栄所介護では、認知症加算の算定要件が見直されました。

通所介護、地域密着型通所介護では、事業所全体で認知症利用者に対応するという観点から、**認知症加算の算定要件**が見直されました。まず、「通所介護事業所・地域密着型通所介護事業所における前年度または算定日が属する月の前 3 月間の利用者の総数のうち、日常生活に支障を来すおそれのある症状又は行動が認められることから介護を必要とする認知症の者の占める割合が 100 分の 15 以上」に変更されました。

なお、従業者に対する認知症ケアに関する個別事例の検討や技術的指導に係る会議などを定期的に開催することが求められるようになっています。

認知症専門ケア加算の算定要件の見直し

単位数

認知症専門ケア加算（Ⅰ）：３単位／日※
認知症専門ケア加算（Ⅱ）：４単位／日※

※ 定期巡回・随時対応型訪問介護看護、夜間対応型訪問介護（Ⅱ）については、認知症専門ケア加算（Ⅰ）90 単位／月、認知症専門ケア加算（Ⅱ）120 単位／月

算定要件

＜認知症専門ケア加算（Ⅰ）＞

ア 認知症高齢者の日常生活自立度Ⅱ以上の者が利用者の２分の１以上
イ 認知症介護実践リーダー研修等修了者を認知症高齢者の日常生活自立度Ⅱ以上の者が 20 人未満の場合は１以上、20 人以上の場合は１に、当該対象者の数が 19 を超えて 10 又は端数を増すごとに１を加えて得た数以上配置
ウ 認知症高齢者の日常生活自立度Ⅱ以上の者に対して、専門的な認知症ケアを実施した場合
エ 当該事業所の従業者に対して、認知症ケアに関する留意事項の伝達又は技術的指導に係る会議を定期的に開催

＜認知症専門ケア加算（Ⅱ）＞

ア 認知症専門ケア加算（Ⅰ）のイ・エの要件を満たすこと
イ 認知症高齢者の日常生活自立度Ⅲ以上の者が利用者の 100 分の 20 以上
ウ 認知症高齢者の日常生活自立度Ⅲ以上の者に対して、専門的な認知症ケアを実施した場合
エ 認知症介護指導者研修修了者を１名以上配置し、事業所全体の認知症ケアの指導等を実施
オ 介護職員、看護職員ごとの認知症ケアに関する研修計画を作成し、研修を実施又は実施を予定

認知症加算の算定要件の見直し

単位数

認知症加算：60 単位／日

算定要件

・指定居宅サービス等基準第 93 条第１項第２号又は第３号・指定地域密着型サービス基準第 20 条第１項第２号又は第３号に規定する員数に加え、看護職員又は介護職員を常勤換算方法で２以上確保していること。
・指定通所介護事業所・指定地域密着型通所介護事業所における前年度又は算定日が属する月の前３月間の利用者の総数のうち，日常生活に支障を来すおそれのある症状又は行動が認められることから介護を必要とする認知症の者の占める割合が 100 分の 15 以上であること。
・指定通所介護・指定地域密着型通所介護を行う時間帯を通じて、専ら当該指定通所介護・指定地域密着型通所介護の提供に当たる認知症介護の指導に係る専門的な研修、認知症介護に係る専門的な研修又は認知症介護に係る実践的な研修等を修了した者を１名以上配置していること。
・当該事業所の従業者に対する認知症ケアに関する事例の検討や技術的指導に係る会議を定期的に開催していること。（新設）

制度改正編

質問12 福祉用具貸与、特定福祉用具販売では何が変わりましたか？

貸与と販売の選択性が導入されました。

それだけですか？

モニタリングやメンテナンスも必要です。

一部の用具について貸与と販売の選択制が導入されました。

福祉用具貸与、特定福祉用具販売、居宅介護支援では、福祉用具の適時・適切な利用、利用者の安全を確保する観点から、一部の福祉用具について**貸与と販売の選択制**が導入されました。要介護度に関係なく給付が可能な福祉用具のうち、比較的廉価で購入した方が利用者の負担が抑えられる「**固定用スロープ**」「**歩行器（歩行車を除く）**」「**単点杖（松葉づえを除く）および多点杖**」が対象となります。対象福祉用具の提供にあたっては、福祉用具専門相談員またはケアマネジャーが「貸与と販売のいずれかを選択できること」をそのメリットとデメリットを含めて説明することなどが求められます。

貸与ではモニタリングし、販売ではメンテナンスします。

福祉用具貸与では福祉用具の提供にあたって、福祉用具専門相談員が、利用開始後6月以内に少なくとも1回**モニタリング**を実施し、貸与継続の必要性を検討します。また、適時・適切な利用、利用者の安全を確保するため、福祉用具専門相談員が**福祉用具貸与計画**の記載事項に実施時期とモニタリングの結果を記録し、その記録をケアマネジャーに交付することが義務付けられています。一方、特定福祉用具販売では、福祉用具の提供にあたって、福祉用具専門相談員が特定福祉用具販売計画の作成後、目標の達成状況を確認して使用状況を確認するよう努め、必要に応じて使用方法を指導し、**メンテナンス**します。

選択制の対象とする福祉用具の種目・種類

○固定用スロープ　　○歩行器（歩行車を除く）
○単点杖（松葉づえを除く）　　○多点杖

貸与と販売の選択に伴う判断体制・プロセス

選択制の対象福祉用具の提供に当たり、福祉用具専門相談員又は介護支援専門員は、利用者に対し、以下の対応を行う。
与と販売のいずれかを利用者が選択できることの説明
・利用者の選択に当たって必要な情報の提供
・医師や専門職の意見、利用者の身体状況等を踏まえ提案

貸与・販売後のモニタリングやメンテナンスなど

貸与後

・利用開始後少なくとも6月以内に一度モニタリングを実施し、貸与継続の必要性を検討

販売後

・特定福祉用具販売計画の目標の達成状況を確認
・利用者等からの要請等に応じて、福祉用具の使用状況を確認し、必要な場合は、使用方法の指導や修理等を行うよう努める
・商品不具合時の連絡先を情報提供

特定事業所医療介護連携加算の算定要件の見直し

基準

福祉用具専門相談員は、利用者の希望、心身の状況及びその置かれている環境を踏まえ、指定福祉用具貸与の目標、当該目標を達成するための具体的な
サービスの内容、福祉用具貸与計画の実施状況の把握（モニタリング）を行う時期等を記載した福祉用具貸与計画を作成しなければならない。

モニタリング結果の記録及び介護支援専門員への交付

基準

福祉用具専門相談員は、福祉用具貸与計画の作成後、当該福祉用具貸与計画の実施状況の把握（モニタリング）を行うものとする。
福祉用具専門相談員は、モニタリングの結果を記録し、当該記録をサービスの提供に係る居宅サービス計画を作成した指定居宅介護支援事業者に報告しなければならない。
　福祉用具専門相談員は、モニタリングの結果を踏まえ、必要に応じて当該福祉用具貸与計画の変更を行うものとする。

※介護予防福祉用具貸与に同趣旨の規定あり

制度改正編

質問13 一体的取組に向けて何が変わりましたか？①

一体的計画書の様式が見直されました。

訪問リハビリのみなし指定が可能な施設も拡充されましたね。

退院後早期にリハビリ開始できるように改正されています。

一体的計画書の様式が見直されています。

通所介護、通所リハビリテーション、地域密着型通所介護、認知症対応型通所介護、介護老人福祉施設、地域密着型介護老人福祉施設入所者生活介護、介護老人保健施設、介護医療院では、一体的取組を推進する観点から、リハビリ・個別機能訓練、口腔管理、栄養管理に係る**一体的計画書の様式**が LIFE 提出項目を踏まえて見直され、記載項目が整理されました。

また、訪問リハビリテーションでは、訪問リハビリテーション事業所を拡充する観点から、**みなし指定が可能な施設**が見直されています。病院や診療所に加えて、介護老人保健施設や介護医療院も指定可能となりました。

退院後早期にリハビリ開始を可能にするようになりました。

居宅介護支援、介護予防支援では、退院後早期にリハビリ開始を可能にする観点から、ケアマネジャーがケアプランに訪問・通所リハビリを組み込む際に意見を求める「**主治医等**」に入院医療機関の医師を含めることが明確化されています。

また、訪問リハビリテーションでも、退院後早期にリハビリ開始を可能にする観点から、退院後の 1 か月間に限って、入院中の医療機関の医師の情報提供の下に**訪問リハビリテーションを実施した場合の減算**が適用されないようになりました。さらに、リハビリプラン作成にあたって**事業所外の医師が診療した場合の減算**も見直されています。

訪問リハビリのみなし指定が可能な施設

基準

訪問リハビリテーション事業所、介護予防訪問リハビリテーション事業所のみなし指定が可能な施設
病院、診療所、介護老人保健施設、介護医療院

人員配置基準

訪問リハビリテーション事業所が、みなし指定を受けた介護老人保健施設又は介護医療院である場合は、当該施設の医師の配置基準を満たすことをもって、訪問リハビリテーション事業所の医師の配置基準を満たしているものとみなすことができる。

ケアプラン作成に係る「主治の医師等」の明確化

ここで意見を求める「主治の医師等」については、要介護認定の申請のために主治医意見書を記載した医師に限定されないことに留意すること。特に、訪問リハビリテーション及び通所リハビリテーションについては、医療機関からの退院患者において、退院後のリハビリテーションの早期開始を推進する観点から、入院中の医療機関の医師による意見を踏まえて、速やかに医療サービスを含む居宅サービス計画を作成することが望ましい。

退院直後の診療未実施減算の免除

単位数

診療未実施減算：50単位減算
※入院中リハビリテーションを受けていた利用者の退院後1ヶ月に限り減算を適用しない

退院直後の診療未実施減算の経過措置の算定要件

事業所の医師がリハビリテーション計画の作成に係る診療を行わなかった場合には、以下を要件とし、診療未実施減算を適用した上で訪問リハビリテーションを提供できる。
(1) 指定訪問リハビリテーション事業所の利用者が当該事業所とは別の医療機関の医師による計画的な医学的管理を受けている場合であって、当該事業所の医師が、計画的な医学的管理を行っている医師から、当該利用者に関する情報の提供を受けていること。
(2) 当該計画的な医学的管理を行っている医師が適切な研修の修了等をしていること。
(3) 当該情報の提供を受けた指定訪問リハビリテーション事業所の医師が、当該情報を踏まえ、リハビリ計画を作成すること。
○上記の規定に関わらず、令和9年3月31日までの間に、次に掲げる基準のいずれにも適合する場合には、同期間に限り、診療未実施減算を適用した上で訪問リハビリテーションを提供できる。
・上記 (1) 及び (3) に適合すること。
・(2) に規定する研修の修了等の有無を確認し、訪問リハビリテーション計画書に記載していること。

制度改正編

質問14 一体的取組に向けて何が見直されましたか？②

居宅療養管理指導では対象が見直され、回数が緩和されました。

介護保険施設では？

口腔衛生状態・口腔機能の評価が義務付けられました。

居宅療養管理指導の算定対象が見直されました。

居宅療養管理指導では、通所サービス利用者に対する栄養食事指導や歯科衛生指導を充実させる観点から、居宅療養管理指導費の算定対象が「通院又は通所が困難な者」から「**通院困難な者**」に見直されました。

また、口腔衛生管理の頻度が増加する終末期がん患者の歯科衛生指導を充実させる観点から、**歯科衛生士などによる居宅療養管理指導の算定回数上限**が緩和されました。具体的には、利用者に訪問歯科診療を行った歯科医師の指示に基づき、歯科衛生士などが終末期がん患者を訪問して指導した場合、**1月に6回**を限度として、所定単位数を算定します。

口腔衛生状態・口腔機能の評価が義務付けられました。

介護老人福祉施設、地域密着型介護老人福祉施設入所者生活介護、介護老人保健施設、介護医療院では、事業所の職員による口腔管理と歯科衛生士などによる口腔管理を連携する観点から、入所時及び入所後の**定期的な口腔衛生状態・口腔機能の評価**が義務付けられました。事業所の職員と歯科衛生士が施設入所時と入所後に月1回程度、口腔の健康状態の評価を実施し、実施事項などを文書で取り決めます。

また、施設において必要とする利用者に切れ目なく栄養管理を提供する観点から、**再入所時栄養連携加算の算定対象**に、特別食などを提供する必要のある利用者が加えられています。

居宅療養管理指導（管理栄養士・歯科衛生士）の算定対象の見直し

現行

利用者の状況	通所可	通所不可
通所可	×	×
通所不可	×	○

改定後

○：算定可　×：算定不可

利用者の状況	通所可	通所不可
通所可	×	×
通所不可	○	○

終末期がん患者に対する居宅療養管理指導の算定回数緩和

算定要件等

利用者に対して訪問歯科診療を行った歯科医師の指示に基づき、当該利用者を訪問し、実地指導を行った場合に、単一建物居住者（当該利用者が居住する建物に居住する者のうち、当該指定居宅療養管理指導事業所の歯科衛生士等が、同一月に指定居宅療養管理指導を行っているものをいう）の人数に従い、１月に４回（がん末期の利用者については１月に６回）を限度として、所定単位数を算定する。

口腔衛生状態・口腔機能の評価の義務化

●運営基準等における対応

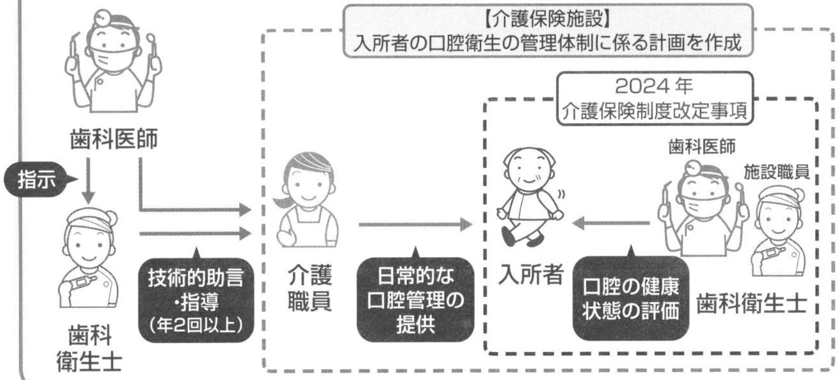

再入所時栄養連携加算の算定対象の見直し

算定要件等

厚生労働大臣が定める特別食※などを必要とする者。

※疾病治療の直接手段として、医師の発行する食事箋に基づき提供された適切な栄養量及び内容を有する腎臓病食、肝臓病食、糖尿病食、胃潰瘍食、貧血食、膵臓病食、脂質異常症食、痛風食、嚥下困難者のための流食、経管栄養のための濃厚流動食及び特別な場合の検査食（単なる流動食及び軟食を除く）

制度改正編

質問15 重度化防止に向けて何が変わりましたか？

通所介護では、入浴介助加算の算定要件が見直されています。

通所リハビリでは？

同じく、入浴介助加算の算定要件が見直されました。

通所介護では、入浴介助加算の算定要件が見直されました。

通所介護、地域密着型通所介護、認知症対応型通所介護では、入浴介助技術の向上や自立した入浴の取組を促進する観点から、**入浴介助加算の算定要件**が見直されました。入浴介助加算（Ⅰ）の算定要件に「入浴介助に関わる職員に対し入浴介助に関する研修等を行うこと」が加えられ、入浴介助加算（Ⅱ）の算定要件である「医師等による、利用者宅浴室の環境評価・助言」について、医師などのかわりに介護職員が訪問し、医師等の指示の下、ICT 機器を活用して状況把握を行い、医師などが評価・助言する場合も算定可能になりました。また、入浴介助加算（Ⅱ）の算定要件が明確化されています。

入浴介助加算（Ⅱ）の算定要件も見直されました。

通所リハビリテーションでも、利用者の居宅における入浴の自立への取組を促進する観点から、**入浴介助加算（Ⅱ）の算定要件**が見直されています。入浴介助加算（Ⅱ）の算定要件である「医師等による、利用者宅浴室の環境評価・助言」について、医師などのかわりに介護職員が訪問し、医師等の指示の下、ICT 機器を活用して状況把握を行い、医師などが評価・助言する場合も算定可能になりました。さらに、入浴介助加算（Ⅱ）の算定要件に係る現行の Q ＆ A や留意事項通知で示している内容も算定要件に加えられています。ただし、算定には、入浴介助加算（Ⅰ）の算定要件を満たす必要があります。

通所介護などの入浴介助加算の算定要件の見直し

●入浴介助加算（Ⅰ）

通所介護事業所

入浴介助の実施

入浴介助を適切に行うことができる人員および設備を有して行われる入浴介助であること。

研修等の実施

入浴介助を行う職員に対し、入浴介助に関する研修などを行うこと。

●入浴介助加算（Ⅱ）（入浴介助加算（Ⅰ）の要件に加えて）

利用者宅

利用者宅を訪問

利用者宅の浴室の環境を確認

＜訪問可能な職種＞

医師、理学療法士、作業療法士、介護福祉士、介護支援専門員、または利用者の動作および浴室の環境の評価を行うことができる福祉用具専門相談員、機能訓練指導員、地域包括支援センターの職員、その他住宅改修に関する専門知識・経験を有する者

＋

医師等による利用者の居宅への訪問が困難な場合には、医師等の指示の下、介護職員が利用者の居宅を訪問し、情報通信機器等を活用して把握した浴室における利用者の動作及び浴室の環境を踏まえ、医師等が評価・助言を行なっても差し支えない

通所介護事業所

個別入浴計画を作成 → **個別に入浴を実施**

機能訓練指導員などが共同して、医師などと連携の下で、利用者身体の状況、訪問により把握した浴室の環境などを踏まえた個別の入浴計画を作成。なお、通所介護計画への記載をもって個別の入浴計画の作成に代えることができる。

個浴または利用者の居宅の状況に近い環境（福祉用具などを設置することにより、利用者の居宅の浴室の状況を再現しているもの）で、入浴介助を行う。

居宅介護支援事業所・福祉用具販売事業所など

利用者宅の浴室が、利用者自身または家族の介助により入浴を行うことが難しい環境にある場合

訪問した医師が、介護支援専門員、福祉用具専門相談員と連携し、福祉用具の購入・住宅改修等環境整備等を助言する。

※黒字下線部 → 留意事項通知や Q&A で示している内容を告示に明示した部分。　赤字 → 新規追加部分。

通所リハビリの入浴介助加算の算定要件の見直し

入浴介助加算（Ⅱ）の算定要件（入浴介助加算（Ⅰ）の要件に加えて）

- 医師、理学療法士、作業療法士、言語聴覚士若しくは介護支援専門員又は利用者の動作及び浴室の環境の評価を行うことができる福祉用具専門相談員、地域包括支援センターの職員その他住宅改修に関する専門的知識及び経験を有する者（以下「医師等」という）が、利用者の居宅を訪問し、浴室における当該利用者の動作及び浴室の環境を評価し、かつ、当該訪問において、当該居宅の浴室が、当該利用者自身又は家族等の介助により入浴を行うことが難しい環境にある場合には、訪問した医師等が、介護支援専門員・福祉用具専門相談員と連携し、福祉用具の貸与・購入・住宅改修等の浴室の環境 整備に係る助言を行うこと。ただし、医師等による利用者の居宅への訪問が困難な場合には、医師等の指示の下、介護職員が利用者の居宅を訪問し、情報通信機器等を活用して把握した浴室における当該利用者の動作及び浴室の環境を踏まえ、医師等が当該評価・助言を行っても差し支えないものとする。
- 当該事業所の理学療法士等が、医師等との連携の下で、利用者の身体の状況、訪問により把握した居宅の浴室の環境等を踏まえた個別の入浴計画を作成すること。ただし、個別の入浴計画に相当する内容を通所リハビリテーション計画に記載することをもって、個別の入浴計画の作成に代えることができる。
- 上記の入浴計画に基づき、個浴（個別の入浴をいう）又は利用者の居宅の状況に近い環境（利用者の居宅の浴室の手すりの位置、使用する浴槽の深さ及び高さ等に合わせて、当該事業所の浴室に福祉用具等を設置することにより、利用者の居宅の浴室の状況を再現しているものをいう）で、入浴介助を行うこと。

制度改正編

質問16 LIFE 活用に向けて何が変わりましたか？①

科学的介護推進体制加算が変更されました。

何が変わったのですか？

LIFE へのデータ提出頻度が変わったのです。

科学的介護推進体制加算が変更されました。

通所介護、地域密着型通所介護、認知症対応型通所介護、通所リハビリテーション、特定施設入居者生活介護、地域密着型特定施設入居者生活介護、小規模多機能型居宅介護、認知症対応型共同生活介護、看護小規模多機能型居宅介護、介護老人福祉施設、地域密着型介護老人福祉施設入所者生活介護、介護老人保健施設、介護医療院では、情報の収集・分析を可能として入力負担を軽減する観点から、**科学的介護推進体制加算の算定要件**が見直されました。**LIFE へのデータ提出頻度**が「少なくとも３月に１回」に変更され、入力項目の定義の明確化や他の加算との共通項目の選択肢の統一が図られています。

科学的介護推進体制加算のデータ提出が変わります。

科学的介護推進体制加算の算定要件はまた、同一利用者に複数の加算を算定する場合、一定条件下で**データ提出のタイミングを統一**できるようになりました。これは、サービス利用開始月よりデータ提出を求める加算もあれば、サービス利用開始後の計画策定時にデータ提出が必要な加算もあるなど、同一利用者でも算定する加算によってタイミングが異なり、データ入力の管理が煩雑となるためです。

今回の算定要件の変更により、例えば、月末からサービス利用を開始し、利用者を評価する時間が十分確保できない場合など、一定条件下で提出期限を猶予されるようになります。

LIFE へのデータ提出頻度の見直し

○各加算のデータ頻出頻度について、サービス開始月より入力を求めている加算もあれば、サービス利用開始後の計画策定時に入力が必要な加算もあり、同一の利用者だっても算定する加算によって入力のタイミングが異なり、事業所における入力タイミングの管理が煩雑となっている。
○ LIFE へのデータ提出について、「少なくとも 3 か月に 1 回」と統一する。
○また、同一の利用者に対して複数の加算を算定する場合のデータ提出頻度を統一できるよう、例えば、月末よりサービス利用を開始する場合であって、当該利用者の評価を行う時間が時間が十分確保できない場合など、一定条件下で、提出期限を猶予する。

例：同一の利用者に科学的介護推進体制加算およびリハビリテーションマネジメント加算を算定する場合

・現在、科学的介護推進体制加算はサービス利用開始月とその後少なくとも 6 月 1 度評価を行い、翌月の 10 日までにデータを提出することとなっており、リハビリテーションマネジメント加算はリハビリテーション計画書策定月、および計画変更月に加え、少なくとも 3 月に 1 度評価を行い、データを提出することになっている。いずれの加算にも ADL を含め同じ評価項目が含まれている。
・これらの加算の提出タイミングを少なくとも 3 月に 1 度と統一するとともに、例えば、月末にサービスを開始した場合に、科学的介護推進体制加算のデータ提出期限に猶予期間を設けることで、評価やデータ提出のタイミング揃えることを可能とする。

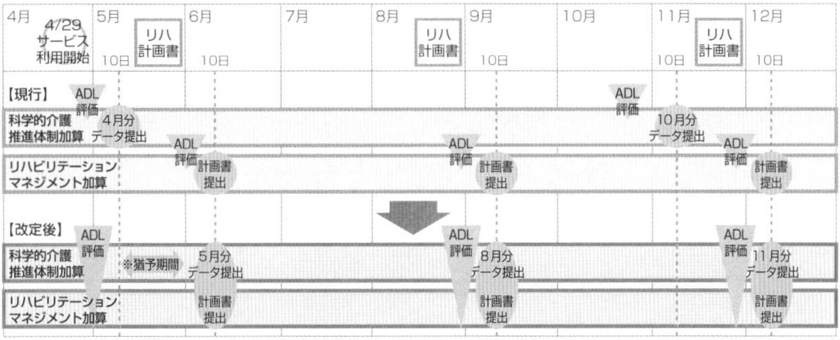

※一定の条件下で、サービス利用開始よく月までにデータ提出することとしても差し支えない。ただし、その場合は利用開始月は該当の加算は算定できないこととする。

LIFE を活用した取組イメージ

○介護事業所において、介護の質向上に向けて LIFE を活用した PDCA サイクルを推進する。LIFE で収集したデータも活用し、介護報酬制度を含めた施策の立案や介護 DX の取組、アウトカム評価につながるエビデンス創出に向けた LIFE データの研究利活用を推進する。

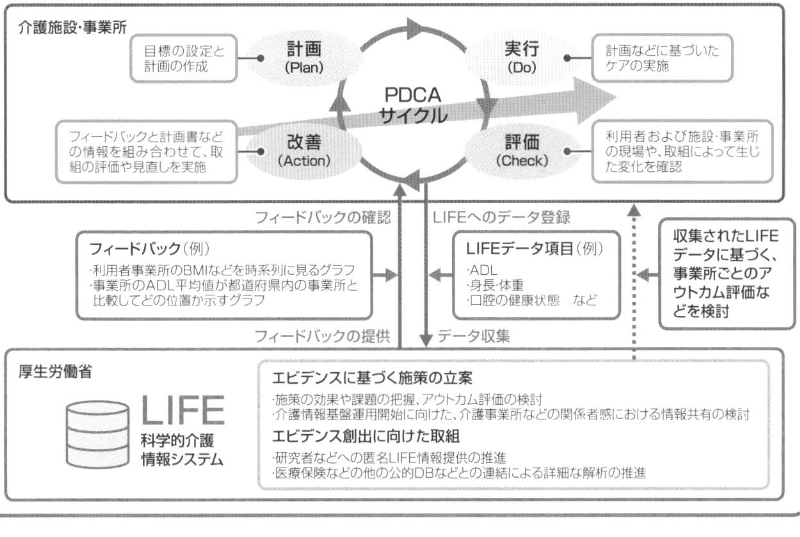

質問 17 LIFE 活用に向けて何が変わりましたか？②

通所介護などで ADL 維持等加算が見直されました。

介護保険施設では？

排せつ支援と褥瘡マネジメントの加算が見直さます。

通所介護や居住型施設で、ADL維持等加算が見直されました。

通所介護、地域密着型通所介護、認知症対応型通所介護、特定施設入居者生活介護、地域密着型特定施設入居者生活介護、介護老人福祉施設、地域密着型介護老人福祉施設入所者生活介護では、自立支援・重度化防止に向けた取組を推進する観点から、アウトカム評価の充実のための **ADL 維持等加算**が見直されました。ADL 維持等加算（Ⅱ）の算定要件が、評価対象利用者などの調整済 ADL 利得を平均して得た値が「2以上」から「3 以上」に変更になり、初回の要介護認定があった月から起算して 12 月以内である者の場合や他の施設や事業所のリハビリを併用している利用者の ADL 利得の計算方法が簡素化されました。

排せつ支援と褥瘡マネジメントの加算が見直されました。

看護小規模多機能型居宅介護、介護老人福祉施設、地域密着型介護老人福祉施設入所者生活介護、介護老人保健施設、介護医療院では、アウトカム評価の充実のための**排せつ支援加算と褥瘡マネジメント加算の算定要件**が見直されました。

いずれも入力負担軽減に向けて入力項目の定義の明確化や他の加算と共通する項目の選択肢の統一化が図られ、同一利用者に複数の加算を算定する場合、一定条件下で**データ提出のタイミングを統一**できるようになりました。また、排せつ支援加算（Ⅰ）と褥瘡マネジメント加算（Ⅰ）では医師などによる評価が少なくとも 3 月に 1 回に変更されました。

ADL 維持等加算の見直し

算定要件等

＜ ADL 維持等加算（Ⅱ）＞

○評価対象利用者等の調整済 ADL 利得を平均して得た値が 3 以上であること。

＜ ADL 維持等加算（Ⅰ）（Ⅱ）について＞

○初回の要介護認定があった月から起算して 12 月以内である者の場合や他の施設や事業所が提供するリハビリテーションを併用している利用者の場合の ADL 維持等加算利得の計算方法を簡素化。

排せつ支援加算の見直し

算定要件等

＜入力負担軽減に向けた LIFE 関連加算に共通する見直し＞

・入力項目の定義の明確化や、他の加算と共通する項目の選択肢を統一化する

・同一の利用者に複数の加算を算定する場合に、一定の条件下でデータ提出のタイミングを統一できるようにする

＜排せつ支援加算（Ⅰ）＞

イ 排せつに介護を要する入所者等ごとに、要介護状態の軽減の見込みについて、医師又は医師と連携した看護師が施設入所時等に評価するとともに、少なくとも 3 月に 1 回、評価を行い、その評価結果等を厚生労働省に提出し、排せつ支援に当たって当該情報等を活用していること。

＜排せつ支援加算（Ⅱ）＞

・又は施設入所時・利用開始時に尿道カテーテルが留置されていた者について、尿道カテーテルが抜去されたこと。

褥瘡マネジメント加算等の見直し

算定要件等

＜入力負担軽減に向けた LIFE 関連加算に共通する見直し＞

・入力項目の定義の明確化や、他の加算と共通する項目の選択肢を統一化する

・同一の利用者に複数の加算を算定する場合に、一定の条件下でデータ提出のタイミングを統一できるようにする

＜褥瘡マネジメント加算（Ⅰ）＞

イ 入所者又は利用者ごとに、施設入所時又は利用開始時に褥瘡の有無を確認するとともに、褥瘡の発生と関連のあるリスクについて、施設入所時又は利用開始時に評価し、その後少なくとも 3 月に 1 回評価すること。

ロ イの確認及び評価の結果等の情報を厚生労働省に提出し、褥瘡管理の実施に当たって、当該情報その他褥瘡管理の適切かつ有効な実施のために必要な情報を活用していること。

ハ イの確認の結果、褥瘡が認められ、又はイの評価の結果、褥瘡が発生するリスクがあるとされた入所者又は利用者ごとに、医師、看護師、介護職員、管理栄養士、介護支援専門員その他の職種の者が共同して、褥瘡管理に関する褥瘡ケア計画を作成していること。

制度改正編

質問18 生産性向上に向けて何が変わりましたか？①

特定施設では、見守り機器活用時の配置基準が見直されています。

介護老人保健施設などでは？

同じく職員の配置基準が見直されました。

見守り機器活用時の配置基準が見直されました。

特定施設入居者生活介護、地域密着型特定施設入居者生活介護では、テクノロジーの活用などによる介護サービスの質向上や職員の負担軽減の観点から、**見守り機器などを活用した場合の職員の配置基準**が見直されています。「委員会で必要な安全対策（検討委員会の設置、職員の勤務・雇用条件への配慮、っ緊急時の体制整備、機器の定期チェック、職員への教育実施など）を検討」「見守り機器等のテクノロジーを複数活用」「職員間の適切な役割分担の取組」「サービスの質の確保や職員の負担軽減をデータで確認」といった要件を満たす場合には「**利用者：＝3：0.9**」に変更されました。

夜間の配置基準が見直されています。

介護老人保健施設（ユニット型を除く）や短期入所療養介護では、**見守り聞きを導入した場合の夜間における人員配置基準**が緩和されています。「すべての利用者に見守りセンサーを導入」「夜勤職員全員がインカムなどのICTを使用」「安全体制を確保」といった要件を満たす場合、1日あたりの配置人員数が**1.6人以上**となります。ただし届け出には、3か月以上の施行と委員会による確認が必要です。

また認知症対応型共同生活介護でも、夜間支援体制加算の人員配置要件について、要件を満たして夜勤を行う介護職員の最低基準が0.9人以上を上回る場合にも算定可能になりました。

特定施設における人員配置基準の緩和

基準

○特定施設ごとに置くべき看護職員及び介護職員の合計数について、要件を満たす場合は、「常勤換算方法で、要介護者である利用者の数が 3（要支援者の場合は 10）又はその端数を増すごとに 0.9 以上であること」とすることとする。

○人員配置基準の特例的な柔軟化の申請に当たっては、テクノロジーの活用や職員間の適切な役割分担の取組等の開始後、これらを少なくとも 3 か月以上試行し（試行期間中においては通常の人員配置基準を遵守すること）、現場職員の意見が適切に反映できるよう、実際にケア等を行う多職種の職員が参画する委員会において安全対策や介護サービスの質の確保、職員の負担軽減が行われていることをデータ等で確認するとともに、当該データを指定権者に提出することとする。

○介護サービスの質の確保及び職員の負担軽減が行われていることの確認については、試行前後を比較することにより、以下の事項が確認される必要があるものとする。

ⅰ 介護職員の総業務時間に占める利用者のケアに当てる時間の割合が増加していること
ⅱ 利用者の満足度等に係る指標（WHO-5 等）において、本取組による悪化が見られないこと
ⅲ 総業務時間及び当該時間に含まれる超過勤務時間が短縮していること
ⅳ 介護職員の心理的負担等に係る指標（SRS-18 等）において、本取組による悪化が見られないこと

○柔軟化された人員配置基準の適用後、一定期間ごとに、上記ⅰ～ⅳの事項について、指定権者に状況の報告を行うものとすること。また、届け出た人員配置より少ない人員配置を行う場合には、改めて試行を行い、必要な届出をするものとする。なお、過去一定の期間の間に行政指導等を受けている場合は、当該指導等に係る事項について改善している旨を指定権者に届け出ることとする。

介護老人保健施設などにおける人員配置基準の緩和

算定要件等

○ 1 日あたりの配置人員数を現行 2 人以上としているところ、要件を満たす場合は 1.6 人以上とする。ただし、配置人員数は常時 1 人以上配置することとする。

○見守り機器や ICT 導入後、上記の要件を少なくとも 3 か月以上試行し、現場職員の意見が適切に反映できるよう、夜勤職員をはじめ実際にケア等を行う多職種の職員が参画する委員会において、安全体制やケアの質の確保、職員の負担軽減が図られていることを確認した上で届け出るものとする。

認知症対応型共同生活介護における人員配置基準の緩和

	夜勤職員の最低基準（1 ユニット 1 人）への加配人数	見守り機器の利用者に対する導入割合	その他要件
現行要件	事業所ごとに常勤換算方法で 1 人以上の夜勤職員または宿直職員を加配すること。		
新設要件	事業所ごとに常勤換算方法で 0.9 人以上の夜勤職員を加配すること。	10%	利用者の安全並びに介護サービスの質の確保および職員の負担軽減に資する方策を検討するための委員会を設置し、必要な検討などが行われていること。

※すべての開所日において夜間および深夜の時間帯の体制が人員配置基準を上回っていること。
※宿直職員は事業所内での宿直が必要。
※併設事業所と同時並行的に宿直勤務を行う場合には算定対象外（それぞれに宿直職員が必要）。

制度改正編

質問19 生産性向上に向けて何が変わりましたか？②

ガイドラインに沿った人員配置が可能になります。

そのほかには？

外国人介護人材の人員配置基準の取扱いが見直されています。

ガイドラインに沿った人員配置が可能になります。

すべてのサービスにおいて、職員の離職防止・定着促進を図る観点から、各サービスの人員配置基準や報酬算定について、「**常勤あるいは常勤換算の計算**にあたり、「治療と仕事の両立ガイドライン」に沿って事業者が設ける**短時間勤務制度**などを利用する場合、**週30時間以上**の勤務で「常勤」として扱う」ことが認められるようになりました。

それに伴って、人員配置基準上の「常勤」と「常勤換算方法」の計算では、常勤の従業者が勤務すべき時間数（32時間を下回る場合は32時間を基本）勤務している者を「常勤」として取り扱うことが算定基準となっています。

外国人介護人材の人員配置基準の取扱いが見直されました。

通所系・短期入所系・居住系・多機能系・施設系サービスでは、**外国人介護人材に係る人員配置基準**上の取扱いが見直されました。

就労開始から6月未満のEPA介護福祉士候補者及び技能実習生のうち、**日本語能力試験N1またはN2**に合格した者だけでなく、日本語能力やケアの習熟度が一定レベルに達していると判断された外国人介護職員を人員配置基準に算入することが可能になりました。ただし、その場合には、「一定の経験のある職員とチームでのケア体制」「組織的に安全対策を実施する体制」「修了は実習のための指導職員の配置」などが求められます。

事業者が自主的に設ける短時間勤務制度の扱い

	母性健康管理措置による短時間勤務	育児・介護休業法による短時間勤務制度	「治療と仕事の両立ガイドライン」に沿って事業者が自主的に設ける短時間勤務制度
「常勤」の取扱い：週 30 時間以上の勤務で常勤扱い	○	○	○（新設）
「常勤換算」の取扱い：週 30 時間以上の勤務で常勤換算での計算上も 1（常勤）と扱うことを認める	○	○	○（新設）

基準・算定要件等

人員配置基準上の「常勤」及び「常勤換算方法」の計算においては、常勤の従業者が勤務すべき時間数（32 時間を下回る場合は 32 時間を基本）勤務している者を「常勤」として取り扱うこととしている。

外国介護人材の人員配置基準の緩和

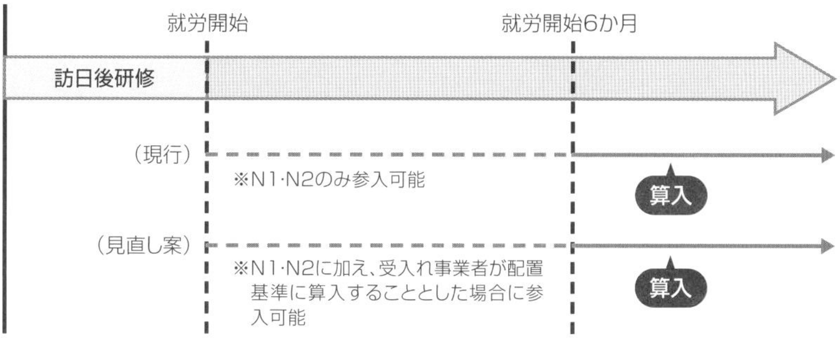

算定要件等

次のいずれかに該当するものについては、職員等の配置の基準を定める法令の適用について職員等とみなしても差し支えないこととする。

・受入れ施設において就労を開始した日から 6 月を経過した外国人介護職員
・受入れ施設において就労を開始した日から 6 月を経過していない外国人介護職員であって、受入れ施設（適切な研修体制及び安全管理体制が整備されているものに限る。）に係る事業を行う者が当該外国人介護職員の日本語の能力及び研修の実施状況並びに当該受入れ施設の管理者、研修責任者その他の職員の意見等を勘案し、当該外国人介護職員を職員等の配置の基準を定める法令の適用について職員等とみなすこととしたもの
・日本語能力試験 N1 又は N2 に合格した者

制度改正編

質問 20 サービス提供の効率化に向けて何が変わりましたか？①

介護職員も電話連絡を受けられるようになります。

ほかには？

退院時共同指導を口頭で伝えられるようになりました。

看護師等以外の職員も電話連絡を受けられるようになります。

訪問看護では、24 時間対応に向けて、看護師など以外の職員も利用者または家族などからの電話連絡を受けられるように**24 時間対応体制の算定要件**が見直されました。

即応体制の確保にあたっては、事業者には、看護師等に速やかに連絡・サービス提供できる体制整備のほか、「連絡・相談に対応する際のマニュアルの整備」「緊急の訪問看護の必要性を保健師または看護師が判断する連絡体制」「担当職員の勤務体制・勤務状況の明示」「担当職員による保健師・看護師への連絡と報告内容の記録」「利用者および家族への説明と同意」「担当職員についての届け出」が求められます。

退院時共同指導の指導内容の提供方法が柔軟化されます。

訪問看護、定期巡回・随時対応型訪問介護看護では、**退院時共同指導加算の算定要件**が緩和され、**指導内容の提供方法**が柔軟化されます。医療機関や介護老人保健施設・介護医療院を退院・退所する者に、多職種共同で退院時共同指導を実施した後、初回の訪問看護を行った際には、退院時共同指導加算を算定します。その算定にあたっては、在宅での療養上必要な指導を行いますが、その内容を必ずしも文書で提供する必要がなくなりました。

なお、初回加算を算定する場合には、退院時共同指導加算は算定しない点には、変更ありません。

24時間対応体制の算定要件の緩和

算定要件等

次のいずれにも該当し、24 時間対応体制に係る連絡相談に支障がない体制を構築している場合には、24 時間対応体制に係る連絡相談を担当する者について、当該訪問看護事業所の保健師又は看護師以外の職員（以下「看護師等以外の職員」とする）でも差し支えない。

ア 看護師等以外の職員が利用者又はその家族等からの電話等による連絡及び相談に対応する際のマニュアルが整備されていること。
イ 緊急の訪問看護の必要性の判断を保健師又は看護師が速やかに行える連絡体制及び緊急の訪問看護が可能な体制が整備されていること。
ウ 当該訪問看護事業所の管理者は、連絡相談を担当する看護師等以外の職員の勤務体制及び勤務状況を明らかにすること。
エ 看護師等以外の職員は、電話等により連絡及び相談を受けた際に、保健師又は看護師へ報告すること。報告を受けた保健師又は看護師は、当該報告内容等を訪問看護記録書に記録すること。
オ アからエまでについて、利用者及び家族等に説明し、同意を得ること。
カ 指定訪問看護事業者は、連絡相談を担当する看護師等以外の職員について届け出ること。

退院時共同指導の対象となる医療関連職種

医師

薬剤師

理学療法士

言語聴覚士

看護師

管理栄養士

作業療法士

社会福祉士

退院時共同指導加算の算定要件の緩和

算定要件等

病院、診療所、介護老人保健施設又は介護医療院に入院中又は入所中の者が退院又は退所するに当たり、指定訪問看護ステーションの看護師等（准看護師を除く）が、退院時共同指導（当該者又はその看護に当たっている者に対して、病院、診療所、介護老人保健施設又は介護医療院の主治の医師その他の従業者と共同し、在宅での療養上必要な指導を行い、その内容を文書~~により~~提供することをいう。）を行った後に、当該者の退院又は退所後に当該者に対する初回の指定訪問看護を行った場合に、退院時共同指導加算として、当該退院又は退所につき 1 回（特別な管理を必要とする利用者については、2 回）に限り、所定単位数を加算する。
ただし、初回加算を算定する場合には、退院時共同指導加算は算定しない。

制度改正編

質問21 サービス提供の効率化に向けて何が変わりましたか？②

多機能型居宅介護で、全サービスの兼務が可能になりました。

居宅介護支援では？

開始時の説明・理解が努力義務になります。

兼務可能なサービスが限定されなくなりました。

小規模多機能型居宅介護や看護小規模多機能型居宅介護では、これまで管理者や職員が**兼務可能なサービス**を限定していましたが、事業所を効率的に運営する観点から、他の事業所の管理者や職員との兼務可能なサービスを限定しないように基準が変更されました。ただし、事業所ごとに主にその業務に従事する常勤の管理者は配置しなければならず、事業所の管理上支障のないことが求められます。

その結果、小規模多機能型居宅介護や看護小規模多機能型居宅介護で働きながら、他の介護サービスの事業所や施設などでの職務に従事することが基本的に可能になります。

開始時の説明・理解が努力義務化されました。

居宅介護支援では、事業者の負担軽減を図るため、居宅介護支援のサービス提供の開始に際して、「前６か月間に作成したケアプランにおける訪問介護、通所介護、地域密着型通所介護、福祉用具貸与の各サービスの割合」「前６か月間に作成したケアプランにおける訪問介護、通所介護、地域密着型通所介護、福祉用具貸与の各サービスにおける同一事業者によって提供されたものの割合」を説明して、利用者またはその家族の理解を得ることが**努力義務**に変更されました。

ただし、改定前に契約を結んでいる利用者に対して改めて説明することは求められません。

兼務可能なサービスの基準の緩和

基準

（管理者）

第百七十二条 指定看護小規模多機能型居宅介護事業者は、指定看護小規模多機能型居宅介護事業所ごとに専らその職務に従事する常勤の管理者を置かなければならない。ただし、指定看護小規模多機能型居宅介護事業所の管理上支障がない場合は、当該指定看護小規模多機能型居宅介護事業所の他の職務に従事し、又は他の事業所、施設等の職務に従事することができるものとする。

居宅介護支援のサービス開始時の説明例

①前６か月間に作成したケアプランにおける、訪問介護、通羽書介護、地域密着型通所介護、福祉用具貸与の各サービス利用割合

訪問介護　●%
通所介護　●%
地域密着型通所介護　●%
福祉用具貸与　●%

②前６か月間に作成したケアプランにおける訪問介護、通羽書介護、地域密着型通所介護、福祉用具貸与の各サービスごとの同一事業者によって提供されたものの割合

訪問介護	○○事業所　●%	□□事業所　●%	△△事業所　●%
通所介護	○○事業所　●%	□□事業所　●%	△△事業所　●%
地域密着型通所介護	○○事業所　●%	□□事業所　●%	△△事業所　●%
福祉用具貸与	○○事業所　●%	□□事業所　●%	△△事業所　●%

居宅介護支援の理解・説明義務の努力義務化

基準

指定居宅介護支援事業者は、指定居宅介護支援の提供の開始に際し、あらかじめ、利用者又はその家族に対し、前６月間に当該指定居宅介護支援事業所において作成された居宅サービス計画の総数のうちに訪問介護、通所介護、福祉用具貸与及び地域密着型通所介護（以下「訪問介護等」という）がそれぞれ位置付けられた居宅サービス計画の数が占める割合、前６月間に当該指定居宅介護支援事業所において作成された居宅サービス計画に位置付けられた訪問介護等ごとの回数のうちに同一の指定居宅サービス事業者又は指定地域密着型サービス事業者によって提供されたものが占める割合につき説明を行い、理解を得るよう努めなければならない。

制度改正編

質問22 級地の設定などでは、何が変わりましたか？

「過疎地域」でもサービス提供加算を算定できます。

級地の設定では？

新たな特例が設けられました。

「過疎地域」もサービス提供加算の算定対象になります。

訪問系・通所系・多機能系サービス、福祉用具貸与、居宅介護支援では、特別措置法において、「**過疎地域**」とみなして同法の規定を適用することとされている地域などが、特別地域加算、中山間地域等における小規模事業所加算、中山間地域等に居住する者への**サービス提供加算の算定対象地域**に含まれることが明確化されました。

なお、訪問系・多機能系サービス、福祉用具貸与、居宅介護支援については、人口密度が希薄、交通が不便などの理由によりサービスの確保が著しく困難であると認められる地域において、特別地域加算の対象と認定された地域がいくつか見直されています。

級地の設定に、新たな特例が設けられました。

級地の設定では、公平性に欠く状況にあると考えられる自治体について特例が設けられました。特例に該当するのは、「当該地域の地域区分よりも高いまたは低い地域にすべて囲まれている」「当該地域の地域区分よりも高いまたは低い地域に複数隣接し、そのうち 1 つに 4 級地以上の差がある」「当該地域の地域区分よりも高いまたは低い地域に囲まれていて、同一地域区分との隣接が 1 つある」「5 級地以上の級地差がある地域と隣接している」自治体です。

なお、2023 年度まで設けられた地域区分見直しの経過措置は、2026 年度末まで延長が認められました。

サービス提供加算の算定要件と単位数

	算定要件	単位数
特別地域加算	別に厚生労働大臣が定める地域（※1）に所在する事業所が、サービス提供を行った場合	所定単位数に15/100を乗じた単位数
中山間地域等における小規模事業所加算	別に厚生労働大臣が定める地域（※2）に所在する事業所が、サービス提供を行った場合	所定単位数に10/100を乗じた単位数
中山間地域等に居住する者へのサービス提供加算	別に厚生労働大臣が定める地域（※3）に居住する利用者に対し、通常の事業の実施地域を越えて、サービス提供を行った場合	所定単位数に5/100を乗じた単位数

※1：①離島振興対策実施地域、②奄美群島、③振興山村、④小笠原諸島、⑤沖縄の離島、⑥豪雪地帯、特別豪雪地帯、辺地、過疎地域等であって、人口密度が希薄、交通が不便等の理由によりサービスの確保が著しく困難な地域

※2：①豪雪地帯及び特別豪雪地帯、②辺地、③半島振興対策実施地域、④特定農山村、⑤過疎地域

※3：①離島振興対策実施地域、②奄美群島、③豪雪地帯及び特別豪雪地帯、④辺地、⑤振興山村、⑥小笠原諸島、⑦半島振興対策実施地域、⑧特定農山村地域、⑨過疎地域、⑩沖縄の離島

級地の設定の特例

アi に該当する事例

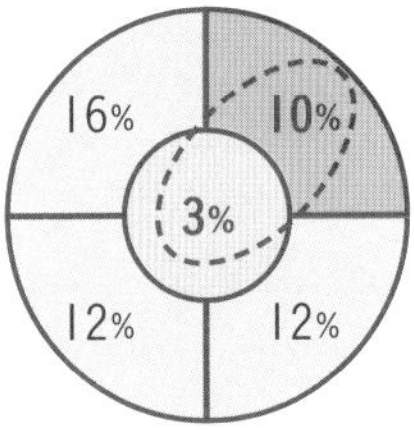

○高い地域区分の地域にすべて囲まれている場合
→ 6%または10%を選択可

アii に該当する事例

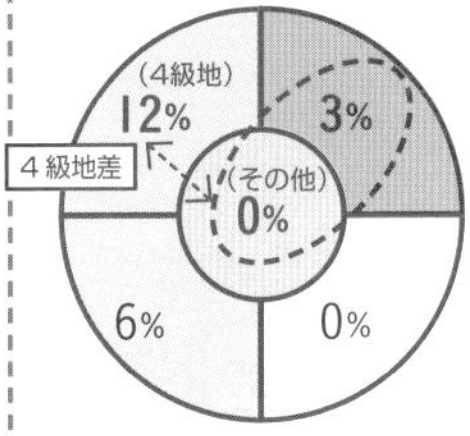

○その他（0%）地域であって、高い地域区分の地域と複数隣接し、その中に4級地以上の級地差がある地域が含まれている場合
→ 3%を選択可

アiii に該当する事例 新設

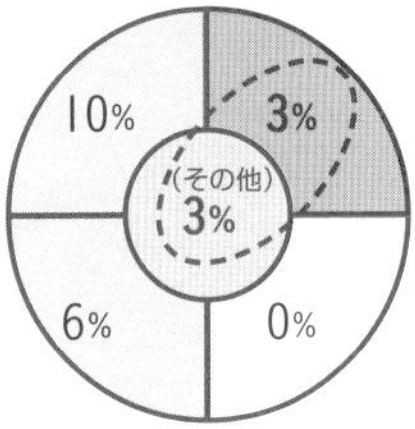

○その他（0%）の地域であって、高い地域区分の地域に囲まれており、同一の区分（0%）とは単一の隣接となっている場合
→ 3%を選択可

イ に該当する事例 新設

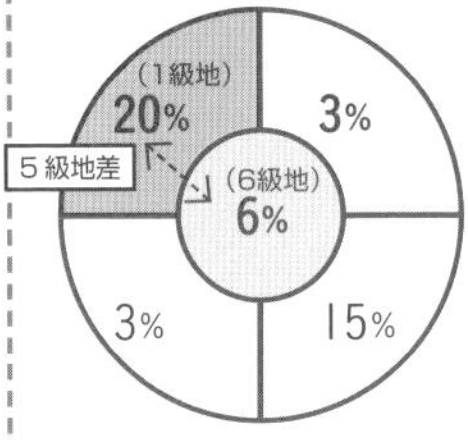

○その他（0%）地域であって、高い地域区分の地域と複数隣接し、その中に4級地以上の級地差がある地域が含まれている場合
→ 3%を選択可

級地の設定の特例地域

2級地	3級地	4級地	5級地	6級地	7級地
調布市	浦安市、厚木市、刈谷市、豊田市	横須賀市、三浦市、四條畷市	川口市、草加市、戸田市、八潮市、袖ケ浦市、葉山市、知立市、豊明市、長岡京市	木更津市、中井町、一宮市、犬山市、江南市、尾張旭市、岩倉市、城陽市、大山崎町	下野市、榛東村、吉岡町、南足柄市、南アルプス市、南部町、美濃加茂市、武豊町、近江八幡市、竜王町、大和高田市、熊野町

7章では、何を学ぶのですか?

最後に、24 年度の報酬改定で変更されたポイントを学びます。

今回、介護報酬は上がったのですか？

それが、介護職員の処遇改善がメインなのよ。

報酬改定の考え方は前回と同様みたいですね。

言葉は変わっているけど、基本的にそうね。

それ以外、24 年度報酬改定では何が特徴的ですか？

リハビリと、口腔衛生・栄養管理の一体的取組がさらに評価されているわ。

なるほど、ほかには？

介護保険施設の基準費用額（居住費）が見直されたわね。

最近、物価高ですしね。

7章で学ぶこと

- **24年度　報酬改定の全体像**
- **報酬改定によって、加算・減算されるサービス**
- **報酬改定による、算定要件の変更など**

制度改正編

［7章］
24年度　報酬改定のポイント

制度改正編

質問23 介護報酬は、どのようにいつ改定されますか？

介護職員の処遇改善分が大きいみたいですね。

介護職員以外の処遇も改善されるんですかね～。

そのための予算も組まれているみたいです。

2024年度の介護報酬は＋1.59%のプラス改定です。

第９期の介護保険事業計画は、**介護報酬改定率**が +1.59% ですが、このうち 0.98% は**介護職員の処遇改善分**、0.61% が**介護職員以外の処遇改善分**であるため、介護サービス全体の報酬はあまり上がっていません。そのため、介護報酬の引き上げ、引き下げにメリハリが付けられています。比較的引き上げ幅が大きいのは短期入所療養介護、小規模多機能型居宅介護などで、比較的引き下げ幅が大きいのは定期巡回・随時対応型訪問介護看護、夜間対応型訪問介護などです（ただし、処遇改善加算の加算率は高い）。それ以外のサービスの多くは、比較的小さな幅で、引き上げあるいは引き下げられています。

介護報酬は何段階に分けて引き上げられます。

2024 年度の介護報酬は、**診療報酬改定**が 2024 年６月１日に施行されたことを踏まえて、何段階に分けて引き上げられます。基本的に多くのサービスは 2024 年４月１日に施行されますが、訪問看護、訪問リハビリテーション、通所リハビリテーション、居宅療養管理指導は 2024 年６月１日に施行されます。また、**処遇改善関係加算の加算率**の引上げについては 2024 年６月１日ですが、事業所内での柔軟な職種間配分を認める改正は 2024 年４月１日施行です。さらに、**基準費用額の見直し**は 2024 年８月１日施行、**多床室の室料負担の見直し**は 2025 年８月１日施行となります。

2024 年度の介護報酬改定率

介護報酬改定率 ＝ +1.59%

職員の処遇改善分

介護職員の処遇改善分 ＝ 0.98%

介護職員以外の処遇改善分 ＝ 0.61%

処遇改善加算の加算率が高いサービス

処遇改善加算の加算率

定期巡回・随時対応型訪問介護看護 ＝ 14.5-24.5%

夜間対応型訪問介護 ＝ 14.5-24.5%

2024 年度介護報酬改定のスケジュール

2024年4月1日	訪問介護、訪問入浴介護、通所介護、単入所生活介護、短期入所療養介護、特定施設入居者生活介護、介護老人福祉施設、介護保険施設、介護医療院などの介護報酬改定 処遇改善関係加算の事業所内での柔軟な職種間配分を認める改正
2024年6月1日	訪問看護、訪問リハビリテーション、通所リハビリテーション、居宅療養管理指導の介護報酬改定 処遇改善関係加算の加算率の引上げ
2024年8月1日	基準費用額（居住費）の見直し
	≀≀
2025年8月1日	多床室の室料負担の見直し

質問24 処遇改善に向けて介護報酬は改定されましたか？

「介護職員等処遇改善加算」に一本化されます。

算定要件は？

新加算Ⅳであれば加算額の1/2以上を月額賃金に充てます。

「介護職員等処遇改善加算」に一本化されます。

介護の現場で働く介護職員の方の処遇改善を図り、介護職員などを確保する目的で、「介護職員処遇改善加算」「介護職員等特定処遇改善加算」「介護職員等ベースアップ等支援加算」という３つの加算が、現行の各加算・各区分の要件及び加算率を組み合わせた４段階の「**介護職員等処遇改善加算**」に一本化されます。具体的には、介護職員等処遇改善加算を除く加減算後の総報酬単位数にサービス、段階ごとに決められた加算率を乗じます。また一本化後の新加算（Ⅰ～Ⅳ）については、職種ごとの配分ルールが設けられず、経験・技能のある職員に重点配分するなど、**事業所内での柔軟な配分**が認められています。

新加算Ⅳは加算額の1/2以上を月額賃金の改善に充てます。

介護職員等処遇改善加算の区分を取得している事業所では、**新加算Ⅳ**であれば**加算額の1/2以上**を月額賃金の改善に充てることが求められます。また、それまでベースアップ等支援加算を取得していない事業所が取得する場合には、新たに増加するベースアップ等支援加算相当分の**加算額の2/3以上**を月額賃金として新たに配分しなくてはなりません。

なお、新加算については、**2024年度末までの経過措置期間**が設けられ、経過措置期間中は、現行の３加算の取得状況に基づく加算率を維持した上で、今回の改定による加算率の引上げを受けられます。

介護職員等処遇改善加算

サービス区分	介護職員等処遇改善加算			
	Ⅰ	Ⅱ	Ⅲ	Ⅳ
訪問介護・夜間対応型訪問介護・定期巡回・随時対応型訪問介護看護	24.5%	22.4%	18.2%	14.5%
訪問入浴介護	10.0%	9.4%	7.9%	6.3%
通所介護・地域密着型通所介護	9.2%	9.0%	8.0%	6.4%
通所リハビリテーション	8.6%	8.3%	6.6%	5.3%
特定施設入居者生活介護・地域密着型特定施設入居者生活介護	12.8%	12.2%	11.0%	8.8%
認知症対応型通所介護	18.1%	17.4%	15.0%	12.2%
小規模多機能型居宅介護・看護小規模多機能型居宅介護	14.9%	14.6%	13.4%	10.6%
認知症対応型共同生活介護	18.6%	17.8%	15.5%	12.5%
介護老人福祉施設・地域密着型介護老人福祉施設・短期入所生活介護	14.0%	13.6%	11.3%	9.0%
介護老人保健施設・短期入所療養介護（介護老人保健施設）	7.5%	7.1%	5.4%	4.4%
介護医療院・短期入所療養介護（介護医療院）・短期入所療養介護（病院など）	5.1%	4.7%	3.6%	2.9%

注：2024 年度末までの経過措置期間を設け、経過措置期間中は、現行の 3 加算の取得状況に基づく加算率を維持した上で、今般の改定による加算率の引上げを受けることができるようにすることなどの激変緩和措置を講じる。

介護職員等処遇改善加算の区分ごとの算定要件

既存の要件は黒字、新規・修正する要件は赤字

加算率	新加算（介護職員等処遇改善加算）	要件	対応する現行の加算等（※）	新加算の趣旨
24.5%	Ⅰ	**新加算（Ⅱ）に加え、以下の要件を満たすこと** ・経験技能のある介護職員を事業所内で一定割合以上配置していること（訪問介護の場合、介護福祉士 30% 以上）	a. 処遇改善加算（Ⅰ）【13.7%】 b. 特定処遇加算（Ⅰ）【6.3%】 c. ベースアップ等支援加算【2.4%】	事業所内の経験・技能のある職員を充実
22.4%	Ⅱ	**新加算（Ⅲ）に加え、以下の要件を満たすこと** ・改善後の賃金年額 440 万円以上が 1 人以上 ・職場環境の異なる改善、見える化【見直し】 ~~・グループごとの配分ルール~~【撤廃】	a. 処遇改善加算（Ⅰ）【13.7%】 b. 特定処遇加算（Ⅱ）【4.2%】 c. ベースアップ等支援加算【2.4%】	総合的な職場環境改善による職員の定着促進
18.2%	Ⅲ	**新加算（Ⅳ）に加え、以下の要件を満たすこと。** ・資格や勤続年数等に応じた昇給の仕組みの整備	a. 処遇改善加算（Ⅰ）【13.7%】 b. ベースアップ等支援加算【2.4%】	資格や経験に応じた昇給の仕組みの整備
14.5%	Ⅳ	**・新加算（Ⅳ）の 1/2（7.2%）以上を月額賃金で配分** ・職場環境の改善（職場環境等要件）【見直し】 ・賃金体系等の整備および研修の実施等	a. 処遇改善加算（Ⅱ）【10.0%】 b. ベースアップ等支援加算【2.4%】	介護職員の基本的な待遇改善・ベースアップ等

※：加算率は訪問介護のものを例として記載

制度改正編

質問25 公正なケアマネジメントに向けた報酬改定に何がありますか？

特定事業所加算が見直されています。

ほかには？

介護予防支援費（Ⅱ）が新設されました。

居宅介護支援では特定事業所加算が見直されました。

居宅介護支援では、**ヤングケアラー**（家族に対する介護などを日常的に行っている児童）などの多様な課題への対応を促進する観点から、**特定事業所加算**の介護報酬と算定要件が見直されました。特定事業所加算は引き上げられる一方、算定要件には「ヤングケアラー、障害者、生活困窮者、難病患者等、他制度に関する知識等に関する事例検討会、研修などに参加」「ケアマネジャーが、他の職種や同一敷地内の介護予防支援や総合支援事業の職務を兼務可能」が追加されています。また、ケアマネジャー１人あたりの利用者数が**45名未満**（居宅介護支援費（Ⅱ）を算定している場合は**50名未満**）に変更されました。

介護予防支援では介護予防支援費（Ⅱ）が新設されました。

介護予防支援では、居宅介護支援事業者が市町村からの指定を受けて実施できるようになったことに伴って、介護予防支援費（Ⅰ）と**介護予防支援費（Ⅱ）**（新設）が設定されました。また、居宅介護支援事業者向けの介護予防支援費（Ⅱ）の算定には、市町村長に対する**介護予防サービス計画**の実施状況の情報提供が義務付けられ、特別地域加算、中山間地域等における小規模事業所加算及び中山間地域等に居住する者へのサービス提供加算の算定も可能です。

なお、主任ケアマネジャーが管理者であること、１人で事業実施可能なこと、他の職務と兼務可能であることも決められています。

居宅介護支援における特定事業所加算の見直し

＜現行＞		＜改定後＞
特定事業所加算（Ⅰ） 505 単位／月	▶	特定事業所加算（Ⅰ） **519** 単位／月（変更）
特定事業所加算（Ⅱ） 407 単位／月		特定事業所加算（Ⅱ） **421** 単位／月（変更）
特定事業所加算（Ⅲ） 309 単位／月		特定事業所加算（Ⅲ） **323** 単位／月（変更）
特定事業所加算（A） 100 単位／月		特定事業所加算（A） **114** 単位／月（変更）

居宅介護支援における特定事業所加算の算定要件

<table>
<tr><th rowspan="2">算定要件</th><th>（Ⅰ）</th><th>（Ⅱ）</th><th>（Ⅲ）</th><th>（A）</th></tr>
<tr><th>519 単位</th><th>421 単位</th><th>323 単位</th><th>114 単位</th></tr>
<tr><td>（1）専ら指定居宅介護支援の提供に当たる常勤の主任介護支援専門員を配置していること。※利用者に対する指定居宅介護支援の提供に支障がない場合は、当該指定居宅介護支援事業所の他の職務と兼務をし、又は同一敷地内にある他の事業所の職務と兼務をしても差し支えない。</td><td>２名以上</td><td>１名以上</td><td>１名以上</td><td>１名以上</td></tr>
<tr><td>（2）専ら指定居宅介護支援の提供に当たる常勤の介護支援専門員を配置していること。※利用者に対する指定居宅介護支援の提供に支障がない場合は、当該指定居宅介護支援事業所の他の職務と兼務をし、又は同一敷地内にある指定介護予防支援事業所の職務と兼務をしても差し支えない。</td><td>３名以上</td><td>３名以上</td><td>２名以上</td><td>常勤・
非常勤
各１名以上</td></tr>
<tr><td>（3）利用者に関する情報又はサービス提供に当たっての留意事項に係る伝達等を目的とした会議を定期的に開催すること。</td><td colspan="4">○</td></tr>
<tr><td>（4）24 時間連絡体制を確保し、かつ、必要に応じて利用者等の相談に対応する体制を確保していること。</td><td colspan="3">○</td><td>○
連携でも可</td></tr>
<tr><td>（5）算定日が属する月の利用者の総数のうち、要介護状態区分が要介護３、要介護４又は要介護５である者の占める割合が 100 分の 40 以上であること。</td><td>○</td><td colspan="3">×</td></tr>
<tr><td>（6）当該指定居宅介護支援事業所における介護支援専門員に対し、計画的に研修を実施していること。</td><td colspan="3">○</td><td>○
連携でも可</td></tr>
<tr><td>（7）地域包括支援センターから支援が困難な事例を紹介された場合においても、当該支援が困難な事例に係る者に指定居宅介護支援を提供していること。</td><td colspan="4">○</td></tr>
<tr><td>（8）家族に対する介護等を日常的に行っている児童や、障害者、生活困窮者、難病患者等、高齢者以外の対象者への支援に関する知識等に関する事例検討会、研修等に参加していること。</td><td colspan="4">○</td></tr>
<tr><td>（9）居宅介護支援費に係る~~運営基準減算又は~~特定事業所集中減算の適用を受けていないこと。</td><td colspan="4">○</td></tr>
<tr><td>（10）指定居宅介護支援事業所において指定居宅介護支援の提供を受ける利用者数が当該指定居宅介護支援事業所の介護支援専門員１人当たり 45名未満（居宅介護支援費（Ⅱ）を算定している場合は 50名未満）であること。</td><td colspan="4">○</td></tr>
<tr><td>（11）介護支援専門員実務研修における科目「ケアマネジメントの基礎技術に関する実習」等に協力又は協力体制を確保していること（2016 年度の介護支援専門員実務研修受講試験の合格発表の日から適用）。</td><td colspan="3">○</td><td>○
連携でも可</td></tr>
<tr><td>（12）他の法人が運営する指定居宅介護支援事業者と共同で事例検討会、研修会等を実施していること。</td><td colspan="3">○</td><td>○
連携でも可</td></tr>
<tr><td>（13）必要に応じて、多様な主体等が提供する生活支援のサービス（インフォーマルサービスを含む）が包括的に提供されるような居宅サービス計画を作成していること。</td><td colspan="4">○</td></tr>
</table>

介護予防支援費の見直し

＜現行＞		＜改定後＞
介護予防支援費 438 単位	▶	介護予防支援費（Ⅰ） **442** 単位 ※地域包括支援センターのみ
なし		介護予防支援費（Ⅱ） **472** 単位（新設） ※指定居宅介護支援事業者のみ

<table>
<tr><td>なし</td><td>▶</td><td>特別地域介護予防支援加算 所定単位数の15%を加算（新設）
※別に厚生労働大臣が定める地域に所在</td><td rowspan="3">介護予防支援費（Ⅱ）のみ</td></tr>
<tr><td>なし</td><td>▶</td><td>中山間地域等における小規模事業所加算 所定単位数の10%を加算（新設）
※別に厚生労働大臣が定める地域に所在し、かつ別に厚生労働大臣が定める施設基準に適合</td></tr>
<tr><td>なし</td><td>▶</td><td>中山間地域等に居住する者へのサービス提供加算 所定単位数の5%を加算（新設）
※別に厚生労働大臣が定める地域に居住している利用者に対して、通常の事業の実施地域を越えて、指定介護予防支援を行った場合</td></tr>
</table>

制度改正編

質問26 柔軟な取組に向けた報酬改定に何がありますか？

特定事業所加算が見直されています。

ほかには？

総合マネジメント体制強化加算（Ⅰ）が新設されました。

訪問介護では特定事業所加算が見直されています。

訪問介護では、**特定事業所加算**が見直されました。特定事業所加算（Ⅳ）が廃止され、特定事業所加算（Ⅴ）が特定事業所加算（Ⅳ）に変更され、特定事業所加算（Ⅴ）が新設されています。

また、算定要件には「サービス提供者ごとに作成された研修計画」「医療機関・訪問看護ステーションの看護師との連携による24時間連絡体制、訪問介護の提供体制、看取りにおける対応方針の策定、看取りに関する職員研修の実施」「中山間地域等における継続的なサービス提供」「関係職種との共同によるケアプランの見直し」「看取り期の利用者への対応実績」などが追加されています。

総合マネジメント体制強化加算が見直されています。

定期巡回・随時対応型訪問介護看護、小規模多機能型居宅介護、看護小規模多機能型居宅介護では、地域の多様な主体とともに利用者を支える仕組みづくりを促進する観点から、新たな区分として**総合マネジメント体制強化加算**（Ⅰ）が設定され、既存の加算が総合マネジメント体制強化加算（Ⅱ）に変更されました。

また、算定要件に「地域住民の相談対応体制」「包括的な生活支援サービスの提供を可能にするケアプランの作成」「地域住民との連携」「障害福祉サービス事業所・児童福祉施設との協同」「検討化・研修会の実施」「地域支援事業の参加」などが追加されています。

訪問介護における特定事業所加算の見直し

＜現行＞

特定事業所加算（Ⅰ）	所定単位数の 20%を加算
特定事業所加算（Ⅱ）	所定単位数の 10%を加算
特定事業所加算（Ⅲ）	所定単位数の 10%を加算
特定事業所加算（Ⅳ）	所定単位数の 5%を加算
特定事業所加算（Ⅴ）	所定単位数の 3%を加算

＜改定後＞

特定事業所加算（Ⅰ）	所定単位数の 20%を加算	
特定事業所加算（Ⅱ）	所定単位数の 10%を加算	
特定事業所加算（Ⅲ）	所定単位数の 10%を加算	
~~特定事業所加算（Ⅳ）~~	~~所定単位数の 5%を加算~~	（廃止）
特定事業所加算（Ⅳ）	所定単位数の 3%を加算	（変更）
特定事業所加算（Ⅴ）	所定単位数の 3%を加算	（新設）

訪問介護における特定事業所加算の算定要件の見直し

	報酬区分 ▶ 現行の（Ⅳ）を廃止し、現行の（Ⅴ）を（Ⅳ）に、（Ⅴ）を新設 算定要件 ▼ 現行の（6）を（1）に統合、（6）、（7）、（8）、（14）を新設、現行の（12）を削除	（Ⅰ）	（Ⅱ）	（Ⅲ）	（Ⅳ）廃止	~~（Ⅴ）~~→（Ⅳ）	（Ⅴ）新設
		20%	10%	10%	5%	3%	3%
体制要件	（1）訪問介護員等・サービス提供責任者ごとに作成された研修計画に基づく研修の実施 （2）利用者に関する情報又はサービス提供に当たっての留意事項の伝達等を目的とした会議の定期的な開催 （3）利用者情報の文書等による伝達、訪問介護員等からの報告 （4）健康診断等の定期的な実施 （5）緊急時等における対応方法の明示	○	○	○	○ ※（1）除く	○	○
体制要件	~~（6）サービス提供責任者ごとに作成された研修計画に基づく研修の実施~~ ⇒【（1）へ統合】				○		
体制要件	（6）病院、診療所又は訪問看護ステーションの看護師との連携により、24 時間連絡できる体制を確保しており、かつ、必要に応じて訪問介護を行うことができる体制の整備、看取り期における対応方針の策定、看取りに関する職員研修の実施等	○ （※）		○ （※）			
体制要件	（7）通常の事業の実施地域内であって中山間地域等に居住する者に対して、継続的にサービスを提供していること						○
体制要件	（8）利用者の心身の状況またはその家族等を取り巻く環境の変化に応じて、訪問介護事業所のサービス提供責任者等が起点となり、随時、介護支援専門員、医療関係職種等と共同し、訪問介護計画の見直しを行っていること						○
人材要件	（9）訪問介護員等のうち介護福祉士の占める割合が 100 分の 30 以上、又は介護福祉士、実務者研修修了者、並びに介護職員基礎研修課程修了者及び 1 級課程修了者の占める割合が 100 分の 50 以上	○	○				
			または				
人材要件	（10）全てのサービス提供責任者が 3 年以上の実務経験を有する介護福祉士、又は 5 年以上の実務経験を有する実務者研修修了者若しくは介護職員基礎研修課程修了者もしくは 1 級課程修了者	○	○				
人材要件	（11）サービス提供責任者を常勤により配置し、かつ、基準を上回る数の常勤のサービス提供責任者を 1 人以上配置していること ⇒【Ⅲ・Ⅳに追加】			○	○	○	
				または		または	
人材要件	（12）訪問介護員等の総数のうち、勤続年数 7 年以上の者の占める割合が 100 分の 30 以上であること ⇒【Ⅲに追加】			○		○	
重度者等対応要件	（13）利用者のうち、要介護 4、5 である者、日常生活自立度（Ⅲ、Ⅳ、M）である者、たんの吸引等を必要とする者の占める割合が 100 分の 20 以上	○		○			
重度者等対応要件	~~（12）利用者のうち、要介護 3 ～ 5 である者、日常生活自立度（Ⅲ、Ⅳ、M）である者、たんの吸引等を必要とする者の占める割合が 100 分の 60 以上~~ ⇒【削除】	または		または	○		
重度者等対応要件	（14）看取り期の利用者への対応実績が 1 人以上であること（併せて体制要件（6）の要件を満たすこと）	○ （※）		○ （※）			

（※）：加算（Ⅰ）・（Ⅲ）については、重度者等対応要件を選択式とし、（13）または（14）を満たす場合に算定できることとする。また、（14）を選択する場合には（6）を併せて満たす必要がある。

総合マネジメント体制強化加算の見直し

＜現行＞

総合マネジメント体制強化加算 1,000 単位 / 月

＜改定後＞

加算（Ⅰ）：1,200 単位（新設）
加算（Ⅱ）：800 単位（変更）

制度改正編

質問27 在宅医療ニーズ対応に向けた報酬改定に何がありますか？①

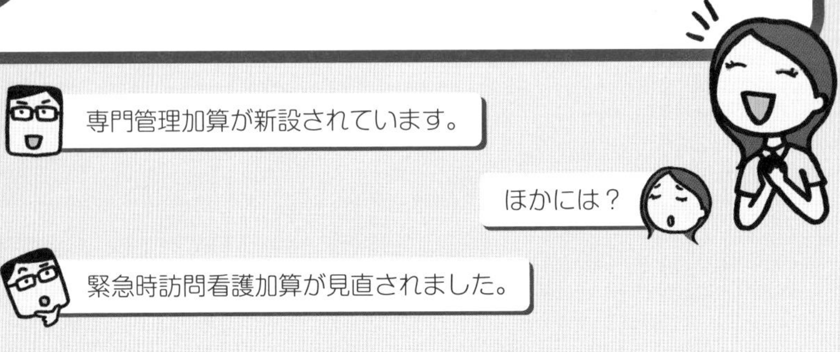

訪問看護などでは専門管理加算が新設されました。

訪問看護、看護小規模多機能型居宅介護では、適切かつより質の高い訪問看護を提供する観点から、**専門管理加算**が新設されました。専門研修を受けた看護師が、鎮痛療法または化学療法を行っているがん患者や真皮を越える褥瘡状態の患者や人工肛門・人工膀胱を増設している患者などに訪問看護を提供したり、特定行為研修を修了した看護師が、気管カニューレや胃ろう・腸ろうカテーテルや胃ろうボタンの交換、褥瘡または慢性創傷の治療における血流のない壊死組織の除去、創傷に対する陰圧閉鎖療法、持続点滴中の高カロリー輸液の投与量の調整、脱水状態に対する輸液による補正を実施した際に算定します。

緊急時訪問看護加算が緊急時対応加算に変更されました。

看護小規模多機能型居宅介護では、利用者の柔軟な利用を促進する観点から、サービス提供回数が少ない場合（週平均 1 回に満たない場合など）には**基本報酬**が減算され、計画外で緊急時に宿泊する際の緊急時訪問看護加算が**緊急時対応加算**に変更されました。

また訪問看護では、円滑な在宅移行を推進する観点から、看護師が退院・退所当日に初回訪問することを評価する**初回加算（Ⅰ）**が新設されました。初回加算（Ⅰ）を算定するには、退院・退所日当時に初回の訪問看護の提供が求められます。なお、初回加算（Ⅱ）を算定する場合には算定できません。

専門管理加算の新設

単位数

<現行>
なし

<改定後>
専門管理加算　250 単位 / 月（新設）

算定要件等

○別に厚生労働大臣が定める基準に適合しているものとして都道府県知事に届け出た指定訪問看護事業所の緩和ケア、褥瘡ケアもしくは人工肛門ケアおよび人工膀胱ケアにかかわる専門の研修を受けた看護師または特定行為研修を修了した看護師が、指定訪問看護の実施に関する計画的な管理を行った場合には、所定単位数に加算する。（新設）

イ 緩和ケア、褥瘡ケア、人工肛門ケア、人工膀胱ケアにかかわる専門の研修を受けた看護師が計画的な管理を行った場合
- 悪性腫瘍の鎮痛療法または化学療法を行っている利用者
- 悪性腫瘍の鎮痛療法または化学療法を行っている利用者
- 真皮を越える褥瘡の状態にある利用者
- 人工肛門又は人工膀胱を造設している者で管理が困難な利用者

ロ 特定行為研修を修了した看護師が計画的な管理を行った場合
- 診療報酬における手順書加算を算定する利用者

※対象の特定行為：気管カニューレの交換、胃ろうカテーテル若しくは腸ろうカテーテル又は胃ろうボタンの交換、膀胱ろうカテーテルの交換、褥瘡または慢性創傷の治療における血流のない壊死組織の除去、創傷に対する陰圧閉鎖療法、持続点滴中の高カロリー輸液の投与量の調整、脱水症状に対する輸液による補正

緊急時訪問看護加算の見直し

<現行>
ヲ 緊急時訪問看護加算 574 単位 / 月
利用者の同意を得て、利用者又はその家族等に対して当該基準により 24 時間連絡できる体制にあって、かつ、計画的に訪問することとなっていない緊急時における訪問を必要に応じて行う体制にある場合（訪問看護サービスを行う場合に限る。）には、1 月につき所定単位数を加算する。

<改定後>
ヲ 緊急時対応加算 774 単位 / 月
利用者の同意を得て、利用者またはその家族などに対して当該基準により 24 時間連絡できる体制にあって、かつ計画的に訪問することとなっていない緊急時における訪問および計画的に宿泊することとなっていない緊急時における宿泊を必要に応じて行う体制にある場合（訪問については、訪問看護サービスを行う場合に限る）には、1 月につき所定単位数を加算する。

訪問看護の初回加算（Ⅰ）の新設

単位数

<現行>
初回加算　300 単位 / 月

<改定後>
初回加算（Ⅰ）　350 単位 / 月（新設）
初回加算（Ⅱ）　300 単位 / 月

算定要件等

○初回加算（Ⅰ）（新設）
新規に訪問看護計画書を作成した利用者に対して、病院、診療所又は介護保険施設から退院又は退所した日に指定訪問看護事業所の看護師が初回の指定訪問看護を行った場合は、1 月につき所定単位数を加算する。ただし、（Ⅱ）を算定している場合は、算定しない。

○初回加算（Ⅱ）
新規に訪問看護計画書を作成した利用者に対して、病院、診療所又は介護保険施設から退院又は退所した日の翌日以降に初回の指定訪問看護を行った場合は、1 月につき所定単位数を加算する。ただし、（Ⅰ）を算定している場合は、算定しない。

質問28 在宅医療ニーズ対応に向けた報酬改定に何がありますか？②

在宅の薬物療法の報酬が新設されました。

療養通所介護では？

短期利用型の区分が新設されています。

在宅患者への薬物療法の報酬が新設されました。

居宅療養管理指導では、医療用麻薬持続注射療法の患者に対する薬学的管理・指導を評価する**医療用麻薬持続注射療法加算**、在宅中心静脈栄養法の患者に対する薬学的管理・指導を評価する**在宅中心静脈栄養法加算**が新設されました。医療用麻薬持続注射療法加算の算定には麻薬小売業者の免許と高度管理医療機器の販売業の許可、在宅中心静脈栄養法加算の算定には高度管理医療機器の販売業の許可と管理医療機器の販売業の届出が求められます。

なお、終末期におけるがん以外の在宅患者への薬学管理の算定要件には、注射による麻薬投与の患者であることが追加されました。

療養通所介護では短期利用型の区分が設けられました。

療養通所介護では、基本報酬に短期利用型の新たな区分を設けられました。この**短期利用療養通所介護費**の算定には、「利用者の状態や家族などの事情によってケアマネジャーが緊急利用を認めること」「あらかじめ⑦日以内の利用期間を定めること」「決められた職員数を満たしていること」「療養通所介護費の減算を算定していないこと」が求められます。

また、重度の利用者へのサービスを安定提供する体制を評価するため、**重度ケア体制加算**が新設されています。その算定には、「看護職員を常勤換算で３以上」「決められた研修を看護師を１以上」などが求められます。

医療用麻薬持続注射療法加算などの新設

単位数

＜現行＞
なし

＜改定後＞
医療用麻薬持続注射療法加算　250 単位 / 回（新設）
在宅中心静脈栄養法加算　150 単位 / 回（新設）

短期利用療養通所介護費の新設

単位数

＜現行＞
なし

＜改定後＞
短期利用療養通所介護費（1 日につき）　1,335 単位（新設）

算定要件等

○短期利用療養通所介護費を算定すべき指定療養通所介護の基準（新設）
　次に掲げる基準のいずれにも適合すること。

イ 利用者の状態や利用者の家族等の事情により、指定居宅介護支援事業所の介護支援専門員が、緊急に利用することが必要と認めた場合であること。
ロ 利用の開始に当たって、あらかじめ 7 日以内（利用者の日常生活上の世話を行う家族等の疾病等やむを得ない事情がある場合は 14 日以内）の利用期間を定めること。
ハ 指定地域密着型サービス基準第 40 条に定める従業者の員数を置いていること。
ニ 当該指定療養通所介護事業所が療養通所介護費の減算（※）を算定していないこと。

※ 入浴介助を行わない場合に所定単位数の 95/100 で算定、過少サービスの場合に所定単位数の 70/100 で算定

重度者ケア体制加算の新設

単位数

＜現行＞
なし

＜改定後＞
重度者ケア体制加算　150 単位（新設）

算定要件等

○療養通所介護費における重度者ケア体制加算の基準（新設）
　次のいずれにも適合すること。

イ 指定地域密着型サービス基準第 40 条第 2 項に規定する看護師の員数に加え、看護職員を常勤換算方法で 3 以上確保していること。
ロ 指定療養通所介護従業者のうち、指定研修機関において行われる研修等（※）を修了した看護師を 1 以上確保していること。
ハ 指定療養通所介護事業者が指定訪問看護事業者の指定を併せて受け、かつ、一体的に事業を実施していること。

※ 認定看護師教育課程、専門看護師教育課程、特定行為に係る看護師の研修制度により厚生労働大臣が指定する指定研修機関において行われる研修

制度改正編

質問29 在宅医療ニーズ対応に向けた報酬改定に何がありますか？③

リハビリ計画書の受け取りが義務化されます。

そのほかには？

入院時情報連携加算が見直されました。

訪問リハビリなどでは退院時共同指導加算が新設されました。

訪問リハビリテーション、通所リハビリテーションでは、退院後早期に連続的で質の高いリハビリを実施する観点から、入院中に医療機関が作成した**リハビリテーション計画書**の受け取りとその内容把握が義務化されるとともに、退院前に多職種で共同指導したことを評価する**退院時共同指導加算**が新設されました。

退院時共同指導加算の算定には、リハビリテーション事業所の理学療法士、作業療法士、言語聴覚士が、利用者が入院していた医療機関の主治医、理学療法士などとともに退院前カンファレンスに参加し、そこでの内容を在宅でのリハビリテーション計画に反映させることが求められます。

居宅介護支援では入院時情報連携加算が見直されました。

居宅介護支援では、入院時の迅速な情報連携をさらに促進する観点から、**入院時情報連携加算**が見直されました。また、入院時情報連携加算の算定要件は、「入院後３日以内又は入院後７日以内に病院または診療所の職員に対して利用者の情報を提供する」から「入院当日中または入院後３日以内に病院または診療所の職員に対して情報提供する」に変更されています。またその際には、情報には入院日以前の情報が含まれること、事業所の休業日などを配慮して算定要件を設定すること（例：営業時間終了後に入院し、入院日の３日後が営業日でない場合、その翌日を含む）が求められます。

医療機関のリハビリ計画書受取りの義務化

入院中に
リハビリテーションを
実施した医療機関

リハビリテーション実施計画書等の提供

リハビリテーション実施計画書等

入院中に実施していたリハビリテーションにかかわる情報、利用者の健康状態、心身機能・構造、活動・参加、目標、実施内容、リハビリテーション実施に際しての注意点等

リハビリテーション
事業所

リハビリテーション実施計画書等の入手・内容の把握

退院時共同指導加算の新設

単位数

＜現行＞		＜改定後＞
なし	▶	**退院時共同指導加算** 600単位／回（新設）

算定要件等

（訪問リハビリテーションの場合）

○病院または診療所に入院中の者が退院するにあたり、訪問リハビリテーション事業所の医師または理学療法士、作業療法士もしくは言語聴覚士が、退院前カンファレンスに参加し、退院時共同指導※を行った後に、当該者に対する初回の訪問リハビリテーションを行った場合に、当該退院につき1回に限り、所定単位数を加算する。（新設）

※ 利用者またはその家族に対して、病院又は診療所の主治の医師、理学療法士、作業療法士、言語聴覚士その他の従業者と利用者の状況等に関する情報を相互に共有した上で、在宅でのリハビリテーションに必要な指導を共同して行い、その内容を在宅でのリハビリテーション計画に反映させることをいう。

入院情報連携加算の見直し

単位数・算定要件等　※（Ⅰ）（Ⅱ）のいずれかを算定

＜現行＞		＜改定後＞
入院時情報連携加算（Ⅰ） 200単位／月 利用者が病院または診療所に入院してから3日以内に、当該病院または診療所の職員に対して当該利用者にかかわる必要な情報を提供していること。	▶	**入院時情報連携加算（Ⅰ）** 250単位／月（変更） 利用者が病院または診療所に入院した日のうちに、当該病院または診療所の職員に対して当該利用者に係る必要な情報を提供していること。 ※ 入院日以前の情報提供を含む。 ※ 営業時間終了後又は営業日以外の日に入院した場合は、入院日の翌日を含む。
入院時情報連携加算（Ⅱ） 100単位／月 利用者が病院又は診療所に入院してから4日以上7日以内に、当該病院又は診療所の職員に対して当該利用者に係る必要な情報を提供していること。	▶	**入院時情報連携加算（Ⅱ）** 200単位／月（変更） 利用者が病院または診療所に入院した日の翌日または翌々日に、当該病院又は診療所の職員に対して当該利用者に係る必要な情報を提供していること。 ※ 営業時間終了後に入院した場合であって、入院日から起算して3日目が営業日でない場合は、その翌日を含む。

制度改正編

質問30 施設医療ニーズ対応に向けた報酬改定に何がありますか？①

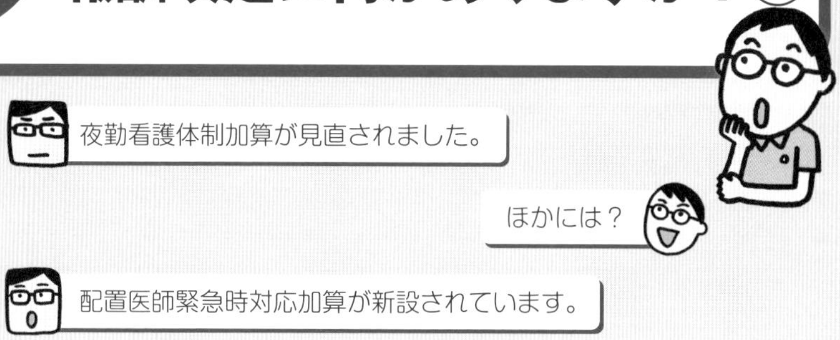

特定施設では夜勤看護体制加算が見直されました。

特定施設入居者生活介護、地域密着型特定施設入居者生活介護では、医療的ケアを要する者の積極的な受入れを促進する観点から、「夜勤または宿直の看護職員の配置」を行う区分として**夜勤看護体制加算**（Ⅰ）が新設され、既存の夜勤看護体制加算は夜間看護体制加算（Ⅱ）に変更されました。夜勤看護体制加算（Ⅰ）の算定要件は、「常勤の看護師の数が 1 名以上」「夜勤または宿直を行う看護職員の数が 1 名以上」「重度化した場合の対応指針を定めること」「対応指針を利用者や家族に説明し同意を得ること」などです。なお、夜間看護体制加算（Ⅱ）の算定には、24 時間連絡できる体制の確保が求められます。

特養では配置医師緊急時対応加算が新設されました。

介護老人福祉施設、地域密着型介護老人福祉施設入所者生活介護では、早朝・夜間及び深夜にのみ算定可能だった**配置医師緊急時対応加算**について、日中でも配置医師が通常の勤務時間外（早朝、夜間・深夜を除く）に駆けつけ対応を行った場合を評価する区分が新設されました。

また、介護老人福祉施設、地域密着型介護老人福祉施設入所者生活介護では、透析が必要な者の受入れに係る負担を軽減する観点から、定期的な透析を必要とする入所者でやむを得ない事由がある者について、施設職員が月 12 回以上の送迎を行った場合を評価する**特別通院送迎加算**が新設されました。

夜間看護体制加算の見直し

単位数

< 現行 >

夜間看護体制加算 10 単位 / 日

< 改定後 >

夜間看護体制加算（Ⅰ） 18 単位 / 日（新設）
夜間看護体制加算（Ⅱ） 9 単位 / 日（変更）

算定要件等

< 夜間看護体制加算（Ⅰ）>（新設）

（1）常勤の看護師を 1 名以上配置し、看護に係る責任者を定めていること。
（2）夜勤又は宿直を行う看護職員の数が 1 名以上であって、かつ、必要に応じて健康上の管理等を行う体制を確保していること。
（3）重度化した場合における対応に係る指針を定め、入居の際に、利用者またはその家族等に対して、当該指針の内容を説明し、同意を得ていること。

< 夜間看護体制加算（Ⅱ）> ※現行の夜間看護体制加算の算定要件と同様

（1）夜間看護体制加算（Ⅰ）の（1）および（3）に該当すること。
（2）看護職員により、または病院もしくは診療所もしくは訪問看護ステーションとの連携により、利用者に対して、24 時間連絡できる体制を確保し、かつ、必要に応じて健康上の管理などを行う体制を確保していること。

配置医師緊急時対応加算の見直し

単位数

< 現行 >

配置医師緊急時対応加算
なし

早朝・夜間の場合 650 単位 / 回
深夜の場合 1,300 単位 / 回

< 改定後 >

配置医師緊急時対応加算
配置医師の通常の勤務時間外の場合 325 単位 / 回（新設）
（早朝・夜間および深夜を除く）
早朝・夜間の場合 650 単位 / 回
深夜の場合 1,300 単位 / 回

算定要件等

○次の基準に適合しているものとして届出を行った介護老人福祉施設において、配置医師が施設の求めに応じ、早朝（午前 6 時から午前 8 時まで）、夜間（午後 6 時から午後 10 時まで）、深夜（午後 10 時から午前 6 時まで）、または配置医師の通常の勤務時間外（早朝、夜間、深夜を除く）に施設を訪問して入所者に対し診療を行い、かつ、診療を行った理由を記録した場合に所定単位数を算定する。ただし、看護体制加算（Ⅱ）を算定していない場合は、算定しない。

・入所者に対する注意事項や病状等についての情報共有、曜日や時間帯ごとの医師との連絡方法、診療を依頼する場合の具体的状況などについて、配置医師と施設の間で、具体的な取決めがなされていること。
・複数名の配置医師を置いていること、または配置医師と協力医療機関の医師が連携し、施設の求めに応じ 24 時間対応できる体制を確保していること。

特別通院送迎加算の新設

単位数

< 現行 >

なし

< 改定後 >

特別通院送迎加算 594 単位 / 月（新設）

算定要件等

○透析を要する入所者であって、その家族や病院などによる送迎が困難であるなど、やむを得ない事情があるものに対して、1 月に 12 回以上、通院のため送迎を行った場合（新設）

制度改正編

質問31 施設医療ニーズ対応に向けた報酬改定に何がありますか？②

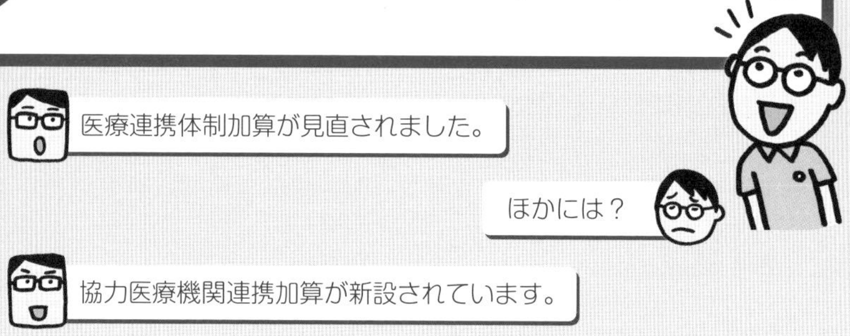

グループホームでは医療連携体制加算が見直されました。

認知症対応型共同生活介護では、看護体制の整備や医療的ケアが必要な者の受入れを評価する観点から、**医療連携体制加算**が見直されました。既存の医療連携体制加算（Ⅰ）～（Ⅲ）が医療連携体制加算（Ⅰ）のイ、ロ、ハに変更され、医療連携体制加算（Ⅱ）が新たに設定されています。

また医療連携体制加算（Ⅱ）の算定要件は、医療的ケアを必要とする者の対象に、「留置カテーテルを使用している状態」「インスリン注射を実施している状態」が加えられました。ただし、医療連携体制加算（Ⅱ）の算定には、算定日が属する月の前３か月間に医療ケアを必要とする者の入居が求められます。

特定施設などでは協力医療機関連携加算が新設されました。

特定施設入居者生活介護、地域密着型特定施設入居者生活介護、認知症対応型共同生活介護、介護老人福祉施設、地域密着型介護老人福祉施設入所者生活介護、介護老人保健施設、介護医療院では、協力医療機関との実効性のある連携体制を構築するため、入所者または入居者の現病歴等の情報共有を行う会議を定期的に開催することを評価する**協力医療機関連携加算**が新設されました。

なお、特定施設や介護保険施設と連携する協力医療機関には、「病状急変時の医師または看護職員による相談対応体制」「施設からの要請時の診療実施体制」「病状急変時の入院受入体制」の確保が求められます。

医療連携体制加算の見直し

	医療連携体制加算（Ⅰ）		イ	ロ	ハ
体制評価	単位数		57 単位 / 日	47 単位 / 日	37 単位 / 日
	算定要件	看護体制要件	・事業所の職員として看護師を常勤換算で 1 名以上配置していること	・事業所の職員として看護職員を常勤換算で 1 名以上配置していること	・事業所の職員として、または病院、診療所、もしくは訪問看護ステーションとの連携により、看護師を 1 名以上確保していること
			・事業所の職員である看護師、または病院、診療所、もしくは訪問看護ステーションの看護師との連携により、24 時間連絡できる体制を確保していること		
		指針の整備要件	・重度化した場合の対応に係る指針を定め、入居の際に、利用者またはその家族等に対して、当該指針の内容を説明し、同意を得ていること		
受入評価	医療連携体制加算（Ⅱ）		医療連携体制加算（Ⅰ）のいずれかを算定していることが要件		
	単位数		5 単位 / 日		
	算定要件	医療的ケアが必要な者の受入要件	・算定日が属する月の前 3 月間において、次のいずれかに該当する状態の入居者が 1 人以上であること （1）喀痰吸引を実施している状態 （2）呼吸障害等により人工呼吸器を使用している状態 （3）中心静脈注射を実施している状態 （4）人工腎臓を実施している状態 （5）重篤な心機能障害、呼吸障害等により常時モニター測定を実施している状態 （6）人工膀胱又は人工肛門の処置を実施している状態 （7）経鼻胃管や胃瘻等の経腸栄養が行われている状態 （8）褥瘡に対する治療を実施している状態 （9）気管切開が行われている状態 （10）留置カテーテルを使用している状態 （11）インスリン注射を実施している状態		

協力医療機関連携加算の新設

単位数

【介護老人福祉施設、地域密着型介護老人福祉施設、介護老人保健施設、介護医療院】

＜現行＞	＜改定後＞
なし	協力医療機関連携加算 協力医療機関が（1）右記の①～③の要件を満たす場合 100 単位 / 月（2024 年度）　50 単位 / 月（2025 年度～）（新設） 協力医療機関が（2）それ以外の場合 5 単位 / 月（新設）

【特定施設入居者生活介護、地域密着型特定施設入居者生活介護】

＜現行＞	＜改定後＞
医療機関連携加算 80 単位 / 月	協力医療機関連携加算 協力医療機関が（1）右記の 1～3 の要件を満たす場合 100 単位 / 月（変更） 協力医療機関が（2）それ以外の場合 40 単位 / 月（変更）

【認知症対応型共同生活介護】

＜現行＞	＜改定後＞
なし	協力医療機関連携加算 協力医療機関が（1）右記の 1～3 の要件を満たす場合 100 単位 / 月（新設） 協力医療機関が（2）それ以外の場合 40 単位 / 月（新設）

協力医療機関の要件

①入所者などの病状が急変した場合などにおいて、医師または看護職員が相談対応を行う体制を常時確保していること

②高齢者施設などからの診療の求めがあった場合において、診療を行う体制を常時確保していること

③入所者などの病状が急変した場合などにおいて、入院を要すると認められた入所者などの入院を原則として受け入れる体制を確保していること

算定要件等

○協力医療機関との間で、入所者などの同意を得て、当該入所者などの病歴などの情報を共有する会議を定期的に開催していること（新設）

制度改正編

質問32 施設医療ニーズ対応に向けた報酬改定に何がありますか？③

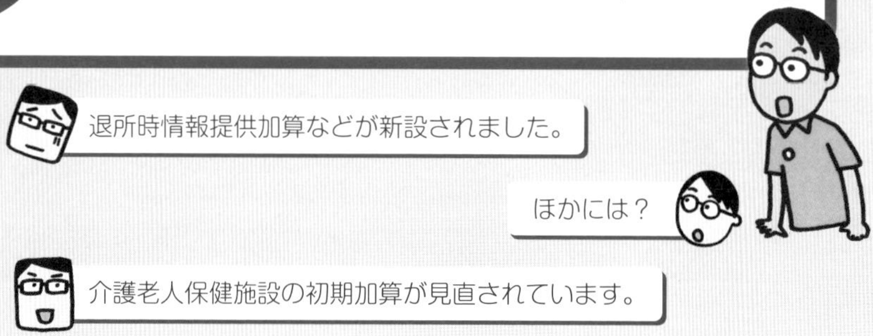

退所時情報提供加算と退居時情報提供加算が新設されました。

介護老人保健施設、介護医療院では、入所者が居宅へ退所した場合の情報提供を評価する**退所時情報提供加算**が退所時情報提供加算（Ⅰ）に変更され、入所者が医療機関に対処した場合の情報提供を評価する退所時情報提供加算（Ⅱ）が新設されました。

また、介護老人福祉施設、地域密着型介護老人福祉施設入所者生活介護では、入所者が居宅へ退所した場合の情報提供を評価する**退所時情報提供加算**が新設され、特定施設入居者生活介護、地域密着型特定施設入居者生活介護、認知症対応型共同生活介護では、入居者が居宅へ退所した場合の情報提供を評価する**退居時情報提供加算**が新設されています。

介護老人保健施設では初期加算が見直されました。

介護老人保健施設では、入院による要介護者の ADL の低下などを防ぐ観点から、特に急性期の医療機関から介護老人保健施設への受入れを評価する**初期加算**が見直され、既存の初期加算が初期加算（Ⅱ）に変更され、初期加算（Ⅰ）が新設されました。初期加算（Ⅰ）は、「空床情報を地域医療機関と共有」「空床情報をウェブサイトに公表」している介護老人保健施設において、急性期医療機関の一般病棟から入院後 30 日以内に退院し、介護老人保健施設に入所した者 1 人につき、1 日につき所定単位数を加算します。

ただし、初期加算（Ⅱ）を算定している場合、初期加算（Ⅰ）は算定しません。

退所時・退去時情報提供加算の見直し

単位数

【介護老人保健施設、介護医療院】

＜現行＞		＜改定後＞
退所時情報提供加算 500単位／回	▶	退所時情報提供加算（Ⅰ） 500単位／回 **退所時情報提供加算（Ⅱ）** 250単位／回（新設）

【特定施設入居者生活介護、地域密着型特定施設入居者生活介護、認知症対応型共同生活介護、介護老人福祉施設、地域密着型介護老人福祉施設入所者生活介護】

＜現行＞		＜改定後＞
なし	▶	**退所時情報提供加算** 250単位／回（介護老人福祉施設）（新設） **退居時情報提供加算** 250単位／回（特定施設、認知症対応型共同生活介護）（新設）

算定要件等

【介護老人保健施設、介護医療院】

＜退所時情報提供加算（Ⅰ）＞ 入所者が居宅へ退所した場合（新設）

○居宅へ退所する入所者について、退所後の主治の医師に対して入所者を紹介する場合、入所者の同意を得て、当該入所者の診療情報心身の状況、生活歴等を示す情報を提供した場合に、入所者1人につき1回に限り算定する。

【介護老人保健施設、介護医療院】

＜退所時情報提供加算（Ⅱ）＞ 入所者等が**医療機関**へ退所した場合（新設）

【特定施設入居者生活介護、地域密着型特定施設入居者生活介護、認知症対応型共同生活介護、介護老人福祉施設、地域密着型介護老人福祉施設入所者生活介護】

＜退所時情報提供加算、退居時情報提供加算＞

○医療機関へ退所する入所者などについて、退所後の医療機関に対して入所者などを紹介する際、入所者などの同意を得て、当該入所者などの心身の状況、生活歴などを示す情報を提供した場合に、入所者など1人につき1回に限り算定する。

患者受入れの初期加算の見直し

単位数

＜現行＞		＜改定後＞
初期加算 30単位／日	▶	**初期加算（Ⅰ）** 60単位／日（新設） 初期加算（Ⅱ） 30単位／日

算定要件等

＜初期加算（Ⅰ）＞（新設）

○次に掲げる基準のいずれかに適合する介護老人保健施設において、急性期医療を担う医療機関の一般病棟への入院後30日以内に退院し、介護老人保健施設に入所した者について、1日につき所定単位数を加算する。ただし、初期加算（Ⅱ）を算定している場合は、算定しない。

・当該介護老人保健施設の空床情報について、地域医療情報連携ネットワークなどを通じ、地域の医療機関に定期的に情報を共有していること。
・当該介護老人保健施設の空床情報について、当該介護老人保健施設のウェブサイトに定期的に公表するとともに、急性期医療を担う複数医療機関の入退院支援部門に対し、定期的に情報共有を行っていること。

＜初期加算（Ⅱ）＞

○入所した日から起算して30日以内の期間については、初期加算（Ⅱ）として、1日につき所定単位数を加算する。ただし、初期加算（Ⅰ）を算定している場合は、算定しない。

制度改正編

質問33 在宅での看取り対応に向けた報酬改定に何がありますか？

看取り連携体制加算が新設されました。

ほかには？

ターミナルケア加算が増額されます。

訪問入浴介護では看取り連携体制加算が新設されました。

訪問入浴介護では、看取り期の利用者へのサービス提供と対応、医師・訪問看護師等の多職種との連携体制を推進する観点から、事業所の看取り対応体制の整備を評価する**看取り連携体制加算**が新設されました。

事業所の看取り対応体制の整備にあたっては、医療機関や訪問看護ステーションとの連携による利用者の状況などに応じた対応（訪問入浴介護日の連絡・調整、必要に応じた訪問看護の提供など）を可能にする連絡体制の確保、利用開始時の利用者または家族への対応方針の説明と同意、そして看取りに関する職員研修の実施などが求められます。

訪問看護などのターミナルケア加算が増額されました。

訪問看護、定期巡回･随時対応型訪問介護看護、看護小規模多機能型居宅介護では、介護保険の訪問看護のターミナルケアが医療保険のターミナルケアと同様であることを踏まえて、**ターミナルケア加算**が増額されました。

また、訪問看護、看護小規模多機能型居宅介護では、診療報酬における対応との整合性を図る観点から、情報通信機器を用いた死亡診断の補助を評価する**遠隔死亡診断補助加算**が新設されました。遠隔死亡診断補助加算の算定には、看取りの研修を受けた看護師が、主治医の指示に基づいて、情報通信機器を用いて医師の死亡診断を補助することが求められます。

看取り連携体制加算の新設

単位数

＜現行＞
なし

＜改定後＞
看取り連携体制加算　64単位／回（新設）
※死亡日及び死亡日以前30日以下に限る

算定要件等

○利用者基準

イ 医師が一般に認められている医学的知見に基づき回復の見込みがないと診断した者であること。
ロ 看取り期における対応方針に基づき、利用者の状態または家族の求めなどに応じ、介護職員、看護職員などから介護記録等利用者に関する記録を活用して行われるサービスについての説明を受け、同意した上でサービスを受けている者（その家族等が説明を受け、同意した上でサービスを受けている者を含む）であること。

○事業所基準

イ 病院、診療所または訪問看護ステーション（以下「訪問看護ステーション等」という）との連携により、利用者の状態などに応じた対応ができる連絡体制を確保し、かつ、必要に応じて当該訪問看護ステーションなどにより訪問看護などが提供されるよう訪問入浴介護を行う日時を当該訪問看護ステーションなどと調整していること。
ロ 看取り期における対応方針を定め、利用開始の際に、利用者またはその家族などに対して、当該対応方針の内容を説明し、同意を得ていること。
ハ 看取りに関する職員研修を行っていること。

ターミナルケア加算の見直し

＜現行＞
ターミナルケア加算　2,000単位／死亡月

＜改定後＞
ターミナルケア加算　**2,500**単位／死亡月（変更）

遠隔死亡診断補助加算の新設

単位数

＜現行＞
なし

＜改定後＞
遠隔死亡診断補助加算　150単位／回（新設）

算定要件等

○情報通信機器を用いた在宅での看取りに係る研修を受けた看護師が、死亡診断加算を算定する利用者（別に厚生労働大臣が定める地域に居住する利用者に限る）について、その主治医の指示に基づき、情報通信機器を用いて医師の死亡診断の補助を行った場合は、遠隔死亡診断補助加算として、所定単位数に加算する。（新設）

制度改正編

質問34 施設での看取り対応に向けた報酬改定に何がありますか？

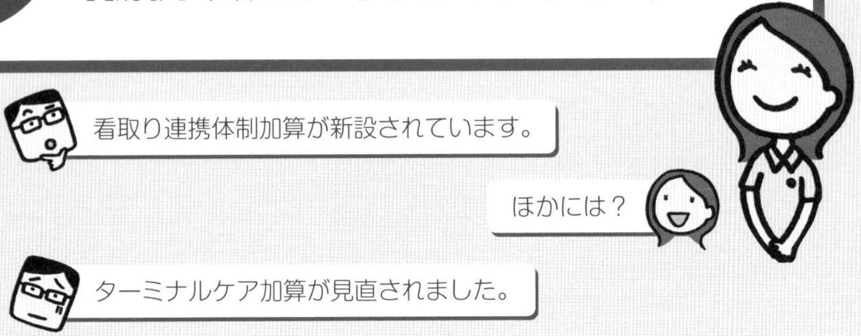

ショートステイでは看取り連携体制加算が新設されました。

短期入所生活介護では、看取り期の利用者に対するサービス提供体制の強化を図る観点から、**看取り連携体制加算**が新設されました。看取り連携体制加算の算定には、「看護体制加算（Ⅱ）または（Ⅳ）のイまたはロを算定」「看護体制加算（Ⅰ）または（Ⅲ）のイまたはロを算定し、24 時間連絡できる体制を確保していること」「看取り期の対応方針を決め、利用開始時に利用者や家族に方針を説明し、同意を得ていること」などが求められます。

なお、看取り連携体制加算の算定は、死亡日および死亡日以前 30 日以下について、7 日が限度となります。

老健ではターミナルケア加算が見直されました。

介護老人保健施設では、在宅復帰・在宅療養支援を行う施設における看取りへの対応を適切に評価する観点から、**ターミナルケア加算**が見直されました。死亡日以前 31 日以上 45 日以下の区分の評価を下げる一方、死亡日の前日、前々日、死亡日の区分の評価を引き上げています。

ターミナルケア加算の算定には、「医師が回復の見込みがないと診断」「入所者や家族の同意を得てターミナルケアの計画を作成」「医師、看護師、介護職員、管理栄養士などが共同で、随時入所者や家族に説明し、同意の上でターミナルケアを提供」などが求められます。

看取り連携体制加算の新設

単位数

＜現行＞		＜改定後＞
なし	▶	**看取り連携体制加算**　64単位／回（新設） ※死亡日及び死亡日以前30日以下について7日を限度として算定可能

算定要件等

○次のいずれかに該当すること。（新設）

1 看護体制加算（Ⅱ）または（Ⅳ）イもしくはロを算定していること。
2 看護体制加算（Ⅰ）または（Ⅲ）イもしくはロを算定しており、かつ、短期入所生活介護事業所の看護職員により、または病院、診療所、訪問看護ステーション、もしくは本体施設の看護職員との連携により24時間連絡できる体制を確保していること。

○看取り期における対応方針を定め、利用開始の際に、利用者またはその家族などに対して当該対応方針の内容を説明し、同意を得ていること。

ターミナルケア加算の見直し

単位数

＜現行＞		＜改定後＞
死亡日45日前～31日前　80単位／日	▶	死亡日45日前～31日前　**72**単位／日（変更）
死亡日30日前～4日前　160単位／日		変更なし
死亡日前々日、前日　820単位／日		死亡日前々日、前日　**910**単位／日（変更）
死亡日　1,650単位／日		死亡日　**1,900**単位／日

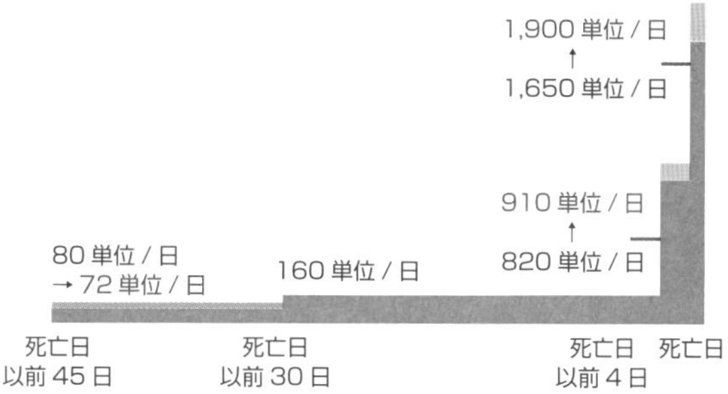

算定要件等

○以下のいずれにも適合している入所者であること（現行通り）

1 医師が一般的に認められている医学的知見に基づき回復の見込みがないと診断した者であること。
2 入所者またはその家族などの同意を得て、入所者のターミナルケアにかかわる計画が作成されていること（※）。
3 医師、看護師、介護職員、支援相談員、管理栄養士などが共同して、入所者の状態または家族の求めなどに応じて、随時、本人またはその家族への説明を行い、同意を得てターミナルケアが行われていること。

※1「人生の最終段階における医療・ケアの決定プロセスに関するガイドライン」などの内容に沿った取組を行うこと。
※2 計画の作成にあたり、本人の意思を尊重した医療・ケアの方針決定に対する支援に努めること。

制度改正編

質問35 感染症や災害への対応に向けた報酬改定に何がありますか?

高齢者施設等感染対策向上加算が新設されました。

ほかには？

新興感染症等施設療養費も新設されています。

高齢者施設等感染対策向上加算が新設されました。

特定施設入居者生活介護、地域密着型特定施設入居者生活介護、認知症対応型共同生活介護、介護老人福祉施設、地域密着型介護老人福祉施設入所者生活介護、介護老人保健施設、介護医療院では、施設内で感染者が発生した場合に感染者の療養や入所者等への感染拡大防止が求められることから、**高齢者施設等感染対策向上加算**が新設されました。

高齢者施設等感染対策向上加算の算定には、協力医療機関との連携体制構築や対応の取り決め、定期的な感染対策の研修参加、一定要件を満たす医療機関による感染制御の実地指導の受講が求められます。

新興感染症等施設療養費も新設されています。

特定施設入居者生活介護、地域密着型特定施設入居者生活介護、認知症対応型共同生活介護、介護老人福祉施設、地域密着型介護老人福祉施設入所者生活介護、介護老人保健施設、介護医療院では、医療機関との連携体制を確保した上で、感染症に感染した高齢者の施設内での療養と早期の事業再開を評価する**新興感染症等施設療養費**が新設されました。

また、居宅療養管理指導と特定福祉用具販売以外のサービスでは、感染症や非常災害の発生時に向けた非常時の体制や早期の業務再開を図るための業務継続計画が未策定の場合に、基本報酬を減算する**業務継続計画未実施減算**が新設されました。

高齢者施設等感染対策向上加算の新設

単位数

＜現行＞		＜改定後＞
なし	▶	**高齢者施設等感染対策向上加算（Ⅰ）** 10単位/月（新設） **高齢者施設等感染対策向上加算（Ⅱ）** 5単位/月（新設）

算定要件等

＜高齢者施設等感染対策向上加算（Ⅰ）＞（新設）

○協定指定医療機関との間で、新興感染症の発生時等の対応を行う体制を確保していること。
○協力医療機関等との間で新興感染症以外の一般的な感染症の発生時等の対応を取り決めるとともに、感染症の発生時などに協力医療機関などと連携し適切に対応していること。
○診療報酬における感染対策向上加算または外来感染対策向上加算にかかわる届出を行った医療機関または地域の医師会が定期的に行う院内感染対策に関する研修または訓練に1年に1回以上参加していること。

＜高齢者施設等感染対策向上加算（Ⅱ）＞（新設）

○診療報酬における感染対策向上加算にかかわる届出を行った医療機関から、3年に1回以上施設内で感染者が発生した場合の感染制御などにかかわる実地指導を受けていること。

新興感染症等施設療養費の新設

単位数

＜現行＞		＜改定後＞
なし	▶	**新興感染症等施設療養費** 240単位/日（新設）

算定要件等

○入所者などが別に厚生労働大臣が定める感染症※に感染した場合に相談対応、診療、入院調整などを行う医療機関を確保し、かつ、当該感染症に感染した入所者などに対し、適切な感染対策を行った上で、該当する介護サービスを行った場合に、1月に1回、連続5日を限度として算定する。

※ 現時点において指定されている感染症はない。

業務継続計画未実施減算の新設

単位数

＜現行＞		＜改定後＞
なし	▶	**業務継続計画未策定減算** **施設・居住系サービス** 所定単位数の100分の3に相当する単位数を減算（新設） **その他のサービス** 所定単位数の100分の1に相当する単位数を減算（新設）

※ 2006年度に施設・居住系サービスに身体拘束廃止未実施減算を導入した際は、5単位/日減算であったが、各サービス毎に基本サービス費や算定方式が異なることを踏まえ、定率で設定。なお、その他サービスは、所定単位数から平均して7単位程度/（日・回）の減算となる。

算定要件等

○以下の基準に適合していない場合（新設）
・感染症や非常災害の発生時において、利用者に対するサービスの提供を継続的に実施するため、非常時の体制で早期の業務再開を図るための計画（業務継続計画）を策定すること
・当該業務継続計画に従い必要な措置を講ずること

※ 2025年3月31日までの間、感染症の予防およびまん延防止のための指針の整備および非常災害に関する具体的計画の策定を行っている場合には、減算を適用しない。訪問系サービス、福祉用具貸与、居宅介護支援については、2025年3月31日までの間、減算を適用しない。

○1年間の経過措置期間中にすべての事業所で計画が策定されるように、事業所間の連携により計画策定を行って差し支えない旨を周知することも含め、小規模事業所の計画策定支援に引き続き取り組むほか、介護サービス情報公表システムに登録すべき事項に業務継続計画に関する取組状況を追加するなど、事業所への働きかけを強化する。また、県別の計画策定状況を公表し、指定権者による取組を促すとともに、業務継続計画を策定済みの施設・事業所についても、地域の特性に合わせた実効的な内容となるように、指定権者による継続的な指導を求める。

制度改正編

質問36 高齢者虐待防止に向けた報酬改定に何がありますか？

高齢者虐待防止措置未実施減算が新設されています。

ほかには？

身体拘束廃止未実施減算が新設されました。

高齢者虐待防止措置未実施減算が新設されています。

居宅療養管理指導、特定福祉用具販売を除く全サービスでは、利用者の人権の擁護、虐待の防止などをより推進する観点から、虐待発生や再発防止の措置が講じられていない場合に基本報酬を減算する**高齢者虐待防止措置未実施減算**が新設されました。高齢者虐待防止措置未実施減算は、虐待の発生または虐待の再発防止を検討する委員会の定期的な開催と結果の従業員への周知徹底、虐待防止に向けた指針の整備、虐待防止研修の定期的な実施、措置実施担当者の配置などの措置が講じられていない場合に、算定されます。

なお、福祉用具貸与については、**3年間の経過措置期間**が設けられています。

身体拘束廃止未実施減算が新設されました。

短期入所系・多機能系サービスでは、身体的拘束などのさらなる適正化を図る観点から、身体的拘束の適正化のための措置が講じられていない場合に、基本報酬を減算する**身体拘束廃止未実施減算**が新設されました。ただし、**1年間の経過措置期間**が設けられています。

また、訪問系・通所系サービス、福祉用具貸与、特定福祉用具販売、居宅介護支援では、緊急やむを得ない場合を除いて身体的拘束を行ってはならないこと、身体的拘束を行う場合には、その態様や時間、利用者の心身の状況、やむを得ない理由を記録することが義務付けられました。

高齢者虐待防止措置未実施減算の新設

単位数

＜現行＞	＜改定後＞
なし	**高齢者虐待防止措置未実施減算**　所定単位数の100分の1に相当する単位数を減算（新設） ※ 2006年度に施設・居住系サービスに身体拘束廃止未実施減算を導入した際は、5単位/日減算であったが、各サービスごとに基本サービス費や算定方式が異なることを踏まえ、定率で設定。なお、所定単位数から平均して7単位程度/（日・回）の減算となる。

算定要件等

○虐待の発生又はその再発を防止するための以下の措置が講じられていない場合（新設）
- 虐待の防止のための対策を検討する委員会（テレビ電話装置などの活用可能）を定期的に開催するとともに、その結果について、従業者に周知徹底を図ること。
- 虐待の防止のための指針を整備すること。
- 従業者に対し、虐待の防止のための研修を定期的に実施すること。
- 上記措置を適切に実施するための担当者を置くこと。

身体拘束廃止未実施減算の新設

単位数

＜現行＞	＜改定後＞
なし	**身体拘束廃止未実施減算**　所定単位数の100分の1に相当する単位数を減算(新設) ※ 2006年度に施設・居住系サービスに身体拘束廃止未実施減算を導入した際は、5単位/日減算であったが、各サービスごとに基本サービス費や算定方式が異なることを踏まえ、定率で設定。なお、短期入所系・多機能系サービスは所定単位数から平均して9単位程度/日の減算となる。

算定要件等

○身体的拘束等の適正化を図るため、以下の措置が講じられていない場合
- 身体的拘束などを行う場合には、その態様及び時間、その際の入所者の心身の状況ならびに緊急やむを得ない理由を記録すること
- 身体的拘束などの適正化のための対策を検討する委員会を3月に1回以上開催するとともに、その結果について、介護職員その他従業者に周知徹底を図ること
- 身体的拘束等の適正化のための指針を整備すること
- 介護職員その他の従業者に対し、身体的拘束等の適正化のための研修を定期的に実施すること

○すべての施設・事業所で身体的拘束等の適正化が行われるよう、2024年度中に小規模事業所等における取組事例を周知するほか、介護サービス情報公表システムに登録すべき事項に身体的拘束などの適正化に関する取組状況を追加する。また、指定権者に対して、集団指導などの機会などにて身体的拘束などの適正化の実施状況を把握し、未実施または集団指導などに不参加の事業者に対する集中的な指導を行うなど、身体的拘束等の適正化に向けた取組の強化を求める。

制度改正編

質問37 認知症対応力向上に向けた報酬改定に何がありますか？①

認知症短期集中リハビリ実施加算が新設されました。

ほかには？

認知症加算が見直されています。

認知症短期集中リハビリ実施加算が新設されました。

訪問リハビリテーションでは、認知症のリハビリテーションを推進していく観点から、応用的動作能力や社会適応能力を最大限に活かしながら当該利用者の生活機能を改善するためのリハビリテーションの実施を評価する**認知症短期集中リハビリテーション実施加算**が新設されました。

認知症短期集中リハビリテーション実施加算の算定には、医師や医師の指示を受けた理学療法士、作業療法士、言語聴覚士が、その退院（所）日または訪問開始日から3月以内の期間にリハビリテーションを集中的に行うことが求められます。なお算定は、**1週に2日が限度**となります。

多機能型居宅介護では、認知症加算が見直されました。

小規模多機能型居宅介護、看護小規模多機能型居宅介護では、認知症対応力のさらなる強化を図る観点から、認知症加算について、認知症ケアに関する専門的研修修了者の配置や認知症ケアの指導、研修の実施などを評価する区分として**認知症加算（Ⅰ）**と**認知症加算（Ⅱ）**が新設されました。

認知症加算（Ⅰ）や認知症加算（Ⅱ）の算定には、重度の認証高齢者の数に応じた**認知症介護実践リーダー研修等修了者**の配置、専門的な認知症ケアの実施、認知症介護指導者研修修了者による認知症ケアの伝達・技術的指導に係る会議の定期的な開催、認知症ケア研修の実施などが求められます。

認知症短期集中リハビリテーション実施加算の新設

単位数

＜現行＞
なし

＜改定後＞
認知症短期集中リハビリテーション実施加算　240単位／日（新設）

算定要件等

○次の要件を満たす場合、1週に2日を限度として加算（新設）
・認知症であると医師が判断した者であって、リハビリテーションによって生活機能の改善が見込まれると判断された者に対して、医師または医師の指示を受けた理学療法士、作業療法士、言語聴覚士が、その退院（所）日または訪問開始日から3月以内の期間に、リハビリテーションを集中的に行うこと。

認知症加算の見直し

単位数

＜現行＞
認知症加算（Ⅰ）800単位／月
認知症加算（Ⅱ）500単位／月

＜改定後＞
認知症加算（Ⅰ）　920単位／月（新設）
認知症加算（Ⅱ）　890単位／月（新設）
認知症加算（Ⅲ）　760単位／月（変更）
認知症加算（Ⅳ）　460単位／月（変更）

算定要件等

＜認知症加算（Ⅰ）＞（新設）
○認知症介護実践リーダー研修等修了者を認知症高齢者の日常生活自立度Ⅲ以上の者が20人未満の場合は1以上、20人以上の場合は1に、当該対象者の数が19を超えて10または端数を増すごとに1を加えて得た数以上配置
○認知症高齢者の日常生活自立度Ⅲ以上の者に対して、専門的な認知症ケアを実施した場合
○当該事業所の従業者に対して、認知症ケアに関する留意事項の伝達または技術的指導にかかわる会議を定期的に開催
○認知症介護指導者研修修了者を1名以上配置し、事業所全体の認知症ケアの指導等を実施
○介護職員、看護職員ごとの認知症ケアに関する研修計画を作成し、研修を実施または実施を予定

＜認知症加算（Ⅱ）＞（新設）
○認知症介護実践リーダー研修等修了者を認知症高齢者の日常生活自立度Ⅲ以上の者が20人未満の場合は1以上、20人以上の場合は1に、当該対象者の数が19を超えて10または端数を増すごとに1を加えて得た数以上配置
○認知症高齢者の日常生活自立度Ⅲ以上の者に対して、専門的な認知症ケアを実施した場合
○当該事業所の従業者に対して、認知症ケアに関する留意事項の伝達または技術的指導に係る会議を定期的に開催

＜認知症加算（Ⅲ）＞（現行のⅠと同じ）
○認知症高齢者の日常生活自立度Ⅲ以上の者に対して、（看護）小規模多機能型居宅介護を行った場合

＜認知症加算（Ⅳ）＞（現行のⅡと同じ）
○要介護状態区分が要介護2である者であって、認知症高齢者の日常生活自立度Ⅱに該当する者に対して、（看護）小規模多機能型居宅介護行った場合

制度改正編

質問38 認知症対応力向上に向けた報酬改定に何がありますか？②

認知症チームケア推進加算が新設されました。

ほかには？

認知症短期集中リハビリ実施加算（Ⅰ）が新設されます。

認知症チームケア推進加算が新設されました。

認知症対応型共同生活介護、介護老人福祉施設、地域密着型介護老人福祉施設入所者生活介護、介護老人保健施設、介護医療院では、認知症の行動・心理症状の出現を防ぐため、あるいは出現時に早期に対応するため、**認知症チームケア推進加算**が新設されました。

認知症チームケア推進加算の算定には、認知症の者の占める割合が２分の１以上、認知症介護指導の専門研修や認知症予防の研修を修了している者の配置、認知症予防のチームケア実施、認知症ケアのカンファフェンス開催、認知症の行動･心理の有無･程度の定期的評価などが求められます。

認知症短期集中リハビリ実施加算（Ⅰ）が新設されました。

介護老人保健施設では、認知症を有する入所者の居宅における生活環境に対応したサービス提供を推進する観点から、**認知症短期集中リハビリテーション実施加算**について、入所者の居宅を訪問し生活環境を把握することを評価する認知症短期集中リハビリテーション実施加算（Ⅰ）が新設されました。

認知症短期集中リハビリテーション実施加算（Ⅰ）の算定には、入所者が退所後生活する居宅や社会福祉施設などを訪問し、把握した生活環境を踏まえたリハビリテーション計画の作成が求められます。なお、算定は、１週に３日が限度であり、算定期間は入所後３月以内です。

認知症チームケア推進加算の新設

単位数

＜現行＞

なし

＜改定後＞

認知症チームケア推進加算（Ⅰ） 150 単位 / 月（新設）
認知症チームケア推進加算（Ⅱ） 120 単位 / 月（新設）
※認知症専門ケア加算（Ⅰ）または（Ⅱ）を算定している場合は、算定不可

算定要件等

＜認知症チームケア推進加算（Ⅰ）＞（新設）

（1）事業所または施設における利用者または入所者の総数のうち、周囲の者による日常生活に対する注意を必要とする認知症の者の占める割合が 2 分の 1 以上。
（2）認知症の行動・心理症状の予防及び出現時の早期対応に資する認知症介護の指導にかかわる専門的な研修を修了している者または認知症介護にかかわる専門的な研修および認知症の行動・心理症状の予防などに資するケアプログラムを含んだ研修を修了した者を 1 名以上配置し、かつ、複数人の介護職員からなる認知症の行動・心理症状に対応するチームを組んでいる。
（3）対象者に対し、個別に認知症の行動・心理症状の評価を計画的に行い、その評価に基づく値を測定し、認知症の行動・心理症状の予防等に資するチームケアを実施。
（4）認知症の行動・心理症状の予防などに資する認知症ケアについて、カンファレンスの開催、計画の作成、認知症の行動・心理症状の有無および程度についての定期的な評価、ケアの振り返り、計画の見直しなどを実施。

＜認知症チームケア推進加算（Ⅱ）＞（新設）

・（Ⅰ）の（1）、（3）、（4）に掲げる基準に適合。
・認知症の行動・心理症状の予防などに資する認知症介護にかかわる専門的な研修を修了している者を 1 名以上配置し、かつ、複数人の介護職員からなる認知症の行動・心理症状に対応するチームを組んでいること。

認知症短期集中リハビリテーション実施加算の見直し

単位数

＜現行＞

認知症短期集中リハビリテーション実施加算
240 単位 / 日

＜改定後＞

認知症短期集中リハビリテーション実施加算（Ⅰ）
240 単位 / 日（新設）
認知症短期集中リハビリテーション実施加算（Ⅱ）
120 単位 / 日（変更）

※ 1 週に 3 日を限度として算定。算定期間は入所後 3 月以内。

算定要件等

＜認知症短期集中リハビリテーション実施加算（Ⅰ）＞（新設）

掲げる基準に適合する介護老人保健施設において、1 日につき所定単位数を加算する。
（1）リハビリテーションを担当する理学療法士、作業療法士、言語聴覚士が適切に配置されていること。
（2）リハビリテーションを行うに当たり、入所者数が、理学療法士、作業療法士、言語聴覚士の数に対して適切なものであること。
（3）入所者が退所後生活する居宅または社会福祉施設などを訪問し、当該訪問により把握した生活環境を踏まえたリハビリテーション計画を作成していること。

＜認知症短期集中リハビリテーション実施加算（Ⅱ）＞（現行と同）

○認知症短期集中リハビリテーション実施加算（Ⅰ）の（1）および（2）に該当するものであること。

制度改正編

質問39 一体的取組に向けた報酬改定に何がありますか？①

リハビリマネジメント加算が見直されました。

算定要件は？

リハビリ・口腔・栄養の一体的取組です。

リハビリテーションマネジメント加算が見直されました。

訪問リハビリテーション、通所リハビリテーションでは、リハビリ・機能訓練、口腔、栄養の一体的取組を推進し、自立支援・重度化防止を効果的に進めて、報酬体系を簡素化する観点から、訪問リハビリと通所リハビリでは医師がリハビリを実施する**加算（B）**が廃止されました。

ただし、訪問リハビリでも通所リハビリでも、医師が利用者または家族に説明した場合には、上記に 270 単位が追加されます。また、リハビリ・口腔・栄養のアセスメントを実施して情報を共有する**リハビリテーションマネジメント加算（ハ）**が新たな区分として設定されました。

口腔の評価と栄養アセスメントの実施が求められます。

リハビリテーションマネジメント加算の算定には、「口腔の健康状態の評価と栄養アセスメントの実施」「リハビリテーション計画に基づく、リハビリ・口腔・栄養情報の関係職種間での共有と、必要に応じた LIFE に提出した情報の活用」「共有情報を踏まえたリハビリ計画の見直しと関係職種との共有」が求められます。

また、通所リハビリテーションのリハビリテーションマネジメント加算（ハ）の算定には、管理栄養士の 1 名以上配置、多職種共同による栄養・口腔管理、通所リハビリ計画や口腔に関する情報の共有、共有情報に基づく通所リハビリ計画の見直しなどが求められます。

訪問リハビリのリハビリマネジメント加算の見直し

単位数

○**訪問リハビリテーション**

＜現行＞	＜改定後＞
リハビリテーションマネジメント加算（A）イ 180単位／月	**リハビリテーションマネジメント加算（イ）** 180単位／月
リハビリテーションマネジメント加算（A）ロ 213単位／月	リハビリテーションマネジメント加算（ロ） 213単位／月
リハビリテーションマネジメント加算（B）イ 450単位／月	廃止（以下の条件に統合）
リハビリテーションマネジメント加算（B）ロ 483単位／月	廃止（以下の条件に統合） ※ 医師が利用者またはその家族に説明した場合、上記に加えて270単位 （新設・Bの要件の組み替え）

算定要件等

○**訪問リハビリテーション**

＜リハビリテーションマネジメント加算**（イ）**＞
・現行のリハビリテーションマネジメント加算（A）イと同要件を設定。

＜リハビリテーションマネジメント加算**（ロ）**＞
・現行のリハビリテーションマネジメント加算（A）ロと同要件を設定。

＜リハビリテーション事業所の医師が利用者またはその家族に対して説明し、利用者の同意を得た場合＞（新設）
・現行の（B）の医師の説明にかかわる部分と同要件を設定し、別の加算として設定。

通所リハビリのリハビリマネジメント加算の見直し

単位数

○**通所リハビリテーション**

＜現行＞	＜改定後＞
リハビリテーションマネジメント加算（A）イ 同意日の属する月から6月以内　560単位／月、6月超　240単位／月	リハビリテーションマネジメント加算（イ） 同意日の属する月から6月以内　560単位／月、6月超　240単位／月
リハビリテーションマネジメント加算（A）ロ 同意日の属する月から6月以内　593単位／月、6月超　273単位／月	リハビリテーションマネジメント加算（ロ） 同意日の属する月から6月以内　593単位／月、6月超　273単位／月
リハビリテーションマネジメント加算（B）イ 同意日の属する月から6月以内　830単位／月、6月超　510単位／月	廃止
リハビリテーションマネジメント加算（B）ロ 同意日の属する月から6月以内　863単位／月、6月超　543単位／月	廃止
	リハビリテーションマネジメント加算（ハ）（新設） 同意日の属する月から6月以内　793単位／月、6月超　473単位／月 ※ 医師が利用者またはその家族に説明した場合 上記に加えて270単位 （新設・Bの要件の組み替え）

算定要件等

○**通所リハビリテーション**

＜リハビリテーションマネジメント加算（イ）＞現行のリハビリテーションマネジメント加算（A）イと同要件を設定。
＜リハビリテーションマネジメント加算（ロ）＞現行のリハビリテーションマネジメント加算（A）ロと同要件を設定。
＜リハビリテーションマネジメント加算（ハ）＞（新設）
・リハビリテーションマネジメント加算（ロ）の要件を満たしていること。
・事業所の従業者として、または外部との連携により管理栄養士を1名以上配置していること。
・利用者ごとに、多職種が共同して栄養アセスメントおよび口腔の健康状態の評価を行っていること。
・利用者ごとに、言語聴覚士、歯科衛生士又は看護職員がその他の職種の者と共同して口腔の健康状態を評価し、当該利用者の口腔の健康状態にかかわる解決すべき課題の把握を行っていること。
・利用者ごとに、関係職種が、通所リハビリテーション計画の内容の情報などや、利用者の口腔の健康状態に関する情報および利用者の栄養状態に関する情報を相互に共有すること。
・共有した情報を踏まえ、必要に応じて通所リハビリテーション計画を見直し、当該見直しの内容を関係職種に対して情報提供していること。

＜リハビリテーション事業所の医師が利用者またはその家族に対して説明し、利用者の同意を得た場合＞
・現行の（B）の医師の説明に係る部分と同要件を設定。

質問40 一体的取組に向けた報酬改定に何がありますか？②

通所リハビリの事業所規模が変更されました。

ほかには？

口腔連携強化加算が新設されました。

通所リハビリでは事業所規模が2段階に変更されました。

通所リハビリテーションでは、リハビリマネジメント体制が充実している事業所を評価する観点から、通常規模型（1 か月の平均利用のべ人員数 750 人以内）、大規模型（Ⅰ）（751-900 人）、大規模型（Ⅱ）（901人以上）という 3 段階の事業所規模が**通常規模型**（1 か月の平均利用のべ人員数 750 人以内）、**大規模型**（751 人以上）の 2 段階に変更され、基本報酬も見直されました。ただし、大規模型事業所のうち、「リハビリテーションマネジメント加算の算定率が利用者全体の 80% を超えている」「リハビリテーション専門職の配置が 10：1以上である」の要件を満たす事業所は、通常規模型と同等に評価されます。

訪問介護などでは口腔連携強化加算が新設されました。

訪問介護、訪問看護、訪問リハビリテーション、短期入所生活介護、短期入所療養介護、定期巡回・随時対応型訪問介護看護では、職員による利用者の口腔の状態の確認によって歯科専門職による適切な口腔管理の実施につなげる観点から、介護職員などによる口腔衛生や口腔機能の評価、歯科医療機関やケアマネジャーへの情報提供を評価する**口腔連携強化加算**が新設されました。

口腔連携強化加算の算定には、歯科訪問診療料の算定実績がある歯科医療機関の歯科医師、歯科医師の指示を受けた歯科衛生士による相談対応体制の確保と、文書による取り決めが求められます。

通所リハビリテーションの事業所規模の見直し

算定要件等

○通常規模型、大規模型（Ⅰ）、大規模型（Ⅱ）の３段階になっている事業所規模別の基本報酬を、通常規模型・大規模型の２段階に変更する。

○大規模型事業所のうち、以下の要件をすべて満たす事業所については、通常規模型と同等の評価を行う。

・リハビリテーションマネジメント加算の算定率が、利用者全体の 80％以上であること。
・利用者に対するリハビリテーション専門職の配置が 10:1 以上であること。

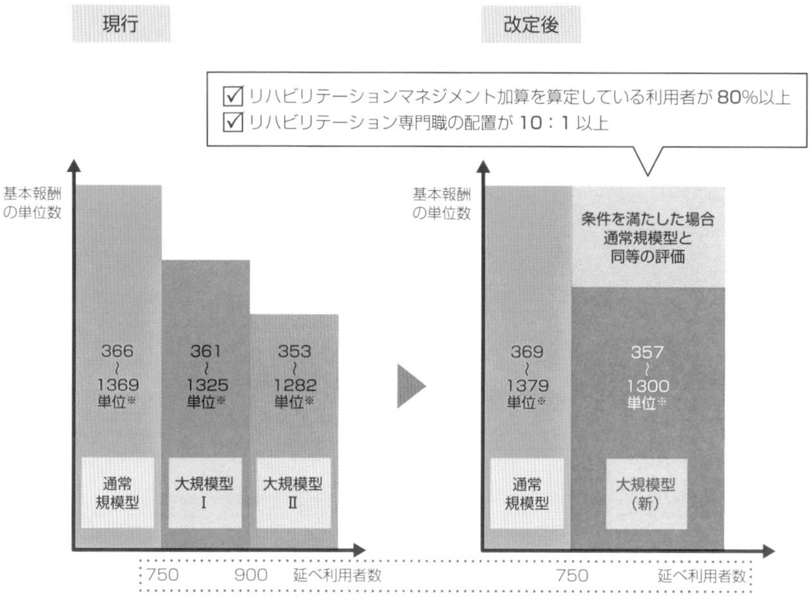

※ 利用時間、要介護度ごとに設定

口腔連携強化加算の新設

単位数

＜現行＞	＜改定後＞
なし	**口腔連携強化加算**　50 単位／回（新設） ※１月に１回に限り算定可能

算定要件等

○事業所の従業者が、口腔の健康状態の評価を実施した場合において、利用者の同意を得て、歯科医療機関および介護支援専門員に対し、当該評価の結果を情報提供した場合に、１月に１回に限り所定単位数を加算する。（新設）

○事業所は利用者の口腔の健康状態にかかわる評価を行うに当たって、歯科訪問診療料の算定の実績がある歯科医療機関の歯科医師または歯科医師の指示を受けた歯科衛生士が、当該従業者からの相談などに対応する体制を確保し、その旨を文書などで取り決めていること。

制度改正編

質問41 一体的取組に向けた報酬改定に何がありますか？③

訪問リハビリの報酬に差がつけられました。

ほかには？

訪問・通所リハビリの減算が見直されました。

訪問リハビリと介護予防訪問リハビリで差がつきました。

訪問リハビリテーションでは、利用者の状態に応じてより適切に評価する観点から、訪問リハビリテーションと介護予防訪問リハビリテーションの**基本報酬に一定の差**をつけるように、変更されました。

また、介護老人保健施設では、効果的なリハビリテーションを推進する観点から、短期集中リハビリテーション実施加算について新たな区分が設定されました。新設の**短期集中リハビリテーション実施加算（Ⅰ）**の算定では、「入所時および月１回以上ADLなどの評価に基づくリハビリテーション実施計画の見直し」「LIFEへのADLデータの提出と活用」などなどが求められます。

介護予防訪問・通所リハビリの減算が見直されました。

介護予防訪問リハビリテーション、介護予防通所リハビリテーションでは、介護予防サービスにおけるリハビリの質を評価し、適切にサービスを提供する観点から、介護予防訪問リハビリテーションと介護予防通所リハビリテーションの**基本報酬の減算**が見直されました。利用開始から12月が経過した後には減算されますが、「定期的なリハビリ会議でのリハビリ計画の見直し」「LIFEへのリハビリデータの提出とフィードバック」を実施した場合には、減算が適用されません。

なお、介護予防訪問リハビリテーションや通所リハビリテーションの**事業所評価加算**は廃止されています。

訪問リハビリテーションなどの見直し

単位数

＜現行＞	＜改定後＞
訪問リハビリテーション　307単位／回	訪問リハビリテーション　**308**単位／回（変更）
介護予防訪問リハビリテーション　307単位／回	介護予防訪問リハビリテーション　**298**単位／回（変更）

短期集中リハビリテーション実施加算の見直し

単位数

＜現行＞	＜改定後＞
短期集中リハビリテーション実施加算　240単位／日	**短期集中リハビリテーション実施加算（Ⅰ）**　258単位／日（新設）
	短期集中リハビリテーション実施加算（Ⅱ）　**200**単位／日（変更）

※算定期間は入所後３月以内

算定要件等

＜短期集中リハビリテーション実施加算（Ⅰ）＞（新設）

○入所者に対して、医師または医師の指示を受けた理学療法士、作業療法士、言語聴覚士が、その入所の日から起算して３月以内の期間に集中的にリハビリテーションを行った場合であって、かつ、原則として入所時および１月に１回以上ADLなどの評価を行うとともに、その評価結果などの情報を厚生労働省に提出し、必要に応じてリハビリテーション計画を見直していること。

＜短期集中リハビリテーション実施加算（Ⅱ）＞（現行と同じ）

○入所者に対して、医師が、その入所の日から起算して３月以内の期間に集中的にリハビリテーションを行っていること。

介護予防訪問・通所リハビリの減算の見直し

単位数

○利用開始日の属する月から12月超

＜現行＞	＜改定後＞
介護予防訪問リハビリテーション　5単位／回減算	**要件を満たした場合**　減算なし（新設） **要件を満たさない場合**　30単位／回減算（変更）
介護予防通所リハビリテーション 要支援１　20単位／月減算 要支援２　40単位／月減算	**要件を満たした場合**　減算なし（新設） **要件を満たさない場合**　要支援１　120単位／月減算（変更） 要支援２　240単位／月減算（変更）

○事業所評価加算

＜現行＞	＜改定後＞
介護予防訪問リハビリテーション　120単位／月	（廃止）
介護予防通所リハビリテーション　120単位／月	（廃止）

算定要件等

○利用開始日の属する月から12月を超えて介護予防通所（訪問）リハビリテーションを行う場合の減算を行わない基準（新設）

- ３月に１回以上、リハビリテーション会議を開催し、リハビリテーションに関する専門的な見地から利用者の状況などに関する情報を構成員と共有し、当該リハビリテーション会議の内容を記録するとともに、利用者の状態の変化に応じ、リハビリテーション計画を見直していること。
- 利用者ごとのリハビリテーション計画書などの内容等の情報を厚生労働省に提出し、リハビリテーションの提供に当たって、当該情報その他リハビリテーションの適切かつ有効な実施のために必要な情報を活用していること。

制度改正編

質問42 一体的取組に向けた報酬改定に何がありますか？④

リハビリマネジメント計画書情報加算が見直されてます。

ほかには？

個別機能訓練加算が見直されました。

リハビリマネジメント計画書情報加算が見直されました。

介護老人保健施設では、リハビリテーション・機能訓練、口腔、栄養を一体的に推進して自立支援・重度化防止を効果的に進める観点から、**リハビリテーションマネジメント計画書情報加算**が見直され、リハビリテーションマネジメント計画書情報加算(I)が新設されました。同様の観点から、介護医療院では、理学療法、作業療法、言語聴覚療法について、新しい区分が設定されています。

いずれも算定には、口腔衛生管理加算（Ⅱ）や栄養マネジメント強化加算の算定、リハビリ実施計画の内容の共有、共有情報に基づくリハビリ計画の見直しなどが求められます。

介護老人福祉施設では個別機能訓練加算が見直されました。

介護老人福祉施設、地域密着型介護老人福祉施設入所者生活介護でも、リハビリテーション・機能訓練、口腔、栄養を一体的に推進して自立支援・重度化防止を効果的に進める観点から、**個別機能訓練加算**が見直され、個別機能訓練加算（Ⅲ）が新設されました。

個別機能訓練加算（Ⅲ）の算定には、個別機能訓練加算（Ⅱ）の算定、口腔衛生管理加算（Ⅱ）と栄養マネジメント強化加算の算定、入所者の個別訓練・口腔・栄養の情報の共有、共有情報に基づく個別機能訓練計画の見直しが求められます。なお、個別機能訓練加算（Ⅰ）（Ⅱ）（Ⅲ）は併算定可能です。

リハビリマネジメント計画書情報加算の見直し

単位数

【介護老人保健施設】

＜現行＞
リハビリテーションマネジメント計画書情報加算 33単位／月

＜改定後＞
リハビリテーションマネジメント計画書情報加算（Ⅰ） 53単位／月（新設）
リハビリテーションマネジメント計画書情報加算（Ⅱ） 33単位／月
※ 加算（Ⅰ）、（Ⅱ）は併算定不可

【介護医療院】

＜現行＞
理学療法 注6、作業療法 注6、言語聴覚療法 注4 33単位／月

＜改定後＞
理学療法 注6、作業療法 注6、言語聴覚療法 注4 33単位／月
理学療法 注7、作業療法 注7、言語聴覚療法 注5 20単位／月（新設）

算定要件等

【介護老人保健施設】＜リハビリテーションマネジメント計画書情報加算（Ⅰ）＞（新設）
【介護医療院】＜理学療法 注7、作業療法 注7、言語聴覚療法 注5＞（新設）

○入所者ごとのリハビリテーション計画書の内容などの情報を厚生労働省に提出していること。必要に応じてリハビリテーション計画の内容を見直すなど、リハビリテーションの実施に当たって、当該情報その他リハビリテーションの適切かつ有効な実施のために必要な情報を活用していること。
※上記は介護老人保健施設の場合。介護医療院については、理学療法 注6、作業療法 注6、または言語聴覚療法 注4を算定していること。
○口腔衛生管理加算（Ⅱ）および栄養マネジメント強化加算を算定していること。
○入所者ごとに、医師、管理栄養士、理学療法士、作業療法士、言語聴覚士、歯科衛生士、看護職員、介護職員その他の職種の者が、リハビリテーション計画の内容などの情報その他リハビリテーションの適切かつ有効な実施のために必要な情報、入所者の口腔の健康状態に関する情報及び入所者の栄養状態に関する情報を相互に共有すること。
○共有した情報を踏まえ、必要に応じてリハビリテーション計画の見直しを行い、見直しの内容について、関係職種間で共有していること。

個別機能訓練加算の見直し

単位数

【介護老人福祉施設、地域密着型介護老人福祉施設入所者生活介護】

＜現行＞
個別機能訓練加算（Ⅰ） 12単位／日
個別機能訓練加算（Ⅱ） 20単位／月

＜改定後＞
個別機能訓練加算（Ⅰ） 12単位／日（変更なし）
個別機能訓練加算（Ⅱ） 20単位／月（変更なし）
個別機能訓練加算（Ⅲ） 20単位／月（新設）
※ 加算（Ⅰ）、（Ⅱ）、（Ⅲ）は併算定可

算定要件等

【介護老人福祉施設、地域密着型介護老人福祉施設入所者生活介護】
＜個別機能訓練加算（Ⅲ）＞（新設）

○個別機能訓練加算（Ⅱ）を算定していること。
○口腔衛生管理加算（Ⅱ）および栄養マネジメント強化加算を算定していること。
○入所者ごとに、理学療法士などが、個別機能訓練計画の内容などの情報、その他個別機能訓練の適切かつ有効な実施のために必要な情報、入所者の口腔の健康状態に関する情報、入所者の栄養状態に関する情報を相互に共有していること。
○共有した情報を踏まえ、必要に応じて個別機能訓練計画の見直しを行い、見直しの内容について、理学療法士などの関係職種間で共有していること。

制度改正編

質問43 一体的取組に向けた報酬改定に何がありますか？⑤

腔衛生管理体制加算が廃止されます。

ほかには？

退所時栄養情報連携加算が新設されました。

特定施設では口腔衛生管理体制加算が廃止されました。

特定施設入居者生活介護では、入居者の状態に応じた適切な口腔衛生管理を求める観点から、**口腔衛生管理体制加算が廃止**され、同加算の算定要件の取組を一定緩和した上で基本サービスとして実施するように変更されます。それに伴って、特定施設の運営基準には「利用者の口腔の健康の保持を図り、自立した日常生活を営むことができるよう、口腔衛生の管理体制を整備し、各利用者の状態に応じた口腔衛生の管理を計画的に行わなければならない」「入所者の口腔衛生の管理体制にかかわる計画を作成する」ことが規定されることになります。ただし、この変更には、３年間の経過措置期間を設けられます。

介護保険施設で退所時栄養情報連携加算が新設されました。

介護老人福祉施設、地域密着型介護老人福祉施設入所者生活介護、介護老人保健施設、介護医療院では、介護保険施設から、居宅、他の介護保険施設、医療機関などへの退所する者の栄養管理に関して切れ目なく情報が連携されるようにする観点から、**退所時栄養情報連携加算**が新設されました。

退所時栄養情報連携加算の対象者は特別食を必要とする入所者や医師が低栄養状態にあると判断した入所者であり、その算定には管理栄養士による退所先への情報提供が求められます。なお、退所時栄養情報連携加算は１月に１回を限度として算定することになります。

口腔衛生管理体制加算の廃止

単位数

＜現行＞		＜改定後＞
口腔衛生管理体制加算　30 単位 / 月	▶	廃止

基準

＜運営基準（省令）＞（※ 3 年間の経過措置期間を設ける）

・「利用者の口腔の健康の保持を図り、自立した日常生活を営むことができるよう、口腔衛生の管理体制を整備し、各利用者の状態に応じた口腔衛生の管理を計画的に行わなければならない」ことを規定

●運営基準等における対応

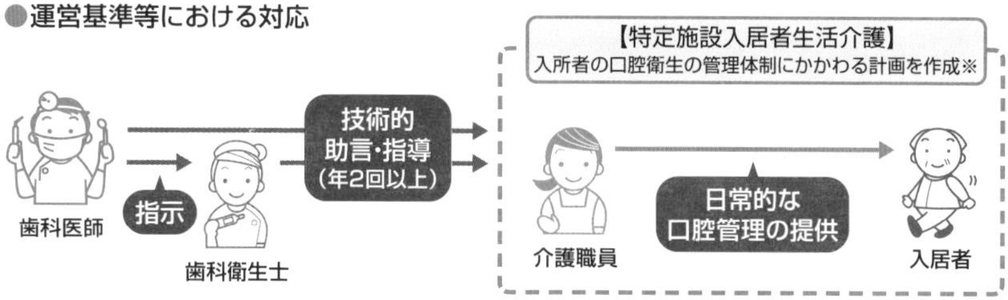

退所時栄養情報連携加算の新設

単位数

＜現行＞		＜改定後＞
なし	▶	**退所時栄養情報連携加算**　70 単位 / 回（新設）

算定要件等

○対象者

・厚生労働大臣が定める特別食を必要とする入所者または低栄養状態にあると医師が判断した入所者。

○主な算定要件

・管理栄養士が、退所先の医療機関などに対して、当該者の栄養管理に関する情報を提供する。
・1 月につき 1 回を限度として所定単位数を算定する。

※疾病治療の直接手段として、医師の発行する食事箋に基づき提供された適切な栄養量および内容を有する腎臓病食、肝臓病食、糖尿病食、胃潰瘍食、貧血食、膵臓病食、脂質異常症食、痛風食、嚥下困難者のための流動食、経管栄養のための濃厚流動食、特別な場合の検査食（単なる流動食及び軟食を除く）

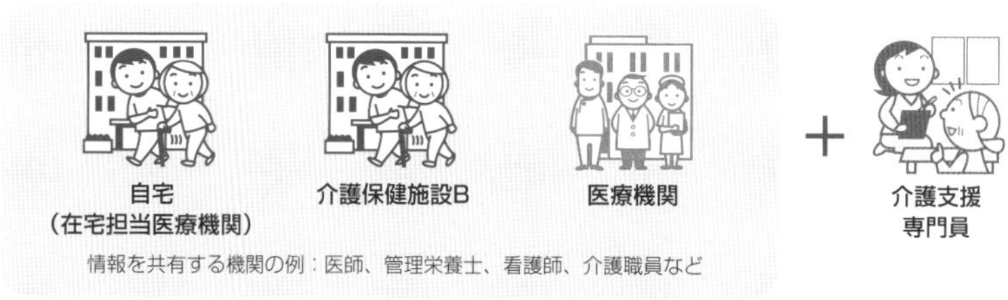

制度改正編

質問44 自立支援・重度化防止に向けた報酬改定に何がありますか？

在宅復帰・在宅療養支援機能加算の要件が変更されました。

ほかには？

かかりつけ医連携薬剤調整加算も見直されています。

在宅復帰・在宅療養支援機能加算の要件が変わりました。

介護老人保健施設では、在宅復帰・在宅療養支援機能を推進する観点から、指標の取得状況なども踏まえて、**在宅復帰・在宅療養支援機能加算**が見直されました。在宅復帰・在宅療養支援機能加算の算定要件が、入所前後訪問指導割合や退所前後訪問指導割合の上限が引き上げられ、支援相談員の配置割合が社会福祉士の配置も含めて見直されています。

また、在宅復帰・在宅療養支援機能に係る指標の見直しを踏まえて、基本報酬についても施設類型ごとに適切な水準に見直されました。なお、この見直しには、**6ヶ月の経過措置期間**が設けられています。

かかりつけ医連携薬剤調整加算が見直されました。

介護老人保健施設では、施設におけるポリファーマシー解消の取組を推進する観点から、入所前の主治医と連携して薬剤を評価・調整したことを評価する**かかりつけ医連携薬剤調整加算**が見直され、入所前の主治医と連携して薬剤を評価・調整した場合の区分が高く評価されるようになりました。

このかかりつけ医連携薬剤調整加算（Ⅰ）イの算定には、医師または薬剤師による高齢者の薬物療法研修の受講、処方内容変更の可能性の主治医への説明、入所者への6種類以上の内服薬の処方、処方内容変更の共有、変更後の状態の確認などが求められます。

基本報酬と在宅復帰・在宅療養支援機能加算の見直し

算定要件等

在宅復帰・在宅療養支援等指標：下記評価項目（①〜⑩）について、項目に応じた値を足し合わせた値（最高値：90）				
①在宅復帰率	50%超　20	30%超　10	30%以下　0	
②ベッド回転率	10%以上　20	5%以上　10	5%未満　0	
③入所前後訪問指導割合	30%以上　10⇒35%以上　10	10%以上　5⇒15%以上　5	10%未満　0⇒15%未満　0	
④退所前後訪問指導割合	30%以上　10⇒35%以上　10	10%以上　5⇒15%以上　5	10%未満　0⇒15%未満　0	
⑤居宅サービスの実施数	3サービス5	2サービス（訪問リハビリテーションを含む）3	2サービス1	0、1サービス0
⑥リハ専門職の配置割合	5以上（PT、OT、STいずれも配置）5	5以上　3	3以上　2	3未満　0
⑦支援相談員の配置割合	3以上　5⇒3以上（社会福祉士の配置あり）　5	（設定なし）⇒3以上（社会福祉士の配置なし）　3	2以上　3⇒2以上　1	2未満　0
⑧要介護4または5の割合	50%以上　5	35%以上　3	35%未満　0	
⑨喀痰吸引の実施割合	10%以上　5	5%以上　3	5%未満　0	
⑩経管栄養の実施割合	10%以上　5	5%以上　3	5%未満　0	

かかりつけ医連携薬剤調整加算の見直し

単位数

＜現行＞

かかりつけ医連携薬剤調整加算（Ⅰ）　100単位/回

かかりつけ医連携薬剤調整加算（Ⅱ）　240単位/回
かかりつけ医連携薬剤調整加算（Ⅲ）　100単位/回

＜改定後＞

かかりつけ医連携薬剤調整加算（Ⅰ）イ 140単位/回（変更）
かかりつけ医連携薬剤調整加算（Ⅰ）ロ　70単位/回（新設）
かかりつけ医連携薬剤調整加算（Ⅱ）　240単位/回
かかりつけ医連携薬剤調整加算（Ⅲ）　100単位/回

※ 入所者1人につき1回を限度として、当該入所者の退所時に加算

算定要件等

かかりつけ医連携薬剤調整加算(Ⅰ)イ 140単位/回(一部変更)
＜入所前の主治医と連携して薬剤を評価・調整した場合＞

①医師または薬剤師が高齢者の薬物療法に関する研修を受講すること。
②入所後1月以内に、状況に応じて入所者の処方の内容を変更する可能性があることについて主治の医師に説明し、合意していること。
③入所前に当該入所者に6種類以上の内服薬が処方されており、施設の医師と入所者の主治の医師が共同し、入所中に当該処方の内容を総合的に評価および調整し、かつ、療養上必要な指導を行うこと。
④入所中に当該入所者の処方の内容に変更があった場合は医師、薬剤師、看護師等の関係職種間で情報共有を行い、変更後の入所者の状態などについて、多職種で確認を行うこと。
⑤入所時と退所時の処方の内容に変更がある場合は変更の経緯、変更後の入所者の状態などについて、退所時または退所後1月以内に当該入所者の主治の医師に情報提供を行い、その内容を診療録に記載していること。

かかりつけ医連携薬剤調整加算(Ⅰ)ロ　70単位/回(新設)
＜施設において薬剤を評価・調整した場合＞

・かかりつけ医連携薬剤調整加算（Ⅰ）イの要件①、④、⑤に掲げる基準のいずれにも適合していること。
・入所前に6種類以上の内服薬が処方されていた入所者について、施設において、入所中に服用薬剤の総合的な評価および調整を行い、かつ、療養上必要な指導を行うこと。

かかりつけ医連携薬剤調整加算（Ⅱ）　240単位/回
＜服薬情報をLIFEに提出＞

・かかりつけ医連携薬剤調整加算（Ⅰ）イまたはロを算定していること。
・当該入所者の服薬情報などの情報を厚生労働省に提出し、処方に当たって、当該情報その他薬物療法の適切かつ有効な実施のために必要な情報を活用していること。

かかりつけ医連携薬剤調整加算（Ⅲ）　100単位/回
＜退所時に、入所時と比べて1種類以上減薬＞

・かかりつけ医連携薬剤調整加算（Ⅱ）を算定していること。
・退所時において処方されている内服薬の種類が、入所時に処方されていた内服薬の種類に比べて1種類以上減少していること。

※入所者1人につき1回を限度として、当該入所者の退所時に加算（全加算区分共通）

質問45 生産性の向上に向けた報酬改定に何がありますか？

生産性向上推進体制加算が新設されています。

何が必要ですか？

機器導入やデータ提出が求められます。

施設系などでは、生産性向上推進体制加算が新設されました。

短期入所系・居住系・多機能系・施設系サービスでは、見守り機器などのテクノロジーを導入して生産性向上ガイドラインに基づく業務改善を継続的に行う観点から、導入効果のデータを提出することを評価する**生産性向上推進体制加算**が新設されました。

生産性向上推進体制加算の算定には、介護サービスの質確保と職員の負担軽減の方策を検討する委員会の開催、生産性向上ガイドラインに基づく改善活動の継続的実施、見守り機器などのテクノロジーの導入、業務改善の取組の効果を示すデータの1年1回のオンライン提出などが求められます。

生産性向上推進体制加算には機器導入などが求められます。

生産性向上推進体制加算（Ⅰ）の算定で提供が求められるデータは「ア 利用者のQOLなどの変化」「イ 総業務時間及び当該時間に含まれる超過勤務時間の変化」「ウ 年次有給休暇の取得状況の変化」「エ 心理的負担等の変化」「オ 機器の導入による業務時間（直接介護、間接業務、休憩など）の変化」、（Ⅱ）において求められるデータはこのうちア、イ、ウです。

また、見守り機器に該当するのは、「ア 見守り機器」「イ インカムなどのICT機器」「ウ 介護記録ソフトウェアやスマートフォンなど、介護記録作成を効率化するICT機器」となります。

生産性向上推進体制加算の新設

単位数

＜現行＞
なし

＜改定後＞
生産性向上推進体制加算（I） 100 単位 / 月（新設）
生産性向上推進体制加算（II） 10 単位 / 月（新設）

算定要件等

【生産性向上推進体制加算（Ⅰ）】（新設）
○（Ⅱ）の要件を満たし、（Ⅱ）のデータにより業務改善の取組による成果が確認されたこと。
○見守り機器などのテクノロジーを複数導入していること。
○職員間の適切な役割分担（いわゆる介護助手の活用など）の取組などを行っていること。
○1 年以内ごとに 1 回、業務改善の取組による効果を示すデータの提供（オンラインによる提出）を行うこと。

注：生産性向上に資する取組を従来より進めている施設などにおいては、（Ⅱ）のデータによる業務改善の取組による成果と同等以上のデータを示すなどの場合には、（Ⅱ）の加算を取得せず、（Ⅰ）の加算を取得することも可能である。

＜生産性向上推進体制加算（Ⅱ）＞（新設）
○利用者の安全ならびに介護サービスの質の確保および職員の負担軽減に資する方策を検討するための委員会の開催や必要な安全対策を講じた上で、生産性向上ガイドラインに基づいた改善活動を継続的に行っていること。
○見守り機器などのテクノロジーを 1 つ以上導入していること。
○ 1 年以内ごとに 1 回、業務改善の取組による効果を示すデータの提供（オンラインによる提出）を行うこと。

業務改善の取組による効果を示すデータ

○（Ⅰ）において提供を求めるデータは、以下の項目とする。
ア 利用者の QOL などの変化（WHO-5 など）
イ 総業務時間および当該時間に含まれる超過勤務時間の変化
ウ 年次有給休暇の取得状況の変化
エ 心理的負担等の変化（SRS-18 など）
オ 機器の導入による業務時間（直接介護、間接業務、休憩等）の変化（タイムスタディ調査）
○（Ⅱ）において求めるデータは、（Ⅰ）で求めるデータのうち、アからウの項目とする。
○（Ⅰ）における業務改善の取組による成果が確認されていることとは、ケアの質が確保（アが維持または向上）された上で、職員の業務負担の軽減（イが短縮、ウが維持または向上）が確認されることをいう。

見守り機器などのテクノロジーの要件

○見守り機器等のテクノロジーとは、以下のアからウに掲げる機器をいう。
ア 見守り機器
イ インカムなどの職員間の連絡調整の迅速化に資する ICT 機器
ウ 介護記録ソフトウェアやスマートフォン等の介護記録の作成の効率化に資する ICT 機器（複数の機器の連携も含め、データの入力から記録・保存・活用までを一体的に支援するものに限る）
○見守り機器などのテクノロジーを複数導入するとは、少なくともアからウまでに掲げる機器はすべて使用することであり、その際、アの機器はすべての居室に設置し、イの機器はすべての介護職員が使用すること。なお、アの機器の運用については、事前に利用者の意向を確認することとし、当該利用者の意向に応じ、機器の使用を停止するなどの運用は認められるものであること。

制度改正編

質問46 効率的なサービス提供に向けた報酬改定に何がありますか？①

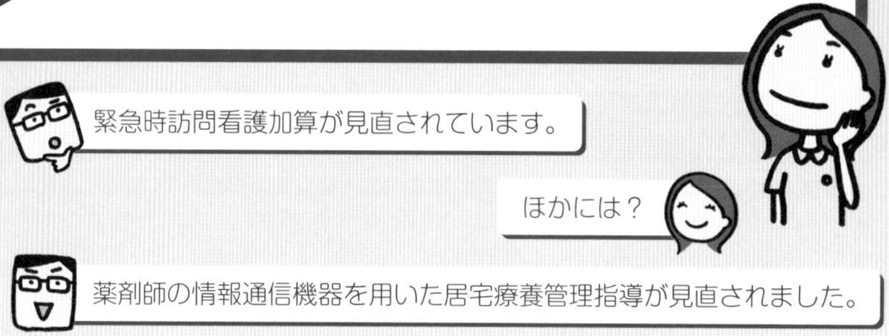

訪問看護では、緊急時訪問看護加算が見直されました。

訪問看護、定期巡回・随時対応型訪問介護看護では、訪問看護などにおける**24時間対応体制**を充実する観点から、夜間対応する看護師などの勤務環境に配慮した場合を評価する**緊急時訪問看護加算**の区分が新設されました。この緊急時訪問看護加算(Ⅰ)の算定には、利用者や家族などから電話などで看護に関する意見を求められた場合に常時対応できる体制、緊急時訪問における看護業務の負担軽減に向けた業務管理体制の整備が求められます。

なお、医療保険の緊急訪問看護加算と異なり、介護保険の緊急時訪問看護加算は緊急時に対応する体制を評価する加算です。

薬剤師による居宅療養管理指導が見直されました。

居宅療養管理指導では、オンライン服薬指導にかかわる医薬品医療機器等法のルールの見直しを踏まえて、薬剤師による情報通信機器を用いた**居宅療養管理指導の基本報酬と算定要件**が見直されました。初回から情報通信機器を用いた居宅療養管理指導、訪問診療で交付された処方箋以外の処方箋に基づく情報通信機器を用いた居宅療養管理指導の算定が可能になり、居宅療養管理指導の算定の上限がこれまでの月1回か**ら月4回**に変更されました。また算定要件のうち、「在宅時医学総合管理料に規定する訪問診療の実施に伴う処方箋の交付」「居宅療養管理指導費のハ(2)を月1回算定」という要件が削除されています。

緊急時訪問看護加算の見直し

単位数

<現行>

緊急時訪問看護加算	
指定訪問看護ステーションの場合	574 単位 / 月
病院または診療所の場合	315 単位 / 月
一体型定期巡回・随時対応型訪問介護看護事業所の場合	315 単位 / 月

<改定後>

緊急時訪問看護加算（Ⅰ）（新設）	
指定訪問看護ステーションの場合	600 単位 / 月
病院または診療所の場合	325 単位 / 月
一体型定期巡回・随時対応型訪問介護看護事業所の場合	325 単位 / 月

緊急時訪問看護加算（Ⅱ）	
指定訪問看護ステーションの場合	574 単位 / 月
病院または診療所の場合	315 単位 / 月
一体型定期巡回・随時対応型訪問介護看護事業所の場合	315 単位 / 月

算定要件等

<緊急時訪問看護加算（Ⅰ）>（新設）

○次に掲げる基準のいずれにも適合すること。

（1）利用者またはその家族などから電話等により看護に関する意見を求められた場合に常時対応できる体制にあること。

（2）緊急時訪問における看護業務の負担の軽減に資する十分な業務管理などの体制の整備が行われていること。

<緊急時訪問看護加算（Ⅱ）>

○緊急時訪問看護加算（Ⅰ）の（1）に該当するものであること。

情報通信機器を用いた居宅療養管理指導の見直し

単位数

<現行>

情報通信機器を用いた場合　45 単位 / 回（月 1 回まで）

<改定後>

46 単位 / 回（月 4 回まで）（変更）

算定要件等

<現行>	<改定後>
○診療報酬における在宅時医学総合管理料に規定する訪問診療の実施に伴い、処方箋が交付された利用者であること。	（削除）
○指定居宅サービス介護給付費単位数表の居宅療養管理指導費のハ（2）を月に 1 回算定していること。	（削除）

制度改正編

質問47 効率的なサービス提供に向けた報酬改定に何がありますか？②

個別機能訓練加算が見直されています。

ほかには？

居宅介護支援の基本報酬や基準が見直されました。

通所介護では、個別機能訓練加算が見直されました。

通所介護、地域密着型通所介護では、機能訓練を行う人材の有効活用を図る観点から、**個別機能訓練加算**が見直されました。個別機能訓練加算では、通所介護・地域密着型通所介護事業所の機能訓練指導員が、利用者の居宅を訪問し、ニーズを把握するとともに、居宅での生活状況を確認しますが、個別機能訓練加算（Ⅰ）ロの算定では、通所介護における機能訓練指導員の配置時間の要件が「配置時間の定めなし」に緩和されました。ただし、報酬は減額されています。

なお、個別機能訓練加算（Ⅰ）イと個別機能訓練加算（Ⅱ）の要件には変更ありません。

居宅介護支援では、基本報酬や基準などが見直されました。

居宅介護支援では、基本報酬や基準などが見直されました。基本報酬が引き上げられ、**ケアマネジャー1人あたりの取扱件数**が変更されています。居宅介護支援事業所に属するケアマネジャーの員数は、利用者の数（居宅介護支援の利用者数に当該事業所における介護予防支援の利用者の数に3分の1を乗じた数を加えた数）が35人に対して1人でしたが、**44人に対して1人**に変更されました。

また、居宅介護支援費（Ⅱ）の算定要件には**ケアプランデータ連携システムの活用**が追加されており、事務職員を配置している場合、事務職員は**利用者数49人に対して1人配置**することが求められます。

個別機能訓練加算の見直し

単位数

＜現行＞		＜改定後＞
個別機能訓練加算（Ⅰ）イ	56 単位／日	変更なし
個別機能訓練加算（Ⅰ）ロ	85 単位／日	個別機能訓練加算（Ⅰ）ロ　76 単位／日（変更）
個別機能訓練加算（Ⅱ）	20 単位／月	変更なし

算定要件等

	個別機能訓練加算（Ⅰ）ロ
ニーズ把握・情報収集	通所介護・地域密着型通所介護事業所の機能訓練指導員が、利用者の居宅を訪問し、ニーズを把握するとともに、居宅での生活状況を確認。
機能訓練指導員の配置	専従 1 名以上配置（配置時間の定めなし） ※ 人員欠如減算・定員超過減算に該当している場合は、個別機能訓練加算を算定しない。 ※ 個別機能訓練加算（Ⅰ）イの配置（専従 1 名以上配置（配置時間の定めなし））に加え、合計で 2 名以上の機能訓練指導員を配置している時間帯において算定が可能。

居宅介護支援費の基本報酬・算定基準・基準の見直し

例：要介護 3･4･5 の場合

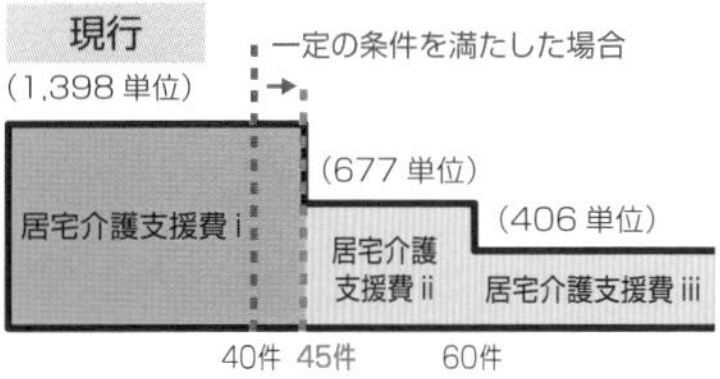

居宅介護支援費（Ⅱ）の算定要件
ICT 機器の活用または事務職員の配置

指定介護予防支援の提供を受ける利用者数の取扱件数
2 分の 1 換算

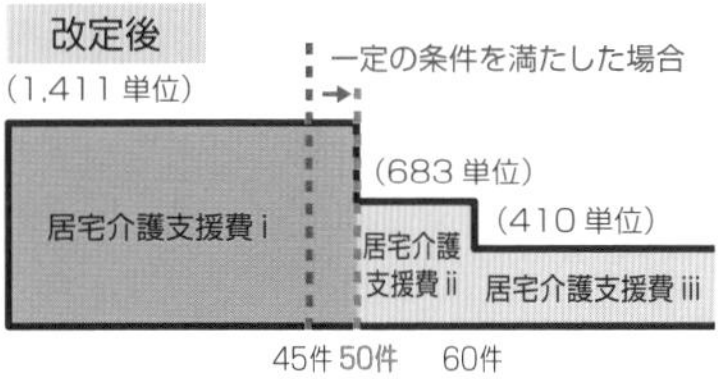

居宅介護支援費（Ⅱ）の算定要件
ケアプランデータ連携システムの活用および事務職員の配置

指定介護予防支援の提供を受ける利用者数の取扱件数
3 分の 1 換算

基準

介護支援専門員の員数
【居宅介護支援】

＜現行＞
利用者の数が 35 又はその端数を増すごとに 1 とする。

＜改定後＞
- 利用者の数（介護予防支援を行う場合にあっては、当該事業所における指定居宅介護支援の利用者の数に当該事業所における指定介護予防支援の利用者の数に 3 分の 1 を乗じた数を加えた数）が 44 またはその端数を増すごとに 1 とする。
- 居宅介護支援事業所が、ケアプランデータ連携システムを利用し、かつ、事務職員を配置している場合は、利用者の数が 49 またはその端数を増すごとに 1 とする。

制度改正編

質問48 評価の適正化に向けた報酬改定に何がありますか？①

同一建物減算に新たな区分が設けられます。

ほかには？

訪問看護の減算が見直されました。

訪問介護では、同一建物減算に新たな区分が設けられました。

訪問介護では、利用者の一定割合以上が同一建物の居住者である場合の**同一建物減算**に新たな区分が設けられました。これまでの「① 10%減算＝事業所と同一敷地内・隣接敷地内に所在する建物に居住する者が 1 月 49 人」「② 15%減算＝事業所と同一敷地内・隣接敷地内に所在する建物に居住する者が 1 月 50 人以上」「③ 10%減算＝①以外に所在する建物に居住する者が 1 月 20 人以上」に加えて、「④ 12%減算＝事業所と同一敷地内・隣接敷地内に所在する建物に居住する者が 1 月 49 人で、前 6 月間に提供したサービス提供総数に占める割合が 100 分の 90 以上」という区分が新設されています。

理学療法士などによる訪問看護では、減算が見直されました。

訪問看護では、訪問看護に求められる役割に基づくサービスが提供されるようにする観点から、**理学療法士などの訪問における基本報酬**と **12 月を超えた場合の減算**が見直されました。「前年度の理学療法士、作業療法士、言語聴覚士による訪問回数が、看護職員による訪問回数を超えている」「緊急時訪問看護加算、特別管理加算及び看護体制強化加算をいずれも算定していない」のいずれかに該当する場合には、訪問看護または介護予防訪問介護の**基本報酬が減算**されます。

なお、いずれかに該当し、12 か月を超えて介護予防訪問介護を提供した場合には、さらに減算されることになります。

同一建物等居住者にサービス提供する場合の見直し

現行（例）

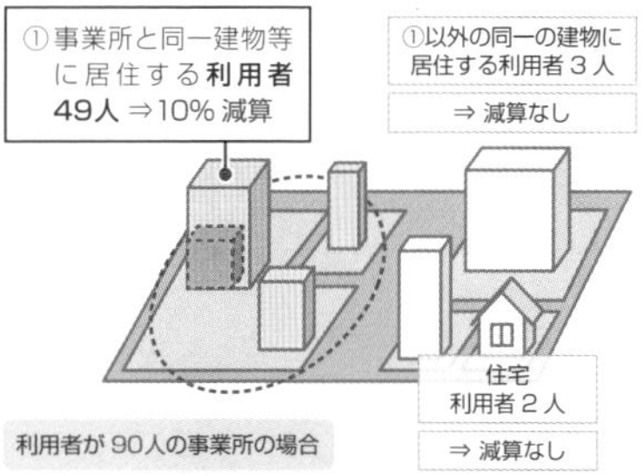

改定後（例）

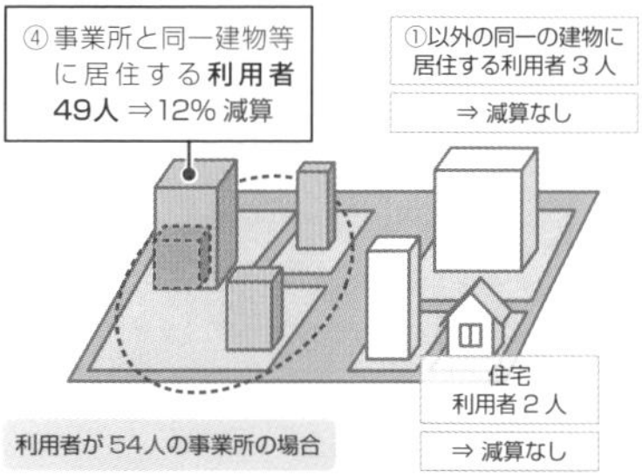

事業所と同一建物等に居住する利用者が 50 人以上の場合

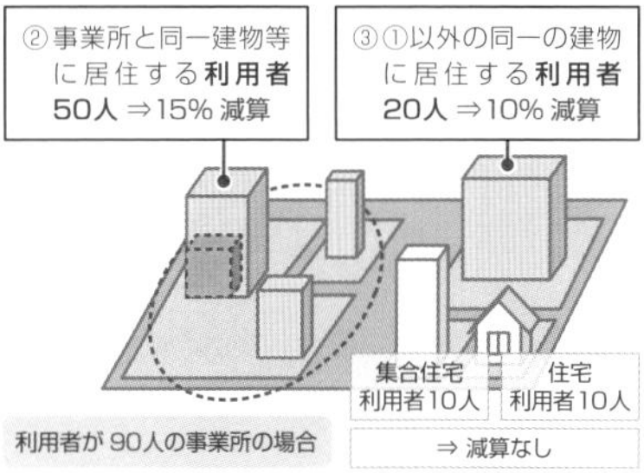

減算の内容	算定
10%減算	①：事業所と同一敷地内または隣接する敷地内に所在する建物に居住する者（②および④に該当する場合を除く
15%減算	②：事業所と同一敷地内または隣接する敷地内に所在する建物に居住する利用者の人数が１月あたり 50 人以上の場合
10%減算	③：上記①以外の範囲に所在する建物に居住する者（当該建物に居住する利用者の人数が１月あたり 20 人以上の場合）
12%減算	④：正当な理由なく、事業所において、前６月間に提供した訪問介護サービスの提供総数のうち，事業所と同一敷地内または隣接する敷地内に所在する建物に居住する者（②に該当する場合を除く）に提供されたものの占める割合が 100 分の 90 以上である場合

脚注：訪問介護事業所　改定後に減算となるもの　現行の減算となるもの　減算とならないもの

理学療法士などによる訪問看護の評価の見直し

訪問看護費

理学療法士、作業療法士、言語聴覚士による訪問		②緊急時訪問看護加算、特別管理加算、看護体制強化加算	
		算定している	算定していない
①訪問回数	看護職員≧リハ職	―	**8単位減算**（新設）
	看護職員＜リハ職	**8単位減算**（新設）	**8単位減算**（新設）

介護予防訪問看護費

理学療法士、作業療法士、言語聴覚士による訪問		②緊急時訪問看護加算、特別管理加算、看護体制強化加算	
		算定している	算定していない
①訪問回数	看護職員≧リハ職	12月を超えて行う場合は５単位減算（現行のまま）	**8単位減算**（新設）※
	看護職員＜リハ職	**8単位減算**（新設）※	**8単位減算**（新設）※

※ 12 月を超えて訪問を行う場合は更に **15 単位減算**（新設）

制度改正編

質問49 評価の適正化に向けた報酬改定に何がありますか？②

短期入所生活介護の新区分が設定されています。

ほかには？

居宅介護支援の基本報酬の減算が新設されました。

短期入所生活介護では、新たな区分が設けられました。

短期入所生活介護では、長期利用の適正化を図る観点から、新たな区分が設けられました。連続して 60 日を超えて同一の短期入所生活介護事業所に入所している利用者へのサービス提供は、**介護福祉施設サービス費と同単位数の基本報酬**が適用されます。

ただし、併設型はすでに長期利用者に対する減算によって介護福祉施設サービス費以下の単位数となっているため、さらなる単位数の減算は行われません。同様に、介護予防短期入所生活介護では、**連続して 60 日を超えて**同一の短期入所生活介護事業所に入所している利用者へのサービス提供は減算されます。

居宅介護支援では、基本報酬の減算が新設されました。

居宅介護支援では、利用者が居宅介護支援事業所と併設・隣接する高齢者向け住宅などに入居している場合や複数の利用者が同一の建物に入居している場合には、介護支援専門員の業務の実態を踏まえた評価となるように、**基本報酬の減算**が新設されました。

この「同一建物に居住する利用者へのケアマネジメント」の算定対象となるのは、「居宅介護支援事業所の建物と同一あるいは隣接する敷地内の建物または居宅介護支援事業所と同一建物に居住する利用者」「1 月当たりの利用者が同一建物に 20 人以上居住する建物に居住する利用者」です。

短期入所生活介護の基本報酬の見直し

単位数

○短期入所生活介護
＜改定後＞

（要介護３の場合）	単独型	併設型	単独型ユニット型	併設型ユニット型
基本報酬	787単位	745単位	891単位	847単位
長期利用者減算適用後（31日～60日）	757単位	715単位	861単位	817単位
長期利用の適正化（61日以降）（新設）	732単位	715単位	815単位	815単位
（参考）介護老人福祉施設	732単位		815単位	

※ 長期利用について、介護福祉施設サービス費の単位数と同単位数とする。（併設型は、すでに長期利用者に対する減算によって介護福祉施設サービス費以下の単位数となっていることから、さらなる単位数の減は行わない）

○**介護予防短期入所生活介護**（新設）
＜改定後＞
要支援１　（ユニット型）介護予防短期入所生活介護費について（ユニット型）介護福祉施設サービス費の要介護１の単位数の100分の75に相当する単位数を算定する。
要支援２　（ユニット型）介護予防短期入所生活介護費について（ユニット型）介護福祉施設サービス費の要介護１の単位数の100分の93に相当する単位数を算定する。

算定要件等

○短期入所生活介護　連続して60日を超えて同一の短期入所生活介護事業所に入所している利用者
○介護予防短期入所生活介護　連続して30日を超えて同一の介護予防短期入所生活介護事業所に入所している利用者

居宅介護支援の減算の新設

単位数

＜現行＞
なし

＜改定後＞
同一建物に居住する利用者へのケアマネジメント　所定単位数の95％を算定（新設）

算定要件等

対象となる利用者
・居宅介護支援事業所の所在する建物と同一の敷地内、隣接する敷地内の建物または居宅介護支援事業所と同一の建物に居住する利用者
・居宅介護支援事業所における１月当たりの利用者が同一の建物に20人以上居住する建物（上記を除く）に居住する利用者

制度改正編

質問50 評価の適正化に向けた報酬改定に何がありますか？③

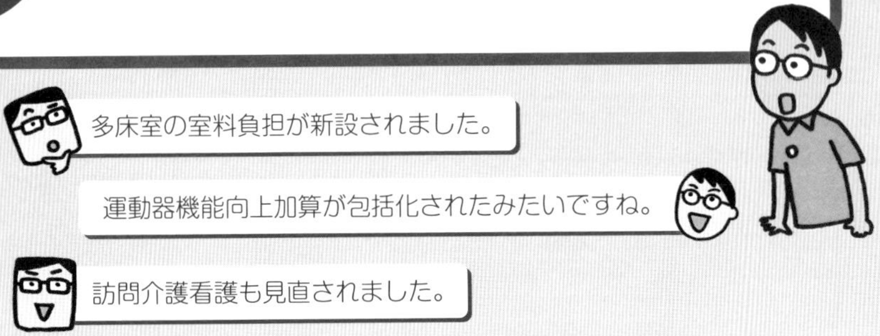

介護老人保健施設などでは、室料負担が新設されました。

短期入所療養介護、介護老人保健施設、介護医療院では、「その他型」および「療養型」の介護老人保健施設、「Ⅱ型」の介護医療院について、新たに室料負担（月額8千円相当）が導入されました。該当する施設の多床室（いずれも8㎡/人以上）について、26単位/日の**室料相当額控除**と、260円/日の**基準費用額（居住費）**が新設されています。

また、介護予防通所リハビリテーションでは、**運動器機能向上加算**が廃止され（基本報酬への包括化）、複数の加算を組み合わせて算定する**選択的サービス複数実施加算**が見直され、**一体的サービス提供加算**が新設されました。

訪問介護看護では、新たな区分が設けられました。

定期巡回・随時対応型訪問介護看護では、夜間対応型訪問介護との一体的実施を図る観点から、**基本報酬**に夜間対応型訪問介護の利用者負担に配慮した新たな区分が設けられました。この基本夜間訪問サービス費の対象者は、夜間にのみサービスを必要とする利用者であり、定期巡回サービス費、随時訪問サービス費（Ⅰ）、随時訪問サービス費（Ⅱ）（2人の訪問介護員などにより訪問する場合）が、要介護度によらず、1回あたり出来高で算定されます。

なお、この新たな区分は、一体型事業所だけでなく、**連携型事業所**も同様に適用されることになります。

多床室の室料負担の新設

単位数

【短期入所療養介護、介護老人保健施設、介護医療院】

＜現行＞	＜改定後＞
なし	**該当する施設の多床室について、室料相当額控除として**▲ 26 単位 / 日（新設） **該当する施設の多床室における基準費用額（居住費）**について +260 円 / 日（新設）

算定要件等

○以下の多床室（いずれも $8m^2$/ 人以上に限る）の入所者について、基本報酬から室料相当額を減算し、利用者負担を求めることとする。（新設）
- ・「その他型」および「療養型」の介護老人保健施設の多床室
- ・「Ⅱ型」の介護医療院の多床室

○ただし、基準費用額（居住費）を増額することで、一定未満の所得の方については補足給付により利用者負担を増加させない。

運動器機能向上加算の基本報酬への包括化

単位数

＜現行＞	＜改定後＞
運動器機能向上加算　225 単位 / 月	廃止（基本報酬で評価）
選択的サービス複数実施加算Ⅰ　480 単位	廃止（栄養改善加算、口腔機能向上加算で評価）
選択的サービス複数実施加算Ⅱ　700 単位	**一体的サービス提供加算**　480 単位 / 月（新設）

算定要件等

○以下の要件をすべて満たす場合、一体的サービス提供加算を算定する（新設）
- ・栄養改善サービスおよび口腔機能向上サービスを実施していること。
- ・利用者が介護予防通所リハビリテーションの提供を受けた日において、当該利用者に対し、栄養改善サービスまたは口腔機能向上サービスのうちいずれかのサービスを行う日を 1 月につき 2 回以上設けていること。
- ・栄養改善加算、口腔機能向上加算を算定していないこと。

定期巡回・随時対応型訪問介護看護の基本報酬の見直し

単位数・算定要件等

＜改定後＞

一体型事業所（※）

介護度	介護・看護利用者	介護利用者	夜間にのみサービスを必要とする利用者（新設）
要介護 1	7,946 単位	5,446 単位	【定額】 ・基本夜間訪問サービス費：989 単位 / 月
要介護 2	12,413 単位	9,720 単位	【出来高】 ・定期巡回サービス費：372 単位 / 回
要介護 3	18,948 単位	16,140 単位	・随時訪問サービス費（Ⅰ）：567 単位 / 回 ・随時訪問サービス費（Ⅱ）：764 単位 / 回
要介護 4	23,358 単位	20,417 単位	（2 人の訪問介護員等により訪問する場合）
要介護 5	28,298 単位	24,692 単位	注：要介護度によらない

※連携型事業所も同様

制度改正編

質問51 そのほかの報酬改定に何がありますか？

基準費用額が見直されました。

ほかには？

食費・居住費の負担軽減も変更されます。

短期入所系・施設系では、基準費用額が見直されました。

短期入所系・施設系サービスでは、2022 年の家計調査によれば高齢者世帯の光熱・水道費は 2018 年と比較して上昇しており、在宅で生活する者と施設で生活する者の負担の均衡を図る観点から、**基準費用額（居住費）**が見直され、すべての居室類型において 1 日あたり 60 円引き上げられました。

ただし、従来からの補足給付の仕組みにおいて負担限度額が 0 円である利用者負担第 1 段階の多床室利用者については、負担限度額が据え置かれ、利用者負担が増えないようにされています。なお、この基準費用額の引き上げは、**2024 年 8 月**から施行されます。

低所得者の食費・居住費の負担軽減も変更されます。

基準費用額の引き上げに伴って、低所得者の食費・居住費の負担軽減に向けた**補足給付**の仕組みも変更されています。「第 1 段階：生活保護受給者、世帯全員が市町村民是非課税である老齢福祉年金受給者」「第 2 段階：世帯全員が市町村民税非課税、年金収入金額＋合計所得金額＝ 80 万円以下」「第 3 段階①：世帯全員が市町村民税非課税、年金収入金額＋合計所得金額＝ 80 ～ 120 万円以下」「第 3 段階②：世帯全員が市町村民税非課税、年金収入金額＋合計所得金額 120 万円超」の負担軽減の対象者には、所得に応じた負担限度額が設定されており、**基準費用額と負担限度額の差額**が給付されます。

基準費用額（居住費）の見直し

単位数

【基準費用額（居住費）】

	＜現行＞		＜改定後＞
多床室（特養等）	855円	▶	915円
多床室（老健・医療院等）	377円		437円
従来型個室（特養等）	1,171円		1,231円
従来型個室（老健・医療院等）	1,668円		1,728円
ユニット型個室的多床室	1,668円		1,728円
ユニット型個室	2,006円		2,066円

低所得者の食費・居住費の負担軽減の仕組み

※ 2016年8月以降は、非課税年金も含む

	利用者負担段階	主な対象者		預貯金額（夫婦の場合）（※）
負担軽減の対象となる低所得者	第1段階	・生活保護受給者		要件なし
		・世帯（世帯を分離している配偶者を含む。以下同じ）全員が市町村民税非課税である老齢福祉年金受給者		1,000万円(2,000万円)以下
	第2段階	・世帯全員が市町村民税非課税	年金収入金額（※）＋合計所得金額が80万円以下	650万円(1,650万円)以下
	第3段階①		年金収入金額（※）＋合計所得金額が80万円超～120万円以下	550万円(1,550万円)以下
	第3段階②		年金収入金額（※）＋合計所得金額が120万円超	500万円(1,500万円)以下
	第4段階	・世帯に課税者がいる者 ・市町村民税本人課税者		

			基準費用額（日額（月額））	負担限度額（日額（月額））※短期入所生活介護等（日額）【】はショートステイの場合			
				第1段階	第2段階	第3段階①	第3段階②
食費			1,445円(4.4万円)	300円(0.9万円)【300円】	390円(1.2万円)【600円(1.8万円)】	650円(2.0万円)【1,000円(3.0万円)】	1,360円(4.1万円)【1,300円(4.0万円)】
居住費	多床室	特養等	915円(2.8万円)	0円(0万円)	430円(1.3万円)	430円(1.3万円)	430円(1.3万円)
		老健・医療院等	437円(1.3万円)	0円(0万円)	430円(1.3万円)	430円(1.3万円)	430円(1.3万円)
	従来型個室	特養等	1,231円(3.7万円)	380円(1.2万円)	480円(1.5万円)	880円(2.7万円)	880円(2.7万円)
		老健・医療院等	1,728円(5.3万円)	550円(1.7万円)	550円(1.7万円)	1,370円(4.2万円)	1,370円(4.2万円)
	ユニット型個室的多床室		1,728円(5.3万円)	550円(1.7万円)	550円(1.7万円)	1,370円(4.2万円)	1,370円(4.2万円)
	ユニット型個室		2,066円(6.3万円)	880円(2.6万円)	880円(2.6万円)	1,370円(4.2万円)	1,370円(4.2万円)

付録1 その他の細かな制度改正

1　地域包括ケアシステムの進化・推進

新興感染症発生時などの対応を行う医療機関との連携

⇒　特定施設入居者生活介護、地域密着型特定施設入居者生活介護、認知症対応型共同生活介護、介護老人福祉施設、地域密着型介護老人福祉施設入所者生活介護、介護老人保健施設、介護医療院

・施設系サービス及び居住系サービスについて、利用者及び入所者における新興感染症の発生時等に、感染者の診療等を迅速に対応できる体制を平時から構築しておくため、感染者の診療等を行う協定締結医療機関と連携し、新興感染症発生時における対応を取り決めるよう努めることとする。

・また、協力医療機関が協定締結医療機関である場合には、当該協力医療機関との間で、新興感染症の発生時等の対応について協議を行うことを義務づける。

介護老人福祉施設などにおける給付調整のわかりやすい周知

⇒　介護老人福祉施設、地域密着型介護老人福祉施設入所者生活介護

・診療報酬との給付調整について正しい理解を促進する観点から、配置医師が算定できない診療報酬、配置医師でも算定できる診療報酬であって介護老人福祉施設などで一般的に算定されているものについて、誤解されやすい事例を明らかにするなど、わかりやすい方法で周知を行う。

・介護老人福祉施設は、基準上、入所者に対し、健康管理および療養上の指導を行うために必要な数の医師を配置することとされており、この配置医師が行う健康管理および療養上の指導は介護報酬で評価されるため、初診・再診料などについては、診療報酬の算定はできない。

・一方で、配置医師以外の医師（外部医師）については、（1）緊急の場合、（2）配置医師の専門外の傷病の場合に、「初・再診料」、「往診料」などを算定できる。また、（3）末期の悪性腫瘍の場合、（4）在宅療養支援診療所などの医師による看取りの場合に限っては、「在宅患者訪問診療料」なども算定できる。

・こうした入所者に対する医療行為の報酬上の評価の取扱いについては、「特別養護老人ホーム等における療養の給付の取扱いについて」で規定している。

福祉用具貸与・販売種目のあり方検討会を踏まえた対応

⇒　福祉用具貸与、特定福祉用具販売

・介護保険制度における福祉用具貸与・販売種目のあり方検討会において取りまとめられた対応の方向性を踏まえ、福祉用具の安全利用の促進、サービスの質の向上および給付の適正化の観点から、福祉用具に係る事故情報のインターネット公表、福祉用具専門相談員指定講習カリキュラムの見直し、介護保険における福祉用具の選定の判断基準の見直しや自治体向けの点検マニュアルの作成などの対応を行う。

●改正後の算定要件等

・安全な利用の促進：福祉用具貸与事業所向けの「事故報告様式」および「利用安全の手引き」の活用促進。福祉用具の事故及びヒヤリ・ハット情報に関するインターネット上での公表など。

・サービスの質の向上：福祉用具専門相談員指定講習カリキュラムの見直し。現に従事している福祉用具専門相談員に対する研修機会およびPDCAの適切な実践に関する周知徹底など。

・給付の適正化：「介護保険における福祉用具の選定の判断基準」の見直し（新たな福祉用具の追加、医療職を含む多職種や自治体職員等の幅広い関係者で共有できる内容とする観点からの見直し）。自治体職員などによるチェック体制の充実・強化を図るための自治体向け点検マニュアルの作成など。

2　自立支援・重度化防止に向けた対応

ユニットケア施設管理者研修の努力義務化

⇒　短期入所生活介護、短期入所療養介護、介護老人福祉施設、地域密着型介護老人福祉施設入所者生活介護、介護老人保健施設、介護医療院

・ユニットケアの質の向上の観点から、個室ユニット型施設の管理者は、ユニット

ケア施設管理者研修を受講するよう努めなければならないこととする。

3　良質な介護サービスの効率的な提供に向けた働きやすい職場づくり

テレワークの取扱い

⇒　居宅療養管理指導を除く全サービス

・人員配置基準などで具体的な必要数を定めて配置を求めている職種のテレワークに関して、個人情報を適切に管理していること、利用者の処遇に支障が生じないことなどを前提に、取扱いの明確化を行い、職種や業務ごとに具体的な考え方を示す。

利用者の安全ならびに介護サービスの質の確保、職員の負担軽減に資する方策を検討するための委員会の設置の義務付け

⇒　短期入所系サービス、居住系サービス、多機能系サービス、施設系サービス

・介護現場における生産性の向上に資する取組の促進を図る観点から、現場における課題を抽出および分析した上で、事業所の状況に応じて、利用者の安全ならびに介護サービスの質の確保及び職員の負担軽減に資する方策を検討するための委員会の設置を義務付ける。その際、3年間の経過措置期間を設けることとする。

管理者の責務および兼務範囲の明確化

⇒　全サービス

・提供する介護サービスの質を担保しつつ、介護サービス事業所を効率的に運営する観点から、管理者の責務について、利用者へのサービス提供の場面などで生じる事象を適時かつ適切に把握しながら、職員及び業務の一元的な管理・指揮命令を行うことである旨を明確化した上で、管理者が兼務できる事業所の範囲について、管理者がその責務を果たせる場合には、同一敷地内における他の事業所、施設などではなくても差し支えない旨を明確化する。

ローカルルールの必要性の説明

⇒　全サービス

・都道府県および市町村に対して、人員配置基準に係るいわゆるローカルルールについて、あくまでも厚生労働省令に従う範囲内で地域の実情に応じた内容とする必要があること、事業者から説明を求められた場合には当該地域における当該ルールの必要性を説明できるようにすることなどを求める。

ユニット間の勤務体制に係る取扱いの明確化

⇒　短期入所生活介護、短期入所療養介護、介護老人福祉施設、地域密着型介護老人福祉施設入所者生活介護、介護老人保健施設、介護医療院

・ユニット型施設において、引き続き入居者などとの「馴染みの関係」を維持しつつ、柔軟なサービス提供により、より良いケアを提供する観点から、職員の主たる所属ユニットを明らかにした上で、必要に応じてユニット間の勤務が可能であることを明確化する。

随時対応サービスの集約化できる範囲の見直し

⇒　定期巡回・随時対応型訪問介護看護

・定期巡回・随時対応型訪問介護看護事業所が行う随時対応サービスについて、適切な訪問体制が確実に確保されており、利用者へのサービス提供に支障がないことを前提に、事業所所在地の都道府県を越えて事業所間連携が可能であることを明確化する。

●改正後の算定要件等

・一体的実施ができる範囲について、都道府県を越えて連携を行っている場合の運用については、その範囲が明確になっていないため、適切な訪問体制が確実に確保されており、利用者へのサービス提供に支障がないことを前提に、事業所所在地の都道府県を越えて事業所間連携が可能であることを明確化する。

小規模介護老人福祉施設の配置基準の見直し

⇒　介護老人福祉施設

・離島・過疎地域に所在する定員30名の小規模介護老人福祉施設における効率的な人員配置を可能とする観点から、短期入所生活介護事業所などを併設する場合に、入所者等の処遇等が適切に行われる場合に限り、当該短期入所生活介護事業所等に生活相談員等を置かないことを可能とする。

●改正後の基準

・離島・過疎地域に所在する定員30名の介護老人福祉施設に、短期入所生活介護事業所等が併設される場合、利用者の処遇が適切に行われる場合に限り、それぞれ次の通り、人員基準の緩和を認める。

①（介護予防）短期入所生活介護事業所が併設される場合、これらの事業所に置かないことができる人員＝医師、生活相談員、栄養士、機能訓練指導員

②（介護予防）通所介護事業所、地域密着型通所介護事業所、（介護予防）認知症対応型通所介護事業所が併設される場合、これらの事業所に置かないことができる人員＝生活相談員、機能訓練指導員

③小規模多機能型居宅介護事業所、看護小規模多機能型居宅介護事業所を併設する場合に、介護老人福祉施設に置かないことができる人員＝介護支援専門員

4　制度の安定性・持続可能性の確保

経過的小規模介護老人福祉施設などの範囲の見直し

⇒　介護老人福祉施設、地域密着型介護老人福祉施設入所生活介護

・報酬体系の簡素化や報酬の均衡を図る観点から、離島・過疎地域以外に所在する経過的小規模介護老人福祉施設であって、他の介護老人福祉施設と一体的に運営されている場合は、介護老人福祉施設の基本報酬に統合する。また、同様の観点から、経過的地域密着型介護老人福祉施設入所者生活介護について、離島・過疎地域に所在する場合を除き、地域密着型介護老人福祉施設の基本報酬に統合する。その際、1年間の経過措置期間を設ける。

●改正後の算定要件等

・入所定員が三十人の指定介護老人福祉施設であること。

・離島または過疎地域に所在すること、または離島または過疎地域以外に所在し、かつ、他の指定介護老人福祉施設と併設されていないこと。

5　その他

「書面掲示」規制の見直し

⇒　全サービス

・運営基準省令上、事業所の運営規程の概要等の重要事項等について、「書面掲示」に加え、インターネット上で 情報の閲覧が完結するよう、介護サービス事業者は、原則として重要事項等の情報をウェブサイトに掲載・公表しなければならないこととする。2025年度から義務付け。

居宅療養管理指導における高齢者虐待防止措置および業務継続計画の策定などにかかわる経過措置期間の延長

⇒　居宅療養管理指導

・居宅療養管理指導について、事業所のほとんどがみなし指定であることや、体制整備に関する更なる周知の必要性などを踏まえ、2024年3月31日までとされている、「ア 虐待の発生またはその再発を防止するための措置」「イ 業務継続計画の策定など」にかかわる経過措置期間を3年間延長する。

通所系サービスにおける送迎に係る取扱いの明確化

⇒　通所介護、地域密着型通所介護、認知症対応型通所介護、通所リハビリテーション、療養通所介護

・通所系サービスにおける送迎について、利便性の向上や運転専任職の人材不足などに対応する観点から、送迎先に ついて利用者の居住実態のある場所を含めるとともに、他の介護事業所や障害福祉サービス事業所の利用者との同乗を可能とする。

●算定要件等

・送迎の範囲について：利用者の送迎について、利用者の自宅と事業所間の送迎を原則とするが、運営上支障がなく、利用者の居住実態（例えば、近隣の親戚の家）がある場所に限り、当該場所への送迎を可能とする。
・他介護事業所利用者との同乗について：介護サービス事業所において、他事業所の従業員が自事業所と雇用契約を結び、自事業所の従業員として送迎を行う場合や、委託契約において送迎業務を委託している場合（共同での委託を含む）には、責任の所在等を明確に した上で、他事業所の利用者との同乗を可能とする。
・障害福祉サービス利用者との同乗について：障害福祉サービス事業所が介護サービス事業所と雇用契約や委託契約（共同での委託を含む）を結んだ場合においても、責任の所在などを明確にした上で、障害福祉サービス事業所の利用者も同乗することを可能とする。なお、この場合の送迎範囲は、利用者の利便性を損うことのない範囲並びに各事業所の通常の事業実施地域範囲内とする。

看護小規模多機能型居宅介護における サービス内容の明確化

⇒　看護小規模多機能型居宅介護

・看護小規模多機能型居宅介護のサービス拠点における「通い」・「泊まり」で提供されるサービスに、看護サービス（療養上の世話または必要な診療の補助）が含まれる旨を明確化する法改正があったことから、その旨を運営基準においても明確化する。

●改正後の基準

・指定看護小規模多機能型居宅介護は、利用者が住み慣れた地域での生活を継続することができるよう、利用者の病状、心身の状況、希望およびその置かれている環境を踏まえて、通いサービス、訪問サービスおよび宿泊サービスを柔軟に組み合わせることにより、当該利用者の居宅において、またはサービスの拠点に通わせ、もしくは短期間宿泊させ、日常生活上の世話および機能訓練ならびに療養上の世話または必要な診療の補助を妥当適切に行うものとする。

付録2 その他の細かな報酬改定

2　自立支援・重度化防止に向けた対応

自立支援促進加算の見直し

⇒　介護老人福祉施設、地域密着型介護老人福祉施設入所者生活介護、介護老人保健施設、介護医療院

・自立支援促進加算について、質の高い情報の収集・分析を可能とし、入力負担を軽減し科学的介護を推進する観点から、見直しを行う。

・医学的評価の頻度について、支援計画の見直し及びデータ提出の頻度と合わせ、「3月に1回」へ見直すことで、事務負担の軽減を行う。

・入力項目の定義の明確化や、他の加算と共通する項目の選択肢を統一化する。

・同一の利用者に複数の加算を算定する場合に、一定の条件下でデータ提出のタイミングを統一できるようにする。

●単位数

・自立支援促進加算 300単位/月　⇒　自立支援促進加算 280単位/月（変更）（介護老人保健施設は300単位/月）

4　制度の安定性・持続可能性の確保

認知症情報提供加算の廃止

⇒　介護老人保健施設

・認知症情報提供加算について、算定実績などを踏まえ、廃止する。

地域連携診療計画情報提供加算の廃止

⇒　介護老人保健施設

・地域連携診療計画情報提供加算について、算定実績等を踏まえ、廃止する。

長期療養生活移行加算の廃止

⇒　介護医療院

・長期療養生活移行加算について、介護療養型医療施設が2023年度末に廃止となることを踏まえ、廃止する。

付録3 制度改正・報酬改定の補足資料

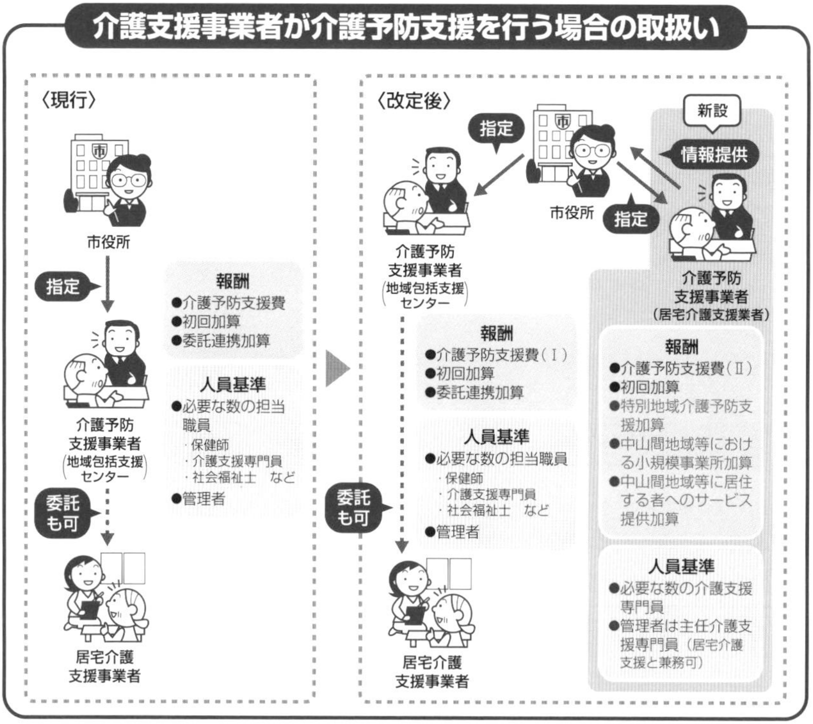

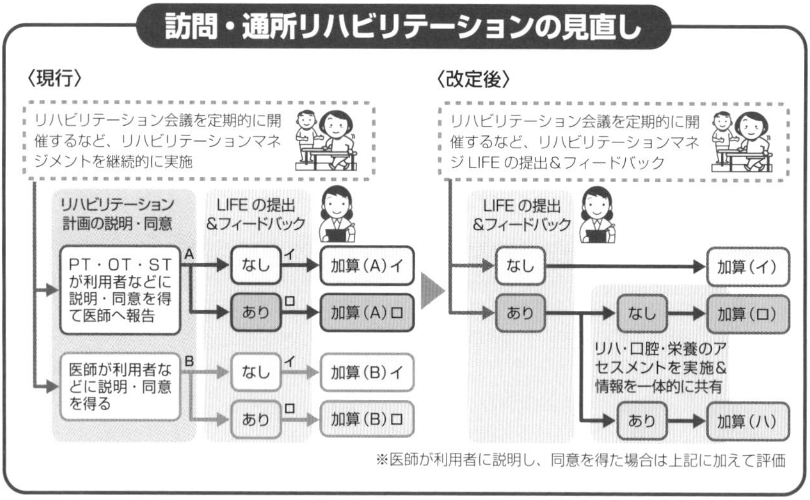

通所リハビリテーションにおけるリハビリテーションマネジメント

○リハビリテーションマネジメントは、調査、計画、実行、評価、改善（以下、「SPDCA」という）のサイクルの構築を通じて、心身機能、活動、参加にバランスよく働きかけるリハビリテーションが提供できているか、継続的に管理することにより、質の高いリハビリテーションの提供を目指すものである。
○介護報酬においては、基本報酬の算定要件および各加算において評価を行っている。

〈基本報酬〉

○医師の詳細な指示
リハビリテーションの目的に加え、以下のいずれか１以上の指示を行う
・開始前、実施中の留意事項　・中止基準　・負荷量など

○継続利用時の説明・記載
医師が３月以上の継続利用が必要と判断
⇒軽各所に以下を記載し、説明を行う
・継続利用が必要な理由　・具体的な終了目安
・その他のサービスの併用と以下の見直し

○計画の進捗状況の確認・計画の見直し
・初回評価はおおむね２週間以内　・以降はおおむね３月ごとに評価　・必要に応じて計画を見直す

○他事業所との連携
ケアマネジャーを通じて、その他サービス従事者に、リハビリテーションの観点から、日常生活上の留意点、介護の工夫などの情報伝達する

○他事業所との連携
ケアマネジャーを通じて、その他サービス従事者に、リハビリテーションの観点から、日常生活上の留意点、介護の工夫などの情報伝達する

リハビリテーションマネジメント加算

（イ）の要件

○リハビリテーション会議
以下の頻度でリハビリテーション会議を開催し、計画を見直す
・利用開始から６月以内　・１月に１回以上
・利用開始から６月超　・３月に１回以上

○指導・助言
介護の工夫に関する指導、日常生活上の留意点を助言する
・他サービスの従事者と居宅を訪問し、従業者に対して行う
・居宅を訪問し、家族に対して行う

ケアマネジャーへの情報提供

説明と同意

（ロ）の要件

LIFE提出

（ハ）の要件

口腔アセスメント

栄養アセスメント

リハ・口腔・栄養の情報活用

栄養に関する情報連携のイメージ図

介護保健施設A

施設移動
入院
自宅退所

退所時栄養情報連携加算（新設）
【対象者】
厚生労働大臣が定める特別食を必要とする入所者または低栄養状態にあると医師が判断した入所者
【算定要件】
・管理栄養士が、退所先の医療機関などに対して、当該者の栄養管理に関する情報を提供する
・１月につき１回を限度として所定単位数を算定する

再入所時栄養連携加算
【対象者】
厚生労働大臣が定める特別食などが必要な者
【算定要件】
栄養に関する指導またはカンファレンスに同席し、医療機関の管理栄養士と連携して、虹入所後の栄養ケア計画を作成する
※当該者などの同意を得た上でテレビ電話装置などを活用して行うことも可能。

入院

入院前の施設に再入所

施設退院
転院
自宅退院

栄養情報提供加算（診療報酬）

通所介護などにおける入浴介助加算の見直し

●入浴介助加算（Ⅰ）　●入浴介助加算（Ⅱ）（入浴介助加算（Ⅰ）の要件に加えて）

通所介護事業所

入浴介助の実施

入浴介助を適切に行うことができる人員および設備を有して行われる入浴介助であること。

研修等の実施

入浴介助を行う職員に対し、入浴介助に関する研修などを行うこと。

利用者宅

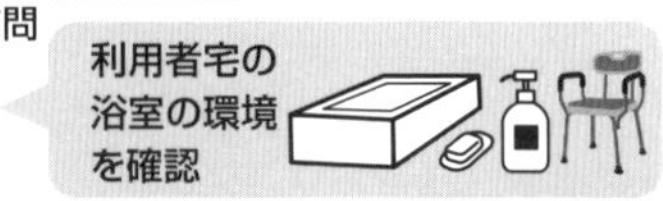

<訪問可能な職種>

医師、理学療法士、作業療法士、介護福祉士、介護支援専門員、または利用者の動作および浴室の環境の評価を行うことができる福祉用具専門相談員、機能訓練指導員、地域包括支援センターの職員、その他住宅改修に関する専門知識·経験を有する者

＋

医師等による利用者の居宅への訪問が困難な場合には、医師等の指示の下、介護職員が利用者の居宅を訪問し、情報通信機器等を活用して把握した浴室における利用者の動作及び浴室の環境を踏まえ、医師等が評価·助言を行なっても差し支えない

通所介護事業所

個別入浴計画を作成 → **個別に入浴を実施**

機能訓練指導員などが共同して、医師などと連携の下で、利用者身体の状況、訪問により把握した浴室の環境などを踏まえた個別の入浴計画を作成。なお、通所介護計画への記載をもって個別の入浴計画の作成に代えることができる。

個浴または利用者の居宅の状況に近い環境（福祉用具などを設置することにより、利用者の居宅の浴室の状況を再現s知恵いるもの）で、入浴介助を行う。

居宅介護支援事業所・福祉用具販売事業所など

利用者宅の浴室が、利用者自身または家族の介助により入浴を行うことが難しい環境にある場合

訪問した医師が、介護支援専門員、福祉用具専門相談員と連携し、福祉用具の購入·住宅改修等環境整備等を助言する。

※黒字下線部　→　留意事項通知や Q&A で示している内容を告示に明示した部分。　赤字　→　新規追加部分。

介護老人保健施設における在宅復帰・在宅療養支援機能の促進

単位数　※多床室、要介護 3 の場合

基本報酬のイメージ

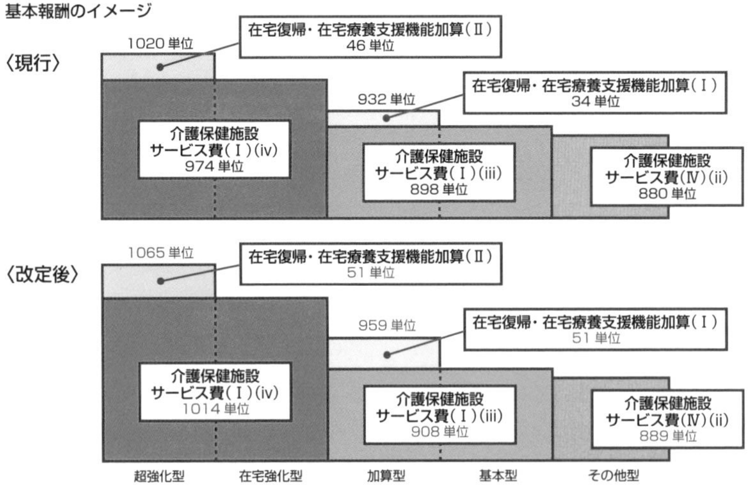

LIFEを活用した取組イメージ

○介護事業所において、介護の質向上に向けてLIFEを活用したPDCAサイクルを推進する。LIFEで収集したデータも活用し、介護報酬制度を含めた施策の立案や介護DXの取組、アウトカム評価につながるエビデンス創出に向けたLIFEデータの研究利活用を推進する。

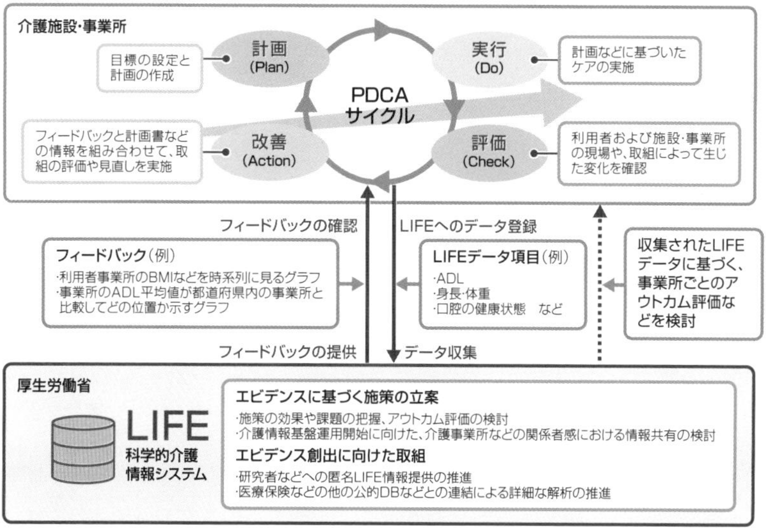

通所介護における個別機能訓練加算の人員配置要件の見直し

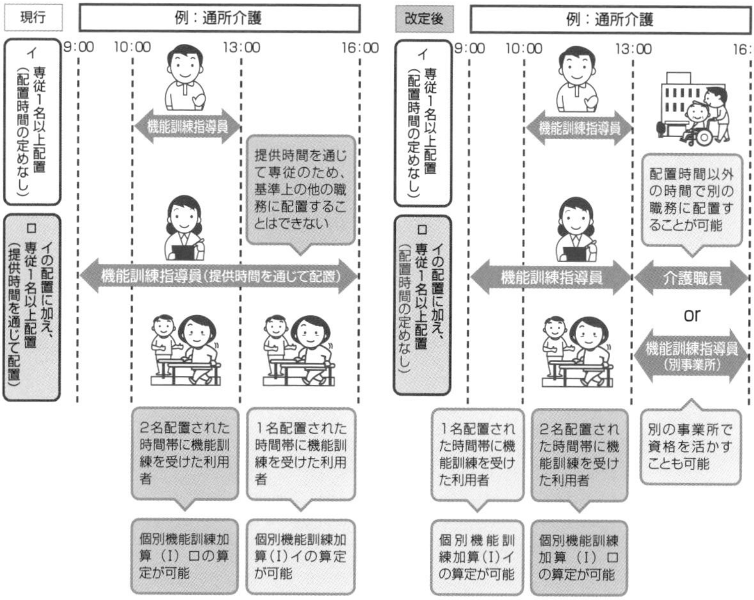

付録4 介護関連の資格とキャリア

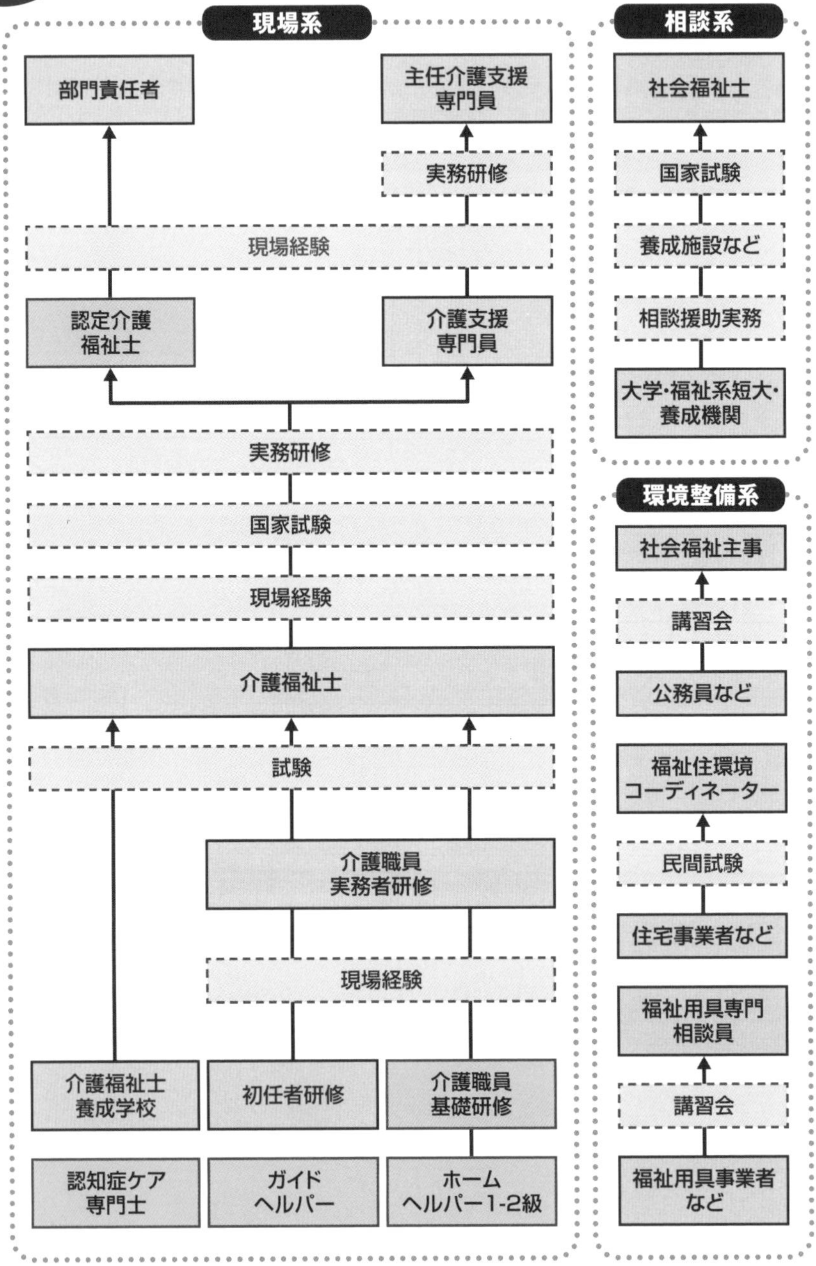

資格の種類	資格の取得条件
ガイドヘルパー 	都道府県、政令指定都市、中核市、または指令事業者が実施している視覚障害者移動介護従業者養成研修（20 時間）、全身性障害者移動介護従業者養成研修（16 時間）、知的障害者移動介護従業者養成研修（16 時間）を修了すること
認知症ケア専門士 	認知症ケアに関連する施設・団体・機関などにおいて過去 10 年間で 3 年以上の認知症ケアの実務経験を有し、認知症ケア専門士認定試験（1 次試験（筆記）：認知症ケアの基礎、認知症ケアの実際 I、認知症ケアの実際 II、認知症ケアにおける社会資源、2 次試験：論述・面接試験）に合格すること
介護職員初任者研修	国の定めた講習（講義 130 時間）を修了すること
介護職員実務者研修 	国の定めた講習（講義 450 時間）を修了すること（ただし現在の取得資格に応じて受講時間の免除制度があり、介護職員基礎研修取得者は 50 時間、ホームヘルパー 1 級取得者は 95 時間、ホームヘルパー 2 級取得者は 320 時間、ホームヘルパー 3 級取得者は 430 時間でよい）
介護福祉士 	国の指定した養成施設を修了すること、もしくは介護社会福祉士および介護実務経験 3 年以上で国家試験（社会・老人・障害者福祉、リハビリテーション、社会福祉援助技術、レクリエーション活動援助、老人・障害者の心理、家政学概論、医学一般、精神保健、介護概論、介護技術など）に合格すること
介護支援専門員 	介護福祉士など保険・医療・福祉分野における資格を持った上で 5 年以上の実務経験を積み、試験（介護保険制度に関する基礎的知識、要介護認定および要支援認定に関する基礎的知識・技能、サービス計画に関する基礎的知識・技能、保健医療・福祉サービスに関する基礎的知識・技能）に合格すること
主任介護支援専門員	原則として介護支援専門員の資格を持った上で 5 年以上の実務経験を積み、所定の専門介護支援専門員研修（70 時間）を受講すること
社会福祉士 	福祉系大学において厚生労働大臣の指定する社会福祉に関する科目を修めて卒業、あるいは福祉系大学・短大において厚生労働大臣の指定する社会福祉に関する科目を修め実務経験または養成施設で働く、あるいは指定施設での実務経験または一般大学を修了し養成施設で働く経験を経て、社会福祉士国家試験に合格すること
社会福祉主事 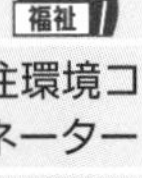	大学において厚生労働大臣の指定する社会福祉に関する科目を修めて卒業すること、あるいは通信教育・養成機関・都道府県等講習会で指定する教育を受けること、あるいは社会福祉士・精神保健福祉士であること
福祉住環境コーディネーター	東京商工会議所が主催する試験に合格すること
福祉用具専門相談員	都道府県が指定した福祉用具専門相談員指定講習を受講し、所定の課程を修了すること

付録5 介護保険におけるサービス利用の流れ

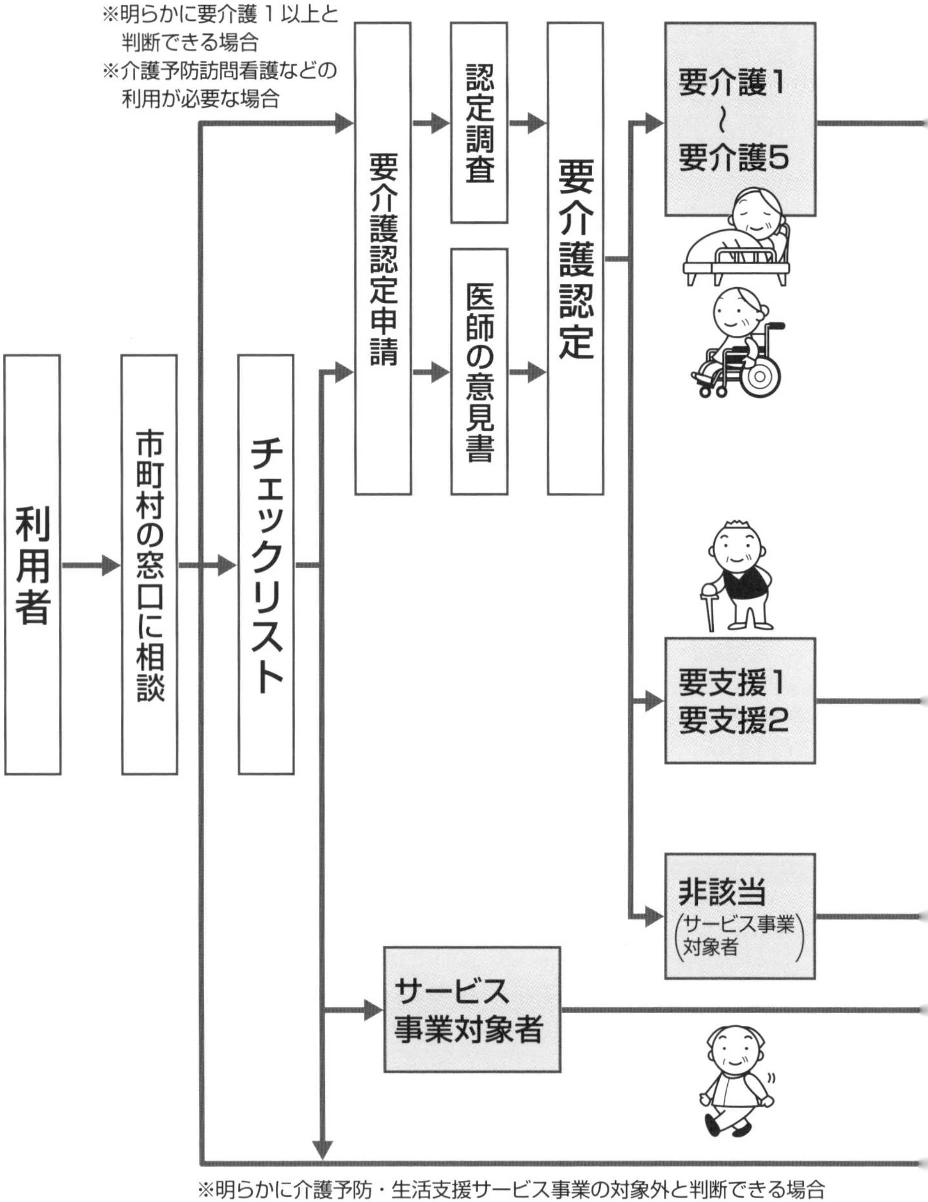

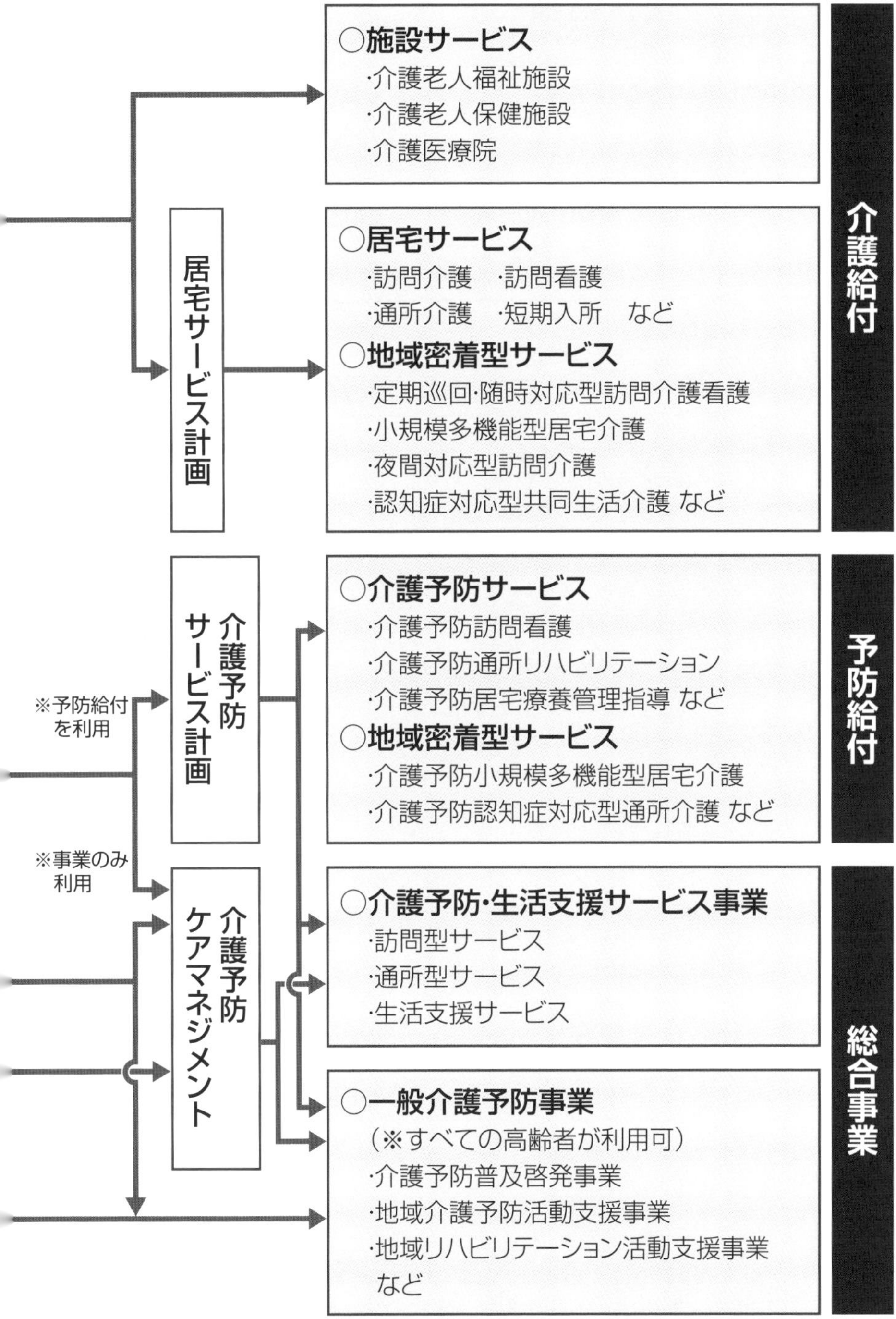
○施設サービス
・介護老人福祉施設
・介護老人保健施設
・介護医療院
居宅サービス計画
○居宅サービス
・訪問介護　・訪問看護
・通所介護　・短期入所　など
○地域密着型サービス
・定期巡回・随時対応型訪問介護看護
・小規模多機能型居宅介護
・夜間対応型訪問介護
・認知症対応型共同生活介護 など
介護給付
※予防給付を利用
介護予防サービス計画
○介護予防サービス
・介護予防訪問看護
・介護予防通所リハビリテーション
・介護予防居宅療養管理指導 など
○地域密着型サービス
・介護予防小規模多機能型居宅介護
・介護予防認知症対応型通所介護 など
予防給付
※事業のみ利用
介護予防ケアマネジメント
○介護予防・生活支援サービス事業
・訪問型サービス
・通所型サービス
・生活支援サービス
○一般介護予防事業
（※すべての高齢者が利用可）
・介護予防普及啓発事業
・地域介護予防活動支援事業
・地域リハビリテーション活動支援事業
など
総合事業

付録 6 課題整理統括表

住環境や心理的な側面などの要因も分析できていますか？

これは原因疾患です。療養管理はできていますか？

利用者名　　　　○○○○ 殿

自立した日常生活の阻害要因（心身の状態、環境等）	①左上下肢麻痺（脳梗塞後遺）	②糖尿病	
	④		

どの程度の麻痺なのか、詳細情報を把握していますか？

状況の事実		現在	要因	改善 / 維持の可能性	
移動	室内移動	自立 **見守り** 一部介助 全介助	①③	**改善** 維持 悪化	
	屋外移動	自立 見守り **一部介助** 全介助	①③	**改善** 維持 悪化	
食事	食事内容	**支障なし** 支障あり		改善 **維持** 悪化	
	食事摂取	**自立** 見守り 一部介助 全介助		改善 **維持** 悪化	
	調理	自立 見守り 一部介助 **全介助**		改善 **維持** 悪化	
排泄	排尿・排便	支障なし **支障あり**	③	**改善** 維持 悪化	
	排泄動作	自立 見守り **一部介助** 全介助	①③	**改善** 維持 悪化	
口腔	口腔衛生	支障なし **支障あり**	①	**改善** 維持 悪化	
	口腔ケア	自立 見守り 一部介助 **全介助**	①	**改善** 維持 悪化	
服薬		**自立** 見守り 一部介助 全介助	①②	改善 **維持** 悪化	
入浴		自立 見守り 一部介助 **全介助**	①③	**改善** 維持 悪化	
更衣		自立 **見守り** 一部介助 全介助	①	改善 **維持** 悪化	
掃除		自立 見守り 一部介助 **全介助**		改善 **維持** 悪化	
洗濯		自立 見守り 一部介助 **全介助**		改善 **維持** 悪化	
整理・物品の管理		自立 見守り 一部介助 **全介助**		改善 **維持** 悪化	
金銭管理		自立 見守り 一部介助 **全介助**		改善 **維持** 悪化	
買物		自立 見守り 一部介助 **全介助**		改善 **維持** 悪化	
コミュニケーション能力		支障なし **支障あり**	①	改善 **維持** 悪化	
認知		**支障なし** 支障あり		改善 **維持** 悪化	
社会との関わり		支障なし **支障あり**	①③	**改善** 維持 悪化	
褥瘡・皮膚の問題		**なし** あり		改善 **維持** 悪化	
問題行動		**なし** あり		改善 **維持** 悪化	
介護力（家族関係含む）		**支障なし** 支障あり		改善 **維持** 悪化	
居住環境		**支障なし** 支障あり		改善 **維持** 悪化	

本当に「支障なし」ですか？階段が外出不安の原因になってないでしょうか？

作成日　　　　　　　　／　　　／

③下肢筋力低下

備考（状況・支援内容等）
入院時は今よりも歩けていた。
妻が行い本人はせず
現在Ｐトイレ利用
立ち座りのみ妻が介助
自分ではしていないが、右上肢は麻痺がないので自らできる機能もある
現在はディのみ入浴
時間はかかるが自分でできる
妻が行い本人はしていない
呂律が回らないときもあるがゆっくりなら可
体力不足と失禁ゆえ外出不安あり

利用者及び家族の生活に対する意向	自宅生活を継続し、また友人と外出できるようになりたい

見通し	生活全般の解決すべき課題（ニーズ）	
○自宅での活動量が増えることにより、家のトイレを自力で利用でき、自宅でのシャワー浴ができるようになる可能性がある。 また、下肢筋力が回復することで失禁の頻度も減る可能性がある。 排泄：支障あり→なし 徘泄動作：一介→見守り 入浴：全介→見守り ○動作のアセスメントと用具の活用により、口腔ケアの一部を自らでき、口腔衛生も改善する可能性がある。 口腔衛生： 支障あり→なし 口腔ケア：全介→一介 ○認知機能に問題はないので、下肢筋力向上の継続により散歩や近所までの買い物に行けるようになる可能性がある。 屋外移動：一介→見守り 社会との関わり： 支障あり→なし	自宅でトイレや入浴、歯磨きなど身の回りのことは自分でできるようにしたい 友人とともに近隣の外出ができるようになりたい	

動作の視点だけでなく、自宅の洗面所の環境を改善する支援の可能性も検討しましたか？

外出の不安の解消の観点は無くて良いのでしょうか？
外出を実現するための課題は本当に下肢筋力低下だけなのでしょうか？

付録7　評価表

利用者名　　○○○○ 殿　　　作成日　　2024/　6/31

短期目標	（期間）	援助内容			結果※2	コメント（効果が認められたもの／見直しを要するもの）
		サービス内容	サービス種別	※1		
日中は自宅のトイレを使うことができる	2023/6/1 ～ 2023/8/31	下肢筋力向上トレーニング	通所介護	○○○ケアセンター	△	ご本人の意欲も高く、体力の向上傾向がみられるが、まだふらつきがあり、疲れやすい。
		日中等体力のあるときに、早めに自宅のトイレへ使う練習をする	本人		○	毎食後3回、自ら意識的に取り組んでいらっしゃいました。
妻に助けてもらいながら、自宅で身だしなみを整えられる	2023/6/1 ～ 2023/8/31	シャワーの見守り、更衣しやすい被服等の工夫の提案	通所介護	○○○ケアセンター	○	ご本人の意欲も高く、取り組んでいらっしゃいました。
		デイサービスでの食後の歯磨きの実施	通所介護		○	
		デイサービスに行かない日に妻の見守りのもと、シャワー浴を行う	本人		○	妻の協力のもと、週2回程度取り組んでいらっしゃいます。

体力の向上の根拠は？　体力向上でもふらつきや疲れの要因は？

※1「当該サービスを行う事務所」について記入する。
※2 短期目標の実現度合いを5段階で記入する。（◎：短期目標は予想を上回って達せられた、○：短期目標は達せられた（再度アセスメントして新たに短期目標を設定する）、△：短期目標は達成可能だが期間延長を要する、×1：短期目標の達成は困難であり見直しを要する、×2：短期だけでなく長期目標の達成も困難であり見直しを要する）

付録 8 基本チェックリスト

	No.	質問項目	回答		得点	
暮らしぶりその1	1	バスや電車で 1 人で外出していますか	0. はい	1. いいえ		
	2	日用品の買い物をしていますか	0. はい	1. いいえ		
	3	預貯金の出し入れをしていますか	0. はい	1. いいえ		
	4	友人の家を訪ねていますか	0. はい	1. いいえ		
	5	家族や友人の相談にのっていますか	0. はい	1. いいえ		
			No.1 ～ 5 の合計			
運動器関係	6	階段を手すりや壁をつたわらずに昇っていますか	0. はい	1. いいえ		
	7	椅子に座った状態から何もつかまらずに立ち上がってますか	0. はい	1. いいえ		
	8	15 分間位続けて歩いていますか	0. はい	1. いいえ		
	9	この 1 年間に転んだことがありますか	1. はい	0. いいえ		
	10	転倒に対する不安は大きいですか	1. はい	0. いいえ		
			No.6 ～ 10 の合計			➡3点以上
栄養・口腔機能等の関係	11	6 か月間で 2 ～ 3kg 以上の体重減少はありましたか	1. はい	0. いいえ		
	12	身長（　cm）体重（　kg）（※ BMI 18.5 未満なら該当） ※ BMI（＝体重(kg)÷身長(m)÷身長(m)）	1. はい	0. いいえ		
			No.11 ～ 12 の合計			➡3点以上
	13	半年前に比べて堅いものが食べにくくなりましたか	1. はい	0. いいえ		
	14	お茶や汁物等でむせることがありますか	1. はい	0. いいえ		
	15	口のかわきが気になりますか	1. はい	0. いいえ		
			No.13 ～ 15 の合計			➡3点以上
暮らしぶりその2	16	週に 1 回以上は外出していますか	0. はい	1. いいえ		
	17	昨年と比べて外出の回数が減っていますか	1. はい	0. いいえ		
	18	周りの人から「いつも同じ事を聞く」などの物忘れがあると言われますか	1. はい	0. いいえ		
	19	自分で電話番号を調べて、電話をかけることをしていますか	0. はい	1. いいえ		
	20	今日が何月何日かわからない時がありますか	1. はい	0. いいえ		
			No.18 ～ 20 の合計			
			No.1 ～ 20 までの合計			
こころ	21	（ここ 2 週間）毎日の生活に充実感がない	1. はい	0. いいえ		
	22	（ここ 2 週間）これまで楽しんでやれていたことが楽しめなくなった	1. はい	0. いいえ		
	23	（ここ 2 週間）以前は楽にできていたことが今ではおっくうに感じられる	1. はい	0. いいえ		
	24	（ここ 2 週間）自分が役に立つ人間だと思えない	1. はい	0. いいえ		
	25	（ここ 2 週間）わけもなく疲れたような感じがする	1. はい	0. いいえ		
			No.21 ～ 25 の合計			

☆チェック方法：回答欄の「はい」「いいえ」の前にある数字（0 または 1）を得点欄に記入してください。
☆基本チェックリストの結果の見方：
基本チェックリストの結果が、下記に該当する場合、市町村が提供する介護予防事業を利用できる可能性があります。お住まいの市町村や地域包括支援センターにご相談ください。

●項目 6 ～ 10 の合計が 3 点以上　●項目 11 ～ 12 の合計が 2 点　●項目 13 ～ 15 の合計が 2 点以上
●項目 1 ～ 20 の合計が 10 点以上

付録9 介護報酬の算定構造1（介護サービス 抜粋）

1 訪問介護費			
イ 身体介護（1回につき）	20分未満		163単位
	20分以上30分未満		244単位
	30分以上1時間未満		387単位
	1時間以上		567単位に30分を増すごとに+82単位
ロ 生活援助（1回につき）	20分以上45分未満		179単位
	45分以上		220単位
ハ 通院等乗降介助（1回につき）			97単位
ニ 初回加算（1月につき）			200単位
ホ （1）生活機能向上連携加算（Ⅰ）（1月につき）			100単位
ホ （2）生活機能向上連携加算（Ⅱ）（1月につき）			200単位
ヘ 口腔連携強化加算（1回につき）			50単位
ト （1）認知症専門ケア加算（Ⅰ）（1日につき）			3単位
ト （2）認知症専門ケア加算（Ⅱ）（1日につき）			4単位

2 訪問入浴介護費			
イ 訪問入浴介護費（1回につき）			1266単位
ニ 初回加算（1月につき）			200単位
ヘ 認知症専門ケア加算（1日につき）	認知症専門ケア加算（Ⅰ）		3単位
	認知症専門ケア加算（Ⅱ）		4単位
ニ 看取り連携体制加算（1回につき）			64単位
ホ サービス提供体制強化加算（1回につき）	サービス提供体制強化加算（Ⅰ）		44単位
	サービス提供体制強化加算（Ⅱ）		36単位
	サービス提供体制強化加算（Ⅲ）		12単位

3 訪問看護費			
イ 指定訪問看護ステーションの場合（1回につき）	20分未満 週に1回以上、20分以上の保健師又は看護師による訪問		313単位
	30分未満		470単位
	30分以上1時間未満		821単位
	1時間以上1時間30分未満		1125単位
	理学療法士、作業療法士又は言語聴覚士の場合		293単位 ※1日に2回を超えて実施する場合は90/100

ロ 病院又は診療所の場合（1回につき）	20分未満　週に1回以上、20分以上の保健師又は看護師による訪問を行った場合算定可能		265単位
	30分未満		398単位
	30分以上1時間未満		573単位
	1時間以上1時間30分未満		842単位
ハ 定期巡回・随時対応訪問介護看護事業所と連携する場合（1月につき）			2954単位
ニ 初回加算（1月につき）			300単位
ホ 退院時共同指導加算（1回につき）			600単位
ヘ 看護・介護職員連携強化加算（1月につき）			250単位
ト 看護体制強化加算（1月につき）	看護体制強化加算（Ⅰ）		550単位
	看護体制強化加算（Ⅱ）		200単位
チ サービス提供体制強化加算（1回につき）	イ及びロを算定する場合（1回につき）	サービス提供体制強化加算（Ⅰ）	6単位
		サービス提供体制強化加算（Ⅱ）	3単位
	ハを算定する場合（1月につき）	サービス提供体制強化加算（Ⅰ）	50単位
		サービス提供体制強化加算（Ⅱ）	25単位

4 訪問リハビリテーション費			
イ 訪問リハビリテーション費（1回につき）	病院又は診療所の場合		307単位
	介護老人保健施設の場合		307単位
	介護医療院の場合		307単位
ロ 退院時共同指導加算			600単位
ハ 移行支援加算（1日につき）			17単位
ニ サービス提供体制強化加算（1回につき）	サービス提供体制強化加算（Ⅰ）		6単位
	サービス提供体制強化加算（Ⅱ）		3単位

5 居宅療養管理指導費			
イ 医師が行う場合（1回につき、月2回を限度）	(1) 居宅療養管理指導費（Ⅰ）((2) 以外)	(一) 単一建物居住者1人に対して行う場合	515単位
		(二) 単一建物居住者2人以上9人以下に対して行う場合	487単位
		(三) (一) 及び (二) 以外の場合	446単位
	(2) 居宅療養管理指導費（Ⅱ）(在宅時医学総合管理料又は特定施設入居時等医学総合管理料を算定する場合)	(一) 単一建物居住者1人に対して行う場合	299単位
		(二) 単一建物居住者2人以上9人以下に対して行う場合	287単位
		(三) (一) 及び (二) 以外の場合	260単位

ロ　歯科医師が行う場合（1 回につき、月 2 回を限度）	(1) 単一建物居住者 1 人に対して行う場合		517 単位
	(2) 単一建物居住者 2 人以上 9 人以下に対して行う場合		487 単位
	(3) (1) 及び (2) 以外の場合		441 単位
ハ　薬剤師が行う場合（1 回につき、月 4 回を限度）	(1) 病院又は診療所の薬剤師が行う場合（1 回につき、月 2 回を限度）	(一) 単一建物居住者 1 人に対して行う場合	566 単位
		(二) 単一建物居住者 2 人以上 9 人以下に対して行う場合	417 単位
		(三) (一) 及び (二) 以外の場合	380 単位
	(2) 薬局の薬剤師が行う場合（1 回につき、月 4 回を限度）	(一) 単一建物居住者 1 人に対して行う場合	518 単位
		(二) 単一建物居住者 2 人以上 9 人以下に対して行う場合	379 単位
		(三) (一) 及び (二) 以外の場合	342 単位
		(四) 情報通信機器を用いて行う場合（月 1 回を限度）	46 単位
二　管理栄養士が行う場合（1 回につき、月 2 回を限度）	(1) 当該指定居宅療養管理指導事業所の管理栄養士が行った場合	(一) 単一建物居住者 1 人に対して行う場合	545 単位
		(二) 単一建物居住者 2 人以上 9 人以下に対して行う場合	487 単位
		(三) (一) 及び (二) 以外の場合	444 単位
	(2) 当該指定居宅療養管理指導事業所以外の管理栄養士が行った場合	(一) 単一建物居住者 1 人に対して行う場合	525 単位
		(二) 単一建物居住者 2 人以上 9 人以下に対して行う場合	467 単位
		(三) (一) 及び (二) 以外の場合	424 単位
ホ　歯科衛生士等が行う場合（1 回につき、月 4 回を限度）	(1) 単一建物居住者 1 人に対して行う場合		362 単位
	(2) 単一建物居住者 2 人以上 9 人以下に対して行う場合		326 単位
	(3) (1) 及び (2) 以外の場合		295 単位

6　通所介護費			
イ　通常規模型通所介護費（1 回につき）	(1) 3 時間以上 4 時間未満	要介護 1	370 単位
		要介護 2	423 単位
		要介護 3	479 単位
		要介護 4	533 単位
		要介護 5	588 単位
	(2) 4 時間以上 5 時間未満	要介護 1	388 単位
		要介護 2	444 単位
		要介護 3	502 単位
		要介護 4	560 単位
		要介護 5	617 単位

	(3) 5時間以上6時間未満	要介護1	570単位
		要介護2	673単位
		要介護3	777単位
		要介護4	880単位
		要介護5	984単位
	(4) 6時間以上7時間未満	要介護1	584単位
		要介護2	689単位
		要介護3	796単位
		要介護4	901単位
		要介護5	1008単位
	(5) 7時間以上8時間未満	要介護1	658単位
		要介護2	777単位
		要介護3	900単位
		要介護4	1023単位
		要介護5	1148単位
	(6) 8時間以上9時間未満	要介護1	669単位
		要介護2	791単位
		要介護3	915単位
		要介護4	1041単位
		要介護5	1168単位
ロ 大規模型通所介護費（Ⅰ）（1回につき）	(1) 3時間以上4時間未満	要介護1	358単位
		要介護2	409単位
		要介護3	462単位
		要介護4	513単位
		要介護5	568単位
	(2) 4時間以上5時間未満	要介護1	376単位
		要介護2	430単位
		要介護3	486単位
		要介護4	541単位
		要介護5	597単位
	(3) 5時間以上6時間未満	要介護1	544単位
		要介護2	643単位
		要介護3	743単位
		要介護4	840単位
		要介護5	940単位
	(4) 6時間以上7時間未満	要介護1	564単位
		要介護2	667単位
		要介護3	770単位
		要介護4	871単位
		要介護5	974単位
	(5) 7時間以上8時間未満	要介護1	629単位
		要介護2	744単位
		要介護3	861単位
		要介護4	980単位
		要介護5	1097単位
	(6) 8時間以上9時間未満	要介護1	647単位
		要介護2	765単位
		要介護3	885単位
		要介護4	1007単位
		要介護5	1127単位

ロ　大規模型通所介護費（Ⅱ）（1 回につき）	(1) 3 時間以上 4 時間未満	要介護 1	345 単位
		要介護 2	395 単位
		要介護 3	446 単位
		要介護 4	495 単位
		要介護 5	549 単位
	(2) 4 時間以上 5 時間未満	要介護 1	362 単位
		要介護 2	414 単位
		要介護 3	468 単位
		要介護 4	521 単位
		要介護 5	575 単位
	(3) 5 時間以上 6 時間未満	要介護 1	525 単位
		要介護 2	620 単位
		要介護 3	715 単位
		要介護 4	812 単位
		要介護 5	907 単位
	(4) 6 時間以上 7 時間未満	要介護 1	543 単位
		要介護 2	641 単位
		要介護 3	740 単位
		要介護 4	839 単位
		要介護 5	939 単位
	(5) 7 時間以上 8 時間未満	要介護 1	607 単位
		要介護 2	716 単位
		要介護 3	830 単位
		要介護 4	946 単位
		要介護 5	1059 単位
	(6) 8 時間以上 9 時間未満	要介護 1	623 単位
		要介護 2	737 単位
		要介護 3	852 単位
		要介護 4	970 単位
		要介護 5	1086 単位
ニ　サービス提供体制強化加算（1 回につき）	(1) サービス提供体制強化加算（Ⅰ）		22 単位
	(2) サービス提供体制強化加算（Ⅱ）		18 単位
	(3) サービス提供体制強化加算（Ⅲ）		6 単位

7　通所リハビリテーション費

イ　通常規模の事業所の場合（病院又は診療所）（1 回につき）	(1) 1 時間以上 2 時間未満	要介護 1	369 単位
		要介護 2	398 単位
		要介護 3	429 単位
		要介護 4	458 単位
		要介護 5	491 単位
	(2) 2 時間以上 3 時間未満	要介護 1	383 単位
		要介護 2	439 単位
		要介護 3	498 単位
		要介護 4	555 単位
		要介護 5	612 単位

	(3) 3時間以上4時間未満	要介護1	486単位
		要介護2	565単位
		要介護3	643単位
		要介護4	746単位
		要介護5	842単位
	(4) 4時間以上5時間未満	要介護1	553単位
		要介護2	642単位
		要介護3	730単位
		要介護4	844単位
		要介護5	957単位
	(5) 5時間以上6時間未満	要介護1	622単位
		要介護2	738単位
		要介護3	852単位
		要介護4	987単位
		要介護5	1120単位
	(6) 6時間以上7時間未満	要介護1	715単位
		要介護2	850単位
		要介護3	981単位
		要介護4	1137単位
		要介護5	1290単位
	(7) 7時間以上8時間未満	要介護1	762単位
		要介護2	903単位
		要介護3	1046単位
		要介護4	1215単位
		要介護5	1379単位
イ　通常規模の事業所の場合（介護老人保健施設）（1回につき）	(1) 1時間以上2時間未満	要介護1	369単位
		要介護2	398単位
		要介護3	429単位
		要介護4	458単位
		要介護5	491単位
	(2) 2時間以上3時間未満	要介護1	383単位
		要介護2	439単位
		要介護3	498単位
		要介護4	555単位
		要介護5	612単位
	(3) 3時間以上4時間未満	要介護1	486単位
		要介護2	565単位
		要介護3	643単位
		要介護4	743単位
		要介護5	842単位
	(4) 4時間以上5時間未満	要介護1	553単位
		要介護2	642単位
		要介護3	730単位
		要介護4	844単位
		要介護5	957単位
	(5) 5時間以上6時間未満	要介護1	622単位
		要介護2	738単位
		要介護3	852単位
		要介護4	987単位
		要介護5	1120単位

	(6) 6時間以上7時間未満	要介護1	715単位
		要介護2	850単位
		要介護3	981単位
		要介護4	1137単位
		要介護5	1290単位
	(7) 7時間以上8時間未満	要介護1	762単位
		要介護2	903単位
		要介護3	1046単位
		要介護4	1215単位
		要介護5	1379単位
イ 通常規模の事業所の場合（介護医療院）（1回につき）	(1) 1時間以上2時間未満	要介護1	369単位
		要介護2	398単位
		要介護3	429単位
		要介護4	458単位
		要介護5	491単位
	(2) 2時間以上3時間未満	要介護1	383単位
		要介護2	439単位
		要介護3	498単位
		要介護4	555単位
		要介護5	612単位
	(3) 3時間以上4時間未満	要介護1	486単位
		要介護2	565単位
		要介護3	643単位
		要介護4	743単位
		要介護5	842単位
	(4) 4時間以上5時間未満	要介護1	553単位
		要介護2	642単位
		要介護3	730単位
		要介護4	844単位
		要介護5	957単位
	(5) 5時間以上6時間未満	要介護1	622単位
		要介護2	738単位
		要介護3	852単位
		要介護4	987単位
		要介護5	1120単位
	(6) 6時間以上7時間未満	要介護1	715単位
		要介護2	850単位
		要介護3	981単位
		要介護4	1137単位
		要介護5	1290単位
	(7) 7時間以上8時間未満	要介護1	762単位
		要介護2	903単位
		要介護3	1046単位
		要介護4	1215単位
		要介護5	1379単位
ロ 大規模の事業所の場合（病院又は診療所）（1回につき）	(1) 1時間以上2時間未満	要介護1	357単位
		要介護2	388単位
		要介護3	415単位
		要介護4	445単位
		要介護5	475単位

	(2) 2時間以上3時間未満	要介護1	372単位
		要介護2	427単位
		要介護3	482単位
		要介護4	536単位
		要介護5	591単位
	(3) 3時間以上4時間未満	要介護1	470単位
		要介護2	547単位
		要介護3	623単位
		要介護4	719単位
		要介護5	816単位
	(4) 4時間以上5時間未満	要介護1	525単位
		要介護2	611単位
		要介護3	696単位
		要介護4	805単位
		要介護5	912単位
	(5) 5時間以上6時間未満	要介護1	584単位
		要介護2	692単位
		要介護3	800単位
		要介護4	929単位
		要介護5	1053単位
	(6) 6時間以上7時間未満	要介護1	675単位
		要介護2	802単位
		要介護3	926単位
		要介護4	1077単位
		要介護5	1224単位
	(7) 7時間以上8時間未満	要介護1	714単位
		要介護2	847単位
		要介護3	983単位
		要介護4	1140単位
		要介護5	1300単位
ロ 大規模の事業所の場合（介護老人保健施設）（1回につき）	(1) 1時間以上2時間未満	要介護1	357単位
		要介護2	388単位
		要介護3	415単位
		要介護4	445単位
		要介護5	475単位
	(2) 2時間以上3時間未満	要介護1	372単位
		要介護2	427単位
		要介護3	482単位
		要介護4	536単位
		要介護5	591単位
	(3) 3時間以上4時間未満	要介護1	470単位
		要介護2	547単位
		要介護3	623単位
		要介護4	719単位
		要介護5	816単位
	(4) 4時間以上5時間未満	要介護1	525単位
		要介護2	611単位
		要介護3	696単位
		要介護4	805単位
		要介護5	912単位

	(5) 5時間以上6時間未満	要介護1	584単位
		要介護2	692単位
		要介護3	800単位
		要介護4	929単位
		要介護5	1053単位
	(6) 6時間以上7時間未満	要介護1	675単位
		要介護2	802単位
		要介護3	926単位
		要介護4	1077単位
		要介護5	1224単位
	(7) 7時間以上8時間未満	要介護1	714単位
		要介護2	847単位
		要介護3	983単位
		要介護4	1140単位
		要介護5	1300単位
ロ　大規模の事業所の場合（介護医療院）（1回につき）	(1) 1時間以上2時間未満	要介護1	357単位
		要介護2	388単位
		要介護3	415単位
		要介護4	445単位
		要介護5	475単位
	(2) 2時間以上3時間未満	要介護1	372単位
		要介護2	427単位
		要介護3	482単位
		要介護4	536単位
		要介護5	591単位
	(3) 3時間以上4時間未満	要介護1	470単位
		要介護2	547単位
		要介護3	623単位
		要介護4	719単位
		要介護5	816単位
	(4) 4時間以上5時間未満	要介護1	525単位
		要介護2	611単位
		要介護3	696単位
		要介護4	805単位
		要介護5	912単位
	(5) 5時間以上6時間未満	要介護1	584単位
		要介護2	692単位
		要介護3	800単位
		要介護4	929単位
		要介護5	1053単位
	(6) 6時間以上7時間未満	要介護1	675単位
		要介護2	802単位
		要介護3	926単位
		要介護4	1077単位
		要介護5	1224単位
	(7) 7時間以上8時間未満	要介護1	714単位
		要介護2	847単位
		要介護3	983単位
		要介護4	1140単位
		要介護5	1300単位

□　大規模の事業所（一定の条件を満たした事業所）の場合（病院又は診療所）（1 回につき）	(1) 1 時間以上 2 時間未満	要介護 1	369 単位
		要介護 2	398 単位
		要介護 3	429 単位
		要介護 4	458 単位
		要介護 5	491 単位
	(2) 2 時間以上 3 時間未満	要介護 1	383 単位
		要介護 2	439 単位
		要介護 3	498 単位
		要介護 4	555 単位
		要介護 5	612 単位
	(3) 3 時間以上 4 時間未満	要介護 1	486 単位
		要介護 2	565 単位
		要介護 3	643 単位
		要介護 4	743 単位
		要介護 5	842 単位
	(4) 4 時間以上 5 時間未満	要介護 1	553 単位
		要介護 2	642 単位
		要介護 3	730 単位
		要介護 4	844 単位
		要介護 5	957 単位
	(5) 5 時間以上 6 時間未満	要介護 1	622 単位
		要介護 2	738 単位
		要介護 3	852 単位
		要介護 4	987 単位
		要介護 5	1120 単位
	(6) 6 時間以上 7 時間未満	要介護 1	715 単位
		要介護 2	850 単位
		要介護 3	981 単位
		要介護 4	1137 単位
		要介護 5	1290 単位
	(7) 7 時間以上 8 時間未満	要介護 1	762 単位
		要介護 2	903 単位
		要介護 3	1046 単位
		要介護 4	1215 単位
		要介護 5	1379 単位
□　大規模の事業所（一定の条件を満たした事業所）の場合（介護老人保健施設）（1 回につき）	(1) 1 時間以上 2 時間未満	要介護 1	369 単位
		要介護 2	398 単位
		要介護 3	429 単位
		要介護 4	458 単位
		要介護 5	491 単位
	(2) 2 時間以上 3 時間未満	要介護 1	383 単位
		要介護 2	439 単位
		要介護 3	498 単位
		要介護 4	555 単位
		要介護 5	612 単位
	(3) 3 時間以上 4 時間未満	要介護 1	486 単位
		要介護 2	565 単位
		要介護 3	643 単位
		要介護 4	743 単位
		要介護 5	842 単位

	(4) 4時間以上5時間未満	要介護1	553単位
		要介護2	642単位
		要介護3	730単位
		要介護4	844単位
		要介護5	957単位
	(5) 5時間以上6時間未満	要介護1	622単位
		要介護2	738単位
		要介護3	852単位
		要介護4	987単位
		要介護5	1120単位
	(6) 6時間以上7時間未満	要介護1	715単位
		要介護2	850単位
		要介護3	981単位
		要介護4	1137単位
		要介護5	1290単位
	(7) 7時間以上8時間未満	要介護1	762単位
		要介護2	903単位
		要介護3	1046単位
		要介護4	1215単位
		要介護5	1379単位
ロ 大規模の事業所（一定の条件を満たした事業所）の場合（介護医療院）（1回につき）	(1) 1時間以上2時間未満	要介護1	369単位
		要介護2	398単位
		要介護3	429単位
		要介護4	458単位
		要介護5	491単位
	(2) 2時間以上3時間未満	要介護1	383単位
		要介護2	439単位
		要介護3	498単位
		要介護4	555単位
		要介護5	612単位
	(3) 3時間以上4時間未満	要介護1	486単位
		要介護2	565単位
		要介護3	643単位
		要介護4	743単位
		要介護5	842単位
	(4) 4時間以上5時間未満	要介護1	553単位
		要介護2	642単位
		要介護3	730単位
		要介護4	844単位
		要介護5	957単位
	(5) 5時間以上6時間未満	要介護1	622単位
		要介護2	738単位
		要介護3	852単位
		要介護4	987単位
		要介護5	1120単位
	(6) 6時間以上7時間未満	要介護1	715単位
		要介護2	850単位
		要介護3	981単位
		要介護4	1137単位
		要介護5	1290単位

	(7) 7時間以上8時間未満	要介護1	762単位
		要介護2	903単位
		要介護3	1046単位
		要介護4	1215単位
		要介護5	1379単位
ハ　退院時共同指導加算（1回につき）			600単位
二　移行支援加算（1日につき）			12単位
ホ　サービス提供体制強化加算（1日につき）	サービス提供体制強化加算（Ⅰ）		22単位
	サービス提供体制強化加算（Ⅱ）		18単位
	サービス提供体制強化加算（Ⅲ）		6単位

8　短期入所生活介護費			
イ　短期入所生活介護費（1日につき）	(1) 単独型短期入所生活介護費（一）単独型短期入所生活介護費＜従来型個室＞	要介護1	645単位
		要介護2	715単位
		要介護3	787単位
		要介護4	856単位
		要介護5	926単位
	(1) 単独型短期入所生活介護費（二）単独型短期入所生活介護費（Ⅱ）＜多床室＞	要介護1	645単位
		要介護2	715単位
		要介護3	787単位
		要介護4	856単位
		要介護5	926単位
	(2) 併設型短期入所生活介護費（一）併設型短期入所生活介護費（Ⅰ）＜従来型個室＞	要介護1	603単位
		要介護2	672単位
		要介護3	745単位
		要介護4	815単位
		要介護5	884単位
	(2) 併設型短期入所生活介護費（二）併設型短期入所生活介護費（Ⅱ）＜多床室＞	要介護1	603単位
		要介護2	672単位
		要介護3	745単位
		要介護4	815単位
		要介護5	884単位
ロ　ユニット型短期入所生活介護費（1日につき）	(1) 単独型ユニット型短期入所生活介護費（一）単独型ユニット型短期入所生活介護費＜ユニット型個室＞	要介護1	746単位
		要介護2	815単位
		要介護3	891単位
		要介護4	959単位
		要介護5	1028単位
	(1) 単独型ユニット型短期入所生活介護費（二）経過的単独型ユニット型短期入所生活介護費＜ユニット型個室的多床室＞	要介護1	746単位
		要介護2	815単位
		要介護3	891単位
		要介護4	959単位
		要介護5	1028単位

	（2）併設型ユニット型短期入所生活介護費（一）併設型ユニット型短期入所生活介護費＜ユニット型個室＞	要介護 1	704 単位
		要介護 2	772 単位
		要介護 3	847 単位
		要介護 4	918 単位
		要介護 5	987 単位
	（2）併設型ユニット型短期入所生活介護費（二）経過的併設型ユニット型短期入所生活介護費＜ユニット型個室的多床室＞	要介護 1	704 単位
		要介護 2	772 単位
		要介護 3	847 単位
		要介護 4	918 単位
		要介護 5	987 単位
ハ　口腔連携強化加算（1 回につき、1 月に 1 回を限度）			50 単位
ニ　療養食加算（1 回につき、1 日に 3 回を限度）			8 単位
ホ　在宅中重度者受入加算（1 日につき）	（1）看護体制加算（Ⅰ）又は（Ⅲ）を算定している場合		421 単位
	（2）看護体制加算（Ⅱ）又は（Ⅳ）を算定している場合		417 単位
	（3）（1）（2）いずれの看護体制加算も算定している場合		413 単位
	（4）看護体制加算を算定していない場合		425 単位
ヘ　認知症専門ケア（1 日につき）	（1）認知症専門ケア加算（Ⅰ）		3 単位
	（2）認知症専門ケア加算（Ⅱ）		4 単位
ト　生産性向上推進体制加算（1 月につき）	（1）生産性向上推進体制加算（Ⅰ）		100 単位
	（2）生産性向上推進体制加算（Ⅱ）		10 単位
チ　サービス提供体制強化加算（1 日につき）	（1）提供体制強化加算（Ⅰ）		22 単位
	（2）提供体制強化加算（Ⅱ）		18 単位
	（3）提供体制強化加算（Ⅲ）		6 単位

10　特定施設入居者生活介護費

イ　特定施設入居者生活介護費（1 日につき）		要介護 1	542 単位
		要介護 2	609 単位
		要介護 3	679 単位
		要介護 4	744 単位
		要介護 5	813 単位
ロ　外部サービス利用型特定施設入居者生活介護費（1 日につき）			84 単位
ハ　短期利用特定施設入居者生活介護費（1 日につき）		要介護 1	542 単位
		要介護 2	609 単位
		要介護 3	679 単位
		要介護 4	744 単位
		要介護 5	813 単位
ニ　退院・退所時連携加算（1 日につき、イを算定する場合のみ算定）			30 単位
ホ　退居時情報提供加算（イを算定する場合のみ算定）			250 単位

ヘ　看取り介護加算（1日につき、イを算定する場合のみ算定）	(1) 看取り介護加算（Ⅰ）	(1) 死亡日以前31日以上45日以下	72単位
		(2) 死亡日以前日以上30日以下	144単位
		(3) 死亡日以前2日又は3日	680単位
		(4) 死亡日	1280単位
	(1) 看取り介護加算（Ⅱ）	(1) 死亡日以前31日以上45日以下	572単位
		(2) 死亡日以前日以上30日以下	644単位
		(3) 死亡日以前2日又は3日	1180単位
		(4) 死亡日	1780単位
ト　認知症専門ケア加算（1日につき、イを算定する場合のみ　算定）	(1) 認知症専門ケア加算（Ⅰ）		3単位
	(2) 認知症専門ケア加算（Ⅱ）		3単位
チ　高齢者施設等感染対策向上加算（1月につき）	(1) 高齢者施設等感染対策向上加算（Ⅰ）		10単位
	(2) 高齢者施設等感染対策向上加算（Ⅱ）		5単位
リ 新興感染症等施設療養費（1月に1回）			240単位
ヌ 生産性向上推進体制加算（1月につき、イ又はハを算定する場合のみ算定）	(1) 生産性向上推進体制加算（Ⅰ）		100単位
	(2) 生産性向上推進体制加算（Ⅱ）		10単位
ル サービス提供体制　強化加算（1日につき）	(1) サービス提供体制強化加算（Ⅰ）		22単位
	(2) サービス提供体制強化加算（Ⅱ）		18単位
	(3) サービス提供体制強化加算（Ⅲ）		6単位

11　福祉用具貸与費			
福祉用具貸与費（現に指定福祉用具貸与に要した費用の額を当該事業所の所在地に適用される1単位の単価で除して得た単位数）	車いす		
	車いす付属品		
	特殊寝台		
	特殊寝台付属品		
	床ずれ防止用具		
	体位変換器		
	手すり		
	スロープ		
	歩行器		
	歩行補助つえ		
	認知症老人徘徊感知機器		
	移動用リフト		
	自動排泄処理装置		

居宅介護支援費

イ　居宅介護支援費（1 月につき）	(1) 居宅介護支援費（Ⅰ）(一) 居宅介護支援費（ⅰ）	要介護 1・2	1086 単位
		要介護 3・4・5	1411 単位
	(1) 居宅介護支援費（Ⅰ）(二) 居宅介護支援費（ⅱ）	要介護 1・2	544 単位
		要介護 3・4・5	704 単位
	(1) 居宅介護支援費（Ⅰ）(三) 居宅介護支援費（ⅲ）	要介護 1・2	326 単位
		要介護 3・4・5	422 単位
	(2) 居宅介護支援費（Ⅱ）(一) 居宅介護支援費（ⅰ）	要介護 1・2	1086 単位
		要介護 3・4・5	1411 単位
	(2) 居宅介護支援費（Ⅱ）(二) 居宅介護支援費（ⅱ）	要介護 1・2	527 単位
		要介護 3・4・5	683 単位
	(2) 居宅介護支援費（Ⅱ）(三) 居宅介護支援費（ⅲ）	要介護 1・2	316 単位
		要介護 3・4・5	410 単位
ロ　初回加算（1 月につき）			300 単位
ハ　特定事業所加算（1 月につき）	(1) 特定事業所加算（Ⅰ）		519 単位
	(2) 特定事業所加算（Ⅱ）		421 単位
	(3) 特定事業所加算（Ⅲ）		323 単位
	(4) 特定事業所加算（A）		114 単位
ニ　特定事業所医療介護連携加算（1 月につき）			125 単位
ホ　入院時情報連携加算（1 月につき）	(1) 入院時情報連携加算（Ⅰ）		250 単位
	(2) 入院時情報連携加算（Ⅱ）		200 単位
ヘ　退院退所加算（入院または入所期間中 1 回を限度）	(1) 退院退所加算（Ⅰ）イ		450 単位
	(2) 退院退所加算（Ⅰ）ロ		600 単位
	(3) 退院退所加算（Ⅱ）イ		600 単位
	(4) 退院退所加算（Ⅱ）ロ		750 単位
	(5) 退院退所加算（Ⅲ）		900 単位
ト　通院時情報連携加算（1 月につき）			50 単位
チ　緊急時等居宅カファレンス加算（1 回につき、1 月に 2 回を限度）			200 単位
リ　ターミナルケアマネジメント加算（1 回につき、死亡日及び死亡日前 14 日以内に 2 日以上在宅の訪問等を行った場合）			400 単位

1　介護福祉施設サービス

イ　介護福祉施設費（1 日につき）	(1) 介護福祉施設サービス費 (一) 介護福祉施設サービス費（Ⅰ）＜従来型個室＞	要介護 1	589 単位
		要介護 2	659 単位
		要介護 3	732 単位
		要介護 4	802 単位
		要介護 5	871 単位
	(1) 介護福祉施設サービス費 (二) 介護福祉施設サービス費（Ⅱ）＜多床室＞	要介護 1	589 単位
		要介護 2	659 単位
		要介護 3	732 単位
		要介護 4	802 単位
		要介護 5	871 単位

	(2) 経過的小規模介護福祉施設サービス費（一）経過的小規模介護福祉施設サービス費（Ⅰ）＜従来型個室＞	要介護 1	694 単位
		要介護 2	762 単位
		要介護 3	835 単位
		要介護 4	903 単位
		要介護 5	968 単位
	(2) 経過的小規模介護福祉施設サービス費（二）経過的小規模介護福祉施設サービス費（Ⅱ）＜多床室＞	要介護 1	694 単位
		要介護 2	762 単位
		要介護 3	835 単位
		要介護 4	903 単位
		要介護 5	968 単位
ロ　ユニット型介護福祉施設サービス費（1 日につき）	(1) ユニット型介護福祉施設サービス費（一）ユニット型介護福祉施設サービス費＜ユニット型個室＞	要介護 1	670 単位
		要介護 2	740 単位
		要介護 3	815 単位
		要介護 4	886 単位
		要介護 5	955 単位
	(1) ユニット型介護福祉施設サービス費（二）経過的ユニット型介護福祉施設サービス費＜ユニット型個室的多床室＞	要介護 1	670 単位
		要介護 2	740 単位
		要介護 3	815 単位
		要介護 4	886 単位
		要介護 5	955 単位
	(2) 経過的ユニット型小規模介護福祉施設サービス費（一）経過的ユニット型小規模介護福祉施設サービス費（Ⅰ）＜ユニット型個室＞	要介護 1	768 単位
		要介護 2	836 単位
		要介護 3	910 単位
		要介護 4	977 単位
		要介護 5	1043 単位
	(2) 経過的ユニット型小規模介護福祉施設サービス費（二）経過的ユニット型小規模介護福祉施設サービス費（Ⅱ）＜ユニット型個室的多床室＞	要介護 1	768 単位
		要介護 2	836 単位
		要介護 3	910 単位
		要介護 4	977 単位
		要介護 5	1043 単位
注 外泊時費用			246 単位
注 外泊時在宅サービス利用費用			560 単位
ハ　初期加算（1 日につき）			30 単位
ニ　退所時栄養情報連携加算			70 単位
ホ　再入所時栄養連携加算（1 人につき 1 回を限度）			200 単位
ヘ　退所時等相談援助加算	(1) 退所前訪問相談援助加算（入所中 1 回（又は 2 回）を限度）		460 単位
	(2) 退所後訪問相談援助加算（退所後 1 回を限度）		460 単位
	(3) 退所時相談援助加算		400 単位
	(4) 退所前連携加算（1 人につき 1 回を限度）		500 単位
	(5) 退所時情報提供加算（1 人につき 1 回を限度）		250 単位

ト 協力医療機関連携加算（1月につき）	（1）相談・診療を行う体制を常時確保し、緊急時に入院を受け入れる体制を確保している協力医療機関と連携している場合		50単位
	（2）上記以外の協力医療機関と連携している場合		5単位
チ 栄養マネジメント強化加算（1日につき）			11単位
リ 経口移行加算（1日につき）			2単位
ヌ 経口維持加算（1月につき）	（1）経口維持加算（Ⅰ）		400単位
	（2）経口維持加算（Ⅱ）		100単位
ル 口腔衛生管理加算（1月につき）	（1）口腔衛生管理加算（Ⅰ）		90単位
	（2）口腔衛生管理加算（Ⅱ）		110単位
ヲ 療養食加算（1回につき、1日に3回を限度）			6単位
ワ 特別通院送迎加算（1月につき）			594単位
カ 配置医師緊急時対応加算（1回につき）	（1）配置医師の勤務時間街の場合		325単位
	（2）早朝夜間の場合		650単位
	（3）深夜の場合		1300単位
ヨ 看取り介護加算（1日につき）	（1）看取り介護加算（Ⅰ）	（1）死亡日以前31日以上45日以下	72単位
		（2）死亡日以前日以上30日以下	144単位
		（3）死亡日以前2日又は3日	680単位
		（4）死亡日	1280単位
	（2）看取り介護加算（Ⅱ）	（1）死亡日以前31日以上45日以下	72単位
		（2）死亡日以前日以上30日以下	144単位
		（3）死亡日以前2日又は3日	780単位
		（4）死亡日	1580単位
タ 在宅復帰支援機能加算（1日につき）			10単位
レ 在宅入所相互利用加算（1日につき）			40単位
ソ 認知症専門ケア加算（1日につき）	（1）認知症専門ケア加算（Ⅰ）		3単位
	（2）認知症専門ケア加算（Ⅱ）		4単位
ツ 認知症チームケア推進加算（1月につき）	（1）認知症チームケア推進加算（Ⅰ）		150単位
	（2）認知症チームケア推進加算（Ⅱ）		120単位
ネ 認知症行動心理症状緊急対応加算（1日につき、入所後7日に限り）			200単位
ナ 褥瘡マネジメント加算（1月につき）	（1）褥瘡マネジメント加算（Ⅰ）		10単位
	（2）褥瘡マネジメント加算（Ⅱ）		13単位
	（3）褥瘡マネジメント加算（Ⅲ）（3月に1回を限度）		10単位

ラ　排せつ支援加算（1月につき）	（1）排せつ支援加算（Ⅰ）		10単位
	（2）排せつ支援加算（Ⅱ）		15単位
	（3）排せつ支援加算（Ⅲ）		20単位
	（4）排せつ支援加算（Ⅳ）		100単位
ム　自立支援促進加算（1月につき）			280単位
ウ　科学的介護推進体制加算（1月につき）	（1）科学的介護推進体制加算（Ⅰ）		40単位
	（2）科学的介護推進体制加算（Ⅱ）		50単位
ヰ　安全対策体制加算（入所者1人につき1回を限度）			20単位
ノ　高齢者施設等感染対策向上加算（1月につき）	（1）高齢者施設等感染対策向上加算（Ⅰ）		10単位
	（2）高齢者施設等感染対策向上加算（Ⅱ）		5単位
オ　新興感染症等施設療養費（1月に1回）			240単位
ク　生産性向上推進体制加算（1月につき）	（1）生産性向上推進体制加算（Ⅰ）		100単位
	（2）生産性向上推進体制加算（Ⅱ）		10単位
ヤ　サービス提供体制強化加算（1日につき）	（1）サービス提供体制強化加算（Ⅰ）		22単位
	（2）提供体制強化加算（Ⅱ）		18単位
	（3）提供体制強化加算（Ⅲ）		6単位

2　介護保健施設サービス			
イ　介護保健施設サービス費（1日につき）	（1）介護保健施設サービス費（Ⅰ）（一）介護保健施設サービス費（i）＜従来型個室＞【基本型】	要介護1	717単位
		要介護2	763単位
		要介護3	828単位
		要介護4	883単位
		要介護5	932単位
	（1）介護保健施設サービス費（Ⅰ）（二）介護保健施設サービス費（ii）＜従来型個室＞【在宅強化型】	要介護1	788単位
		要介護2	863単位
		要介護3	928単位
		要介護4	985単位
		要介護5	1040単位
	（1）介護保健施設サービス費（Ⅰ）（三）介護保健施設サービス費（iii）＜多床室＞【基本型】	要介護1	793単位
		要介護2	843単位
		要介護3	908単位
		要介護4	961単位
		要介護5	1012単位
	（1）介護保健施設サービス費（Ⅰ）（四）介護保健施設サービス費（iv）＜多床室＞【在宅強化型】	要介護1	871単位
		要介護2	947単位
		要介護3	1014単位
		要介護4	1072単位
		要介護5	1125単位

	（2）介護保健施設サービス費（Ⅱ）＜療養型老健：看護職員を配置＞（一）介護保健施設サービス費（i）＜従来型個室＞【療養型】	要介護1	758単位
		要介護2	843単位
		要介護3	960単位
		要介護4	1041単位
		要介護5	1117単位
	（2）介護保健施設サービス費（Ⅱ）（二）介護保健施設サービス費（ii）＜多床室＞【療養型】	要介護1	839単位
		要介護2	924単位
		要介護3	1044単位
		要介護4	1121単位
		要介護5	1197単位
	（3）介護保健施設サービス費（Ⅲ）＜療養型老健：看護オンコール体制＞（一）介護保健施設サービス費（i）＜従来型個室＞【療養型】	要介護1	758単位
		要介護2	837単位
		要介護3	933単位
		要介護4	1013単位
		要介護5	1089単位
	（3）介護保健施設サービス費（Ⅲ）（二）介護保健施設サービス費（ii）＜多床室＞【療養型】	要介護1	839単位
		要介護2	918単位
		要介護3	1016単位
		要介護4	1092単位
		要介護5	1170単位
	（4）介護保健施設サービス費（Ⅳ）＜特別介護保健施設サービス費＞（一）介護保健施設サービス費（i）＜従来型個室＞	要介護1	703単位
		要介護2	748単位
		要介護3	812単位
		要介護4	865単位
		要介護5	913単位
	（4）介護保健施設サービス費（Ⅳ）（二）介護保健施設サービス費（ii）＜多床室＞	要介護1	777単位
		要介護2	826単位
		要介護3	889単位
		要介護4	941単位
		要介護5	991単位
ロ　ユニット型介護保健施設サービス費（1日につき）	（1）ユニット型介護保健施設サービス費（Ⅰ）（一）ユニット型介護保健施設サービス費（i）＜ユニット型個室＞【基本型】	要介護1	802単位
		要介護2	848単位
		要介護3	913単位
		要介護4	968単位
		要介護5	1018単位
	（1）ユニット型介護保健施設サービス費（Ⅰ）（二）ユニット型介護保健施設サービス費（ii）＜ユニット型個室＞【在宅強化型】	要介護1	876単位
		要介護2	952単位
		要介護3	1018単位
		要介護4	1077単位
		要介護5	1130単位
	（1）ユニット型介護保健施設サービス費（Ⅰ）（三）経過的型介護保健施設サービス費（i）＜ユニット型個室的多床室＞【基本型】	要介護1	802単位
		要介護2	848単位
		要介護3	913単位
		要介護4	968単位
		要介護5	1018単位
	（1）ユニット型介護保健施設サービス費（Ⅰ）（四）経過的型介護保健施設サービス費（ii）＜ユニット型個室的多床室＞【在宅強化型】	要介護1	876単位
		要介護2	952単位
		要介護3	1018単位
		要介護4	1077単位
		要介護5	1130単位

	(2) ユニット型介護保健施設サービス費（Ⅱ）＜療養型老健：看護職員を配置＞（一）ユニット型介護保健施設サービス費＜ユニット型個室＞【療養型】	要介護 1	928 単位
		要介護 2	1014 単位
		要介護 3	1130 単位
		要介護 4	1209 単位
		要介護 5	1287 単位
	(2) ユニット型介護保健施設サービス費（Ⅱ）（二）経過的型介護保健施設サービス費＜ユニット型個室的多床室＞【療養型】	要介護 1	928 単位
		要介護 2	1014 単位
		要介護 3	1130 単位
		要介護 4	1209 単位
		要介護 5	1287 単位
	(3) ユニット型介護保健施設サービス費（Ⅲ）＜療養型老健：看護体制＞（一）ユニット型介護保健施設サービス費＜ユニット型個室＞【療養型】	要介護 1	928 単位
		要介護 2	1007 単位
		要介護 3	1104 単位
		要介護 4	1181 単位
		要介護 5	1259 単位
	(3) ユニット型介護保健施設サービス費（Ⅲ）（二）経過的型介護保健施設サービス費＜ユニット型個室的多床室＞【療養型】	要介護 1	928 単位
		要介護 2	1007 単位
		要介護 3	1104 単位
		要介護 4	1181 単位
		要介護 5	1259 単位
	(4) ユニット型介護保健施設サービス費（Ⅳ）＜ユニット型特別介護保健施設サービス費＞（一）ユニット型介護保健施設サービス費＜ユニット型個室＞	要介護 1	784 単位
		要介護 2	832 単位
		要介護 3	894 単位
		要介護 4	948 単位
		要介護 5	997 単位
	(4) ユニット型介護保健施設サービス費（Ⅳ）（二）経過的型介護保健施設サービス費＜ユニット型個室的多床室＞	要介護 1	784 単位
		要介護 2	832 単位
		要介護 3	894 単位
		要介護 4	948 単位
		要介護 5	997 単位
注　外泊時費用（1 日につき）			362 単位
注　外泊時費用（在宅サービスを利用する場合）（1 日につき）			800 単位
注 ターミナル　ケア加算（1 日につき）	(1) 死亡日以前 31 日以上 45 日以下	療養型老健以外の場合	72 単位
		療養型老健の場合	30 単位
	(2) 死亡日以前 4 日以上 30 日以下	療養型老健以外の場合	160 単位
		療養型老健の場合	160 単位
	(3) 死亡日以前 2 日又は 3 日	療養型老健以外の場合	910 単位
		療養型老健の場合	850 単位
	(4) 死亡日	療養型老健以外の場合	1900 単位
		療養型老健の場合	1700 単位
注　特別療養費			
注　療養体制維持特別加算（1 日につき）	イ　療養体制維持特別加算（Ⅰ）		27 単位
	ロ　療養体制維持特別加算（Ⅱ）		57 単位
ハ　初期加算（1 日につき）	(1) 初期加算（Ⅰ）		60 単位
	(2) 初期加算（Ⅱ）		30 単位

ニ　退所時栄養情報連携加算（1月に1回）			70単位
ホ　再入所時栄養連携加算（入所者1人につき1回を限度）			200単位
ヘ　入所前後訪問指導加算（Ⅰ）（1回につき）	在宅強化型の場合		450単位
	在宅強化型以外の場合		450単位
ヘ　入所前後訪問指導加算（Ⅱ）（1回につき）	在宅強化型の場合		480単位
	在宅強化型以外の場合		480単位
ト　退所時等支援等加算（1回につき）	（1）退所時等支援加算	（一）試行的退所時指導加算	400単位
		（二）退所時情報提供加算	500単位
		（二）退所時情報提供加算（Ⅱ）	250単位
		（三）入退所前連携加算（Ⅰ）	600単位
		（四）入退所前連携加算（Ⅱ）	400単位
	（2）訪問看護指示加算（入所者1人につき1回を限度）		300単位
チ　協力医療機関連携加算（1月につき）	（1）相談・診療を行う体制を常時確保し、緊急時に入院を受け入れる体制を確保している協 力医療機関と連携している場合		50単位
	（2）上記以外の協力医療機関と連携している場合		5単位
リ　栄養マネジメント強化加算（1日につき）			11単位
ヌ　経口移行加算（1日につき）			28単位
ル　経口維持加算	（1）経口維持加算（Ⅰ）（1月につき）		400単位
	（2）経口維持加算（Ⅱ）（1月につき）		100単位
ヲ　口腔衛生管理加算	（1）口腔衛生管理加算（Ⅰ）（1月につき）		90単位
	（2）口腔衛生管理加算（Ⅱ）（1月につき）		110単位
ワ　療養食加算（1回につき、1日に3回を限度）			6単位
カ　在宅復帰支援機能加算（1日につき、療養型老健に限り）			10単位
ヨ　かかりつけ医連携薬剤調整加算（入所者1人につき1回を限度）	（1）かかりつけ医連携薬剤調整加算（Ⅰ）	かかりつけ医連携薬剤調整加算（Ⅰ）イ	140単位
		かかりつけ医連携薬剤調整加算（Ⅰ）ロ	70単位
	（2）かかりつけ医連携薬剤調整加算（Ⅱ）		240単位
	（3）かかりつけ医連携薬剤調整加算（Ⅲ）		100単位
タ　緊急時施設療養費	（1）緊急時治療管理（1日につき、1月に1回3日を限度）	療養型老健以外の場合	518単位
		療養型老健の場合	518単位
	（2）特定治療		

レ　所定疾患施設療養費	(1) 所定疾患施設療養費（Ⅰ）(1日につき、1月に1回7日を限度)		239単位
	(2) 所定疾患施設療養費（Ⅱ）(1日につき、1月に1回1日を限度)		480単位
ソ　認知症専門ケア加算（1日につき）	(1) 認知症専門ケア加算（Ⅰ）		3単位
	(2) 認知症専門ケア加算（Ⅱ）		4単位
ツ　認知症チームケア推進加算（1月につき）	(1) 認知症チームケア推進加算（Ⅰ）		150単位
	(2) 認知症チームケア推進加算（Ⅱ）		120単位
ネ　認知症行動心理症状緊急対応加算（1日につき、入所後7日に限り）	療養型老健以外の場合		200単位
	療養型老健の場合		200単位
ナ　リハビリテーションマネジメント計画書情報加算（1月につき）	(1) リハビリテーションマネジメント計画書情報加算（Ⅰ）		53単位
	(2) リハビリテーションマネジメント計画書情報加算（Ⅱ）		33単位
ラ　褥瘡マネジメント加算（1月につき、イ（1）、ロ（1）を算定する場合のみ算定）	(1) 褥瘡マネジメント加算（Ⅰ）		3単位
	(2) 褥瘡マネジメント加算（Ⅱ）		13単位
ム　排せつ支援加算（1月につき）	(1) 排せつ支援加算（Ⅰ）		10単位
	(2) 排せつ支援加算（Ⅱ）		15単位
	(3) 排せつ支援加算（Ⅲ）		20単位
ウ　自立支援促進加算（1月につき）			300単位
ヰ　科学的介護推進体制加算（1月につき）	(1) 科学的介護推進体制加算（Ⅰ）		40単位
	(2) 科学的介護推進体制加算（Ⅱ）		60単位
ノ　安全対策体制加算（入所者1人につき1回を限度）			20単位
オ　高齢者施設等感染対策向上加算（1月につき）	(1) 高齢者施設等感染対策向上加算（Ⅰ）		10単位
	(2) 高齢者施設等感染対策向上加算（Ⅱ）		5単位
ク　新興感染症等施設療養費（1月に1回）			240単位
ヤ　生産性向上推進体制加算（1月につき）	(1) 生産性向上推進体制加算（Ⅰ）		100単位
	(2) 生産性向上推進体制加算（Ⅱ）		10単位
マ　サービス提供体制強化加算（1日につき）	(1) サービス提供体制強化加算（Ⅰ）		22単位
	(2) サービス提供体制強化加算（Ⅱ）		18単位
	(3) サービス提供体制強化加算（Ⅲ）		6単位

4　介護医療院サービス

イ　Ⅰ型 介護医療院サービス費（1日につき）	(1) Ⅰ型 介護医療院サービス費（Ⅰ）(一) Ⅰ型介護医療院サービス費 (i)＜従来型個室＞	要介護1	721単位
		要介護2	832単位
		要介護3	1070単位
		要介護4	1172単位
		要介護5	1263単位
	(1) Ⅰ型 介護医療院サービス費（Ⅰ）(二) Ⅰ型介護医療院サービス費 (ii)＜多床室＞	要介護1	833単位
		要介護2	943単位
		要介護3	1182単位
		要介護4	1283単位
		要介護5	1375単位
	(2) Ⅰ型 介護医療院サービス費（Ⅱ）(一) Ⅰ型介護医療院サービス費 (i)＜従来型個室＞	要介護1	711単位
		要介護2	820単位
		要介護3	1055単位
		要介護4	1155単位
		要介護5	1245単位
	(2) Ⅰ型 介護医療院サービス費（Ⅱ）(二) Ⅰ型介護医療院サービス費 (ii)＜多床室＞	要介護1	821単位
		要介護2	930単位
		要介護3	1165単位
		要介護4	1264単位
		要介護5	1355単位
	(3) Ⅰ型 介護医療院サービス費（Ⅲ）(一) Ⅰ型介護医療院サービス費 (i)＜従来型個室＞	要介護1	694単位
		要介護2	804単位
		要介護3	1039単位
		要介護4	1138単位
		要介護5	1228単位
	(3) Ⅰ型 介護医療院サービス費（Ⅲ）(二) Ⅰ型介護医療院サービス費 (ii)＜多床室＞	要介護1	805単位
		要介護2	914単位
		要介護3	1148単位
		要介護4	1248単位
		要介護5	1338単位
ロ　Ⅱ型 介護医療院サービス費（1日につき）	(1) Ⅱ型 介護医療院サービス費（Ⅰ）(一) Ⅱ型介護医療院サービス費 (i)＜従来型個室＞	要介護1	675単位
		要介護2	771単位
		要介護3	981単位
		要介護4	1069単位
		要介護5	1149単位
	(1) Ⅱ型 介護医療院サービス費（Ⅰ）(二) Ⅱ型介護医療院サービス費 (ii)＜多床室＞	要介護1	786単位
		要介護2	883単位
		要介護3	1092単位
		要介護4	1181単位
		要介護5	1261単位
	(2) Ⅱ型介護医療院サービス費（Ⅱ）(一) Ⅱ型介護医療院サービス費 (i)＜従来型個室＞	要介護1	659単位
		要介護2	755単位
		要介護3	963単位
		要介護4	1053単位
		要介護5	1133単位

	(2) Ⅱ型介護医療院サービス費（Ⅱ）(二) Ⅱ型介護医療院サービス費 (ii)＜多床室＞	要介護 1	770 単位
		要介護 2	867 単位
		要介護 3	1075 単位
		要介護 4	1165 単位
		要介護 5	1245 単位
	(3) Ⅱ型 介護医療院サービス費（Ⅲ）(一) Ⅱ型介護医療院サービス費 (i)＜従来型個室＞	要介護 1	648 単位
		要介護 2	743 単位
		要介護 3	952 単位
		要介護 4	1042 単位
		要介護 5	1121 単位
	(3) Ⅱ型 介護医療院サービス費（Ⅲ）(二) Ⅱ型介護医療院サービス費（ii）＜多床室＞	要介護 1	759 単位
		要介護 2	855 単位
		要介護 3	1064 単位
		要介護 4	1154 単位
		要介護 5	1234 単位
ハ 特別介護医療院サービス費（1 日につき）	(1) Ⅰ型 特別介護医療院サービス費（一） Ⅰ型特別介護医療院サービス費（i）＜従来型個室＞	要介護 1	661 単位
		要介護 2	763 単位
		要介護 3	988 単位
		要介護 4	1081 単位
		要介護 5	1168 単位
	(1) Ⅰ型 特別介護医療院サービス費（二） Ⅰ型特別介護医療院サービス費（ii）＜多床室＞	要介護 1	764 単位
		要介護 2	869 単位
		要介護 3	1091 単位
		要介護 4	1186 単位
		要介護 5	1271 単位
	(2) Ⅱ型 特別介護医療院サービス費（一） Ⅱ型特別介護医療院サービス費（i）＜従来型個室＞	要介護 1	614 単位
		要介護 2	707 単位
		要介護 3	905 単位
		要介護 4	991 単位
		要介護 5	1066 単位
	(2) Ⅱ型 特別介護医療院サービス費（二） Ⅱ型特別介護医療院サービス費（ii）＜多床室＞	要介護 1	721 単位
		要介護 2	814 単位
		要介護 3	1012 単位
		要介護 4	1096 単位
		要介護 5	1172 単位
ニ ユニット型Ⅰ型 介護医療院サービス費（1日につき）	(1) ユニット型Ⅰ型 介護医療院サービス費（Ⅰ）(一) ユニット型Ⅰ型 介護医療院サービス費＜ユニット型個室＞	要介護 1	850 単位
		要介護 2	960 単位
		要介護 3	1199 単位
		要介護 4	1300 単位
		要介護 5	1392 単位
	(1) ユニット型Ⅰ型 介護医療院サービス費（Ⅰ）(二) 経過的ユニット型Ⅰ型 介護医療院サービス費＜ユニット型個室的多床室＞	要介護 1	850 単位
		要介護 2	960 単位
		要介護 3	1199 単位
		要介護 4	1300 単位
		要介護 5	1392 単位
	(2) ユニット型Ⅰ型 介護医療院サービス費（Ⅱ）(一) ユニット型Ⅰ型 介護医療院サービス費＜ユニット型個室＞	要介護 1	840 単位
		要介護 2	948 単位
		要介護 3	1184 単位
		要介護 4	1283 単位
		要介護 5	1374 単位

	(2) ユニット型Ⅰ型 介護医療院サービス費（Ⅱ）(二) 経過的ユニット型Ⅰ型 介護医療院サービス費 ＜ユニット型個室的多床室＞	要介護 1	840 単位
		要介護 2	948 単位
		要介護 3	1184 単位
		要介護 4	1283 単位
		要介護 5	1374 単位
ホ ユニット型Ⅱ型 介護医療院サービス費（1 日につき）	(1) ユニット型Ⅱ型 介護医療院サービス費 ＜ユニット型個室＞	要介護 1	849 単位
		要介護 2	951 単位
		要介護 3	1173 単位
		要介護 4	1267 単位
		要介護 5	1353 単位
	(2) 経過的ユニット型Ⅱ型 介護医療院サービス費 ＜ユニット型個室的多床室＞	要介護 1	849 単位
		要介護 2	951 単位
		要介護 3	1173 単位
		要介護 4	1267 単位
		要介護 5	1353 単位
ヘ ユニット型 特別介護医療院サービス費（1 日につき）	(1) ユニット型Ⅰ型 特別介護医療院サービス費（一）ユニット型Ⅰ型 特別介護医療院サービス費 ＜ユニット型個室＞	要介護 1	798 単位
		要介護 2	901 単位
		要介護 3	1126 単位
		要介護 4	1220 単位
		要介護 5	1304 単位
	(1) ユニット型Ⅰ型 特別介護医療院サービス費（二）経過的ユニット型Ⅰ型 特別介護医療院サービス費 ＜ユニット型個室的多床室＞	要介護 1	798 単位
		要介護 2	901 単位
		要介護 3	1126 単位
		要介護 4	1220 単位
		要介護 5	1304 単位
	(2) ユニット型Ⅱ型 特別介護医療院サービス費（一）ユニット型Ⅱ型 特別介護医療院サービス費 ＜ユニット型個室＞	要介護 1	808 単位
		要介護 2	904 単位
		要介護 3	1114 単位
		要介護 4	1205 単位
		要介護 5	1284 単位
	(2) ユニット型Ⅱ型 特別介護医療院サービス費（二）経過的ユニット型Ⅱ型 特別介護医療院サービス費 ＜ユニット型個室的多床室＞	要介護 1	808 単位
		要介護 2	904 単位
		要介護 3	1114 単位
		要介護 4	1205 単位
		要介護 5	1284 単位
注 外泊時費用（1 日につき）			362 単位
注 試行的退所サービス費（1 日につき）			800 単位
注 他科受診時費用（1 月に 4 回）			362 単位
ト 初期加算（1 日につき）			30 単位
チ 退所時栄養情報連携加算（1 月につき 1 回）			70 単位
リ 再入所時栄養連携加算（入所者 1 人につき 1 回）			200 単位

ヌ　退所時指導等加算	（一）退所時等指導加算	a 退所前訪問指導加算（入所中1回又は2回）	460単位
		b 退所後訪問指導加算（退所後1回）	460単位
		c 退所時指導加算	400単位
		d 退所時情報提供加算 退所時情報提供加算（Ⅰ）	500単位
		d 退所時情報提供加算 退所時情報提供加算（Ⅱ）	250単位
		e 退所前連携加算	500単位
	（二）訪問看護指示加算（入所者1人につき1回）		300単位
ル　協力医療機関連携加算（1月につき）	（1）相談・診療を行う体制を常時確保し、緊急時に入院を受け入れる体制を確保している協力医療機関と連携している場合		50単位
	（2）上記以外の協力医療機関と連携している場合		5単位
ヲ　栄養マネジメント強化加算（1日につき）			11単位
ワ　経口移行加算（1日につき）			28単位
カ　経口維持加算（1月につき）	（一）経口維持加算（Ⅰ）		400単位
	（二）経口維持加算（Ⅱ）		100単位
ヨ　口腔衛生管理加算（1月につき）	（一）口腔衛生管理加算（Ⅰ）		90単位
	（二）口腔衛生管理加算（Ⅱ）		110単位
タ　療養食加算（1回につき）			6単位
レ　在宅復帰支援機能加算（1回につき）			6単位
ソ　特別診療費			
ツ　緊急時施設診療費	ア　緊急時治療管理（1月に1回）		518単位
	イ　特定治療		
ネ　認知症専門ケア加算（1日につき）	（一）認知症専門ケア加算（Ⅰ）		3単位
	（二）認知症専門ケア加算（Ⅱ）		4単位
ナ　認知症チームケア推進加算（1月につき）	（一）認知症チームケア推進加算（Ⅰ）		150単位
	（二）認知症チームケア推進加算（Ⅱ）		120単位
ラ　認知症行動・心理症状緊急対応加算（1日につき）			200単位
ム　重度認知症疾患療養体制加算（1日につき）	（一）重度認知症疾患療養体制加算（Ⅰ）	要介護1・2	140単位
	（一）重度認知症疾患療養体制加算（Ⅰ）	要介護3・4・5	40単位
	（二）重度認知症疾患療養体制加算（Ⅱ）	要介護1・2	200単位
	（二）重度認知症疾患療養体制加算（Ⅱ）	要介護3・4・5	100単位

ウ　排せつ支援加算（1月につき）	(1) 排せつ支援加算（Ⅰ）		10単位
	(2) 排せつ支援加算（Ⅱ）		15単位
	(3) 排せつ支援加算（Ⅲ）		20単位
ヰ　自立支援促進加算（1月につき）			280単位
ノ　科学的介護推進体制加算（1月につき）	(1) 科学的介護推進体制加算（Ⅰ）		40単位
	(2) 科学的介護推進体制加算（Ⅱ）		60単位
オ　安全対策体制加算（入所者1人につき1回）			20単位
ク　高齢者施設等感染対策向上加算（1月につき）	(1) 高齢者施設等感染対策向上加算（Ⅰ）		10単位
	(2) 高齢者施設感染症対策向上加算（Ⅱ）		5単位
ヤ　新興感染症等施設療養費（1月に1回）			240単位
マ　生産性向上推進体制加算（1月につき）	(1) 生産性向上推進体制加算（Ⅰ）		100単位
	(2) 生産性向上推進体制加算（Ⅱ）		10単位
ケ　サービス提供体制強化加算（1日につき）	(一) サービス提供体制強化加算（Ⅰ）		22単位
	(二) サービス提供体制強化加算（Ⅱ）		18単位
	(三) サービス提供体制強化加算（Ⅲ）		6単位

付録10 介護報酬の算定構造2（介護予防サービス 抜粋）

1　介護予防訪問入浴介護費			
イ　介護予防訪問入浴介護費（1回につき）			856単位
ロ　初回加算（1月につき）			200単位
ハ　認知症専門ケア加算（1日につき）	(1) 認知症専門ケア加算（Ⅰ）		3単位
	(2) 認知症専門ケア加算（Ⅱ）		4単位
二　サービス提供体制強化加算（1回につき）	(1) サービス提供体制強化加算（Ⅰ）		44単位
	(2) サービス提供体制強化加算（Ⅱ）		36単位
	(3) サービス提供体制強化加算（Ⅲ）		12単位

2　介護予防訪問看護費			
イ　指定介護予防訪問看護ステーションの場合	(1) 20分未満（週に1回以上、20分以上の保健師又は看護師による訪問を行った場合算定可能）		303単位
	(2) 30分未満		451単位
	(3) 30分以上1時間未満		794単位
	(4) 1時間以上1時間30分未満		1090単位
	(5) 理学療法士、作業療法士又は言語聴覚士の場合（1日に2回を超えて実施する場合は50/100）		284単位
ロ　病院又は診療所の場合	(1) 20分未満（週に1回以上、20分以上の保健師又は看護師による訪問を行った場合算定可能）		256単位
	(2) 30分未満		382単位
	(3) 30分以上1時間未満		553単位
	(4) 1時間以上1時間30分未満		814単位
ハ　初回加算（1月につき）	(1) 初回加算（Ⅰ）		350単位
	(2) 初回加算（Ⅱ）		300単位
二　退院時共同指導加算（1回につき）			600単位
ホ　看護体制強化加算（1月につき）			100単位
へ　口腔連携強化加算（1回につき）			50単位
ト　サービス提供体制強化加算	(1) サービス提供体制強化加算（Ⅰ）		6単位
	(2) サービス提供体制強化加算（Ⅱ）		3単位

３　介護予防訪問リハビリテーション費			
イ　介護予防訪問リハビリテーション費	病院又は診療所の場合		298 単位
	介護老人保健施設の場合		298 単位
	介護医療院の場合		298 単位
ロ　退院時共同指導加算（１回につき）			600 単位
ハ　サービス提供体制強化加算（１回につき）	（１）サービス提供体制強化加算（Ⅰ）		6 単位
	（２）サービス提供体制強化加算（Ⅱ）		3 単位

４　介護予防居宅療養管理指導費			
イ　医師が行う場合（１回につき、月２回を限度）	（１）介護予防居宅療養管理指導費（Ⅰ）（（２）以外）	（一）単一建物居住者１人に対して行う場合	515 単位
		（二）単一建物居住者２人以上人以下に対して行う場合	487 単位
		（三）（一）及び（二）以外の場合	446 単位
	（２）介護予防居宅療養管理指導費（Ⅱ）（在宅時医学総合管理料又は特定施設入居時等医学総合管理料を算定する場合）	（一）単一建物居住者が１人に対して行う場合	299 単位
		（二）単一建物居住者２人以上人以下に対して行う場合	287 単位
		（三）（一）及び（二）以外の場合	260 単位
ロ　歯科医師が行う場合（１回につき、月２回を限度）	（１）単一建物居住者１人に対して行う場合		517 単位
	（２）単一建物居住者２人以上人以下に対して行う場合		487 単位
	（３）（１）及び（２）以外の場合		441 単位
ハ　薬剤師が行う場合（１回につき）	（１）病院又は診療所の薬剤師が行う場合（月２回を限度）	（一）単一建物居住者１人に対して行う場合	566 単位
		（二）単一建物居住者２人以上人以下に対して行う場合	417 単位
		（三）（一）及び（二）以外の場合	380 単位
	（２）薬局の薬剤師の場合（月４回を限度）	（一）単一建物居住者１人に対して行う場合	518 単位
		（二）単一建物居住者２人以上人以下に対して行う場合	379 単位
		（三）（一）及び（二）以外の場合	342 単位
		（四）情報通信機器を用いて行う場合（月１回を限度）	46 単位
二　管理栄養士が行う場合（１回につき、月２回を限度）	（１）当該指定居宅療養管理指導事業所の管理栄養士が行った場合	（一）単一建物居住者１人に対して行う場合	545 単位
		（二）単一建物居住者２人以上人以下に対して行う場合	487 単位
		（三）（一）及び（二）以外の場合	444 単位

	(2) 当該指定居宅療養管理指導事業所以外の管理栄養士が行った場合	(一) 単一建物居住者1人に対して行う場合	525単位
		(二) 単一建物居住者2人以上人以下に対して行う場合	467単位
		(三) (一) 及び (二) 以外の場合	424単位
ホ　歯科衛生士等が行う場合（1回につき、月4回を限度）	(1) 単一建物居住者1人に対して行う場合		3362単位
	(2) 単一建物居住者2人以上人以下に対して行う場合		326単位
	(3) (1) 及び (2) 以外の場合		295単位

5　介護予防通所リハビリテーション費

イ　介護予防通所リハビリテーション費（1月につき）	病院又は診療所の場合	要支援1	2268単位
		要支援2	4228単位
	介護老人保健施設の場合	要支援1	2268単位
		要支援2	4228単位
	介護医療院の場合	要支援1	2268単位
		要支援2	4228単位
ロ　退院時共同指導加算（1回につき）			600単位
ハ　栄養アセスメント加算（1月につき）			50単位
ニ　栄養改善加算（1月につき）			200単位
ホ　口腔・栄養スクリーニング加算（1回につき）	(1) 口腔・栄養スクリーニング加算（Ⅰ）		20単位
	(2) 口腔・栄養スクリーニング加算（Ⅱ）		5単位
ヘ　口腔機能向上加算（1月につき）	(1) 口腔機能向上加算（Ⅰ）		150単位
	(2) 口腔機能向上加算（Ⅱ）		160単位
ト　一体的サービス提供加算（1月につき）			480単位
チ　科学的介護推進体制加算（1月につき）			40単位
リ　サービス提供体制強化加算（1月につき）	(1) サービス提供体制強化加算（Ⅰ）	要支援1	88単位
		要支援2	176単位
	(2) サービス提供体制強化加算（Ⅱ）	要支援1	72単位
		要支援2	144単位
	(3) サービス提供体制強化加算（Ⅲ）	要支援1	24単位
		要支援2	48単位

6　介護予防短期入所生活介護費

イ　介護予防短期入所生活介護費（1日につき）	(1) 単独型介護予防短期入所生活介護費 (一) 単独型介護予防短期入所生活介護費（Ⅰ）＜従来型個室＞	要支援1	479単位
		要支援2	596単位
	(1) 単独型介護予防短期入所生活介護費 (二) 単独型介護予防短期入所生活介護費（Ⅱ）＜多床室＞	要支援1	479単位
		要支援2	596単位

	(2) 併設型介護予防短期入所生活介護費（一）併設型介護予防短期入所生活介護費（Ⅰ）＜従来型個室＞	要支援 1	451 単位
		要支援 2	561 単位
	(2) 併設型介護予防短期入所生活介護費（二）併設型介護予防短期入所生活介護費（Ⅱ）＜多床室＞	要支援 1	451 単位
		要支援 2	561 単位
ロ　ユニット型介護予防短期入所生活介護費（1 日につき）	(1) 単独型ユニット型介護予防短期入所生活介護費（一）単独型ユニット型介護予防短期入所生活介護費＜ユニット型個室＞	要支援 1	561 単位
		要支援 2	681 単位
	(1) 単独型ユニット型介護予防短期入所生活介護費（二）経過的単独型ユニット型介護予防短期入所生活介護費＜ユニット型個室的多床室＞	要支援 1	561 単位
		要支援 2	681 単位
	(2) 併設型ユニット型介護予防短期入所生活介護費（一）併設型ユニット型介護予防短期入所生活介護費＜ユニット型個室＞	要支援 1	529 単位
		要支援 2	656 単位
	(2) 併設型ユニット型介護予防短期入所生活介護費（二）経過的併設型ユニット型介護予防短期入所生活介護費＜ユニット型個室的多床室＞	要支援 1	529 単位
		要支援 2	656 単位
ハ　口腔連携強化加算（1 回につき）			50 単位
二　療養食加算（1 回につき、1 日に 3 回を限度）			8 単位
ホ　認知症専門ケア加算（1 日につき）	(1) 認知症専門ケア加算（Ⅰ）		3 単位
	(2) 認知症専門ケア加算（Ⅱ）		4 単位
へ　生産性向上推進体制加算（1 月につき）	(1) 生産性向上推進体制加算（Ⅰ）		100 単位
	(1) 生産性向上推進体制加算（Ⅱ）		10 単位
ト　サービス提供体制強化加算（1 日につき）	(1) サービス提供体制強化加算（Ⅰ）		22 単位
	(2) サービス提供体制強化加算（Ⅱ）		18 単位
	(3) サービス提供体制強化加算（Ⅲ）		6 単位

8　介護予防特定施設入居者生活介護費

イ　介護予防特定施設入居者生活介護費（1 日につき）	要支援 1		183 単位
	要支援 2		313 単位
ロ　外部サービス利用型介護予防特定施設入居者生活介護費（1 日につき）			57 単位
ハ　退居時情報提供加算（イを算定する場合のみ算定）			250 単位

ニ　認知症専門ケア加算（1日につき、イを算定する場合のみ算定）	(1) 認知症専門ケア加算（Ⅰ）		3単位
	(2) 認知症専門ケア加算（Ⅱ）		4単位
ホ　高齢者施設等感染対策向上加算（1月につき）	(1) 高齢者施設等感染対策向上加算（Ⅰ）		10単位
	(2) 高齢者施設等感染対策向上加算（Ⅱ）		5単位
ヘ　新興感染症等施設療養費（1月に1回）			240単位
ト　生産性向上推進体制加算（1月につき）（イを算定する場合のみ算定）	(1) 生産性向上推進体制加算（Ⅰ）		100単位
	(2) 生産性向上推進体制加算（Ⅱ）		10単位
チ　サービス提供体制強化加算（1日につき）	(1) サービス提供体制強化加算（Ⅰ）		22単位
	(2) サービス提供体制強化加算（Ⅱ）		18単位
	(3) サービス提供体制強化加算（Ⅲ）		6単位

9　福祉用具貸与費			
介護予防福祉用具貸与費（現に指定介護予防福祉用具貸与に要した費用の額を当該事業所の所在地に適用される1単位の単価で除して得た単位数）	車いす		
	車いす付属品		
	特殊寝台		
	特殊寝台付属品		
	床ずれ防止用具		
	体位変換器		
	手すり		
	スロープ		
	歩行器		
	歩行補助つえ		
	認知症老人徘徊感知機器		
	移動用リフト		
	自動排泄処理装置		

10　介護予防支援費			
イ 介護予防支援費（1月につき）	(1) 介護予防支援費（Ⅰ）（地域包括支援センターが行う場合）		442単位
	(2) 介護予防支援費（Ⅱ）（指定居宅介護支援事業者が行う場合）		472単位
ロ　初回加算（1月につき）			300単位
ハ　委託連携加算（イ（1）を算定する場合のみ算定）			300単位

付録11

介護報酬の算定構造3（地域密着型サービス 抜粋）

1　定期巡回随時対応型訪問介護看護費			
イ　定期巡回随時対応型訪問介護看護費（Ⅰ）（1月につき）	（1）訪問看護サービスを行わない場合	要介護1	5446単位
		要介護2	9720単位
		要介護3	16140単位
		要介護4	20417単位
		要介護5	24692単位
	（2）訪問看護サービスを行う場合	要介護1	7946単位
		要介護2	12413単位
		要介護3	18948単位
		要介護4	23358単位
		要介護5	28298単位
ロ　定期巡回随時対応型訪問介護看護費（Ⅱ）（1月につき）		要介護1	5446単位
		要介護2	9720単位
		要介護3	16140単位
		要介護4	20417単位
		要介護5	24692単位
ハ　定期巡回随時対応型訪問介護看護費（Ⅲ）（1回につき）	基本夜間訪問サービス費		989単位
	定期巡回サービス費		372単位
	随時訪問サービス費（Ⅰ）		567単位
	随時訪問サービス費（Ⅱ）		764単位
ニ　初期加算（1日につき、イまたはロを算定する場合のみ）			30単位
ホ　退院時共同指導加算（1回につき、イ（2）を算定する場合のみ）			600単位
ヘ　総合マネジメント体制強化加算（1月につき、イまたはロを算定する場合のみ）	（1）総合マネジメント体制強化加算（Ⅰ）		1200単位
	（2）総合マネジメント体制強化加算（Ⅱ）		800単位
ト　生活機能向上連携加算（1月につき）	（1）生活機能向上連携加算（Ⅰ）		100単位
	（2）生活機能向上連携加算（Ⅱ）		200単位
チ　認知症専門ケア加算（1月につき）	（1）イまたはロを算定する場合	（一）認知症専門ケア加算（Ⅰ）	90単位
		（二）認知症専門ケア加算（Ⅱ）	120単位
	（1）ハを算定する場合（基本夜間訪問サービス費を除く）	（一）認知症専門ケア加算（Ⅰ）	3単位
		（二）認知症専門ケア加算（Ⅱ）	4単位
リ　口腔連携強化加算（1月に1回、イまたはロを算定する場合のみ）			50単位

ヌ　サービス提供体制強化加算（1 月につき）	（1）（2）以外の場合	（一）サービス提供体制強化加算（Ⅰ）	750 単位
		（二）サービス提供体制強化加算（Ⅱ）	640 単位
		（三）サービス提供体制強化加算（Ⅲ）	350 単位
	（1）ハを算定する場合（基本夜間訪問サービス費を除く）	（一）サービス提供体制強化加算（Ⅰ）	22 単位
		（二）サービス提供体制強化加算（Ⅱ）	18 単位
		（三）サービス提供体制強化加算（Ⅲ）	6 単位

2　夜間対応型訪問介護費

イ　夜間対応型訪問介護費（Ⅰ）	基本夜間対応型訪問介護費（1 月につき）		989 単位
	定期巡回サービス費（1 回につき）		372 単位
	随時訪問サービス費（Ⅰ）（1 回につき）		567 単位
	随時訪問サービス費（Ⅱ）（1 回につき）		764 単位
ロ　夜間対応型訪問介護費（Ⅱ）（1 月につき）			2702 単位
ハ　認知症専門ケア加算	（1）イを算定する場合（1 日につき、基本夜間対応型訪問介護費を除く）	（一）認知症専門ケア加算（Ⅰ）	3 単位
		（二）認知症専門ケア加算（Ⅱ）	4 単位
	（2）ロを算定する場合（1 月につき）	（一）認知症専門ケア加算（Ⅰ）	90 単位
		（二）認知症専門ケア加算（Ⅱ）	120 単位
二　サービス提供体制強化加算	（1）イを算定する場合（1 回につき 1 日につき、基本夜間対応型訪問介護費を除く）	（一）サービス提供体制強化加算（Ⅰ）	22 単位
		（二）サービス提供体制強化加算（Ⅱ）	18 単位
		（三）サービス提供体制強化加算（Ⅲ）	6 単位
	（2）ロを算定する場合（1 月につき）	（一）サービス提供体制強化加算（Ⅰ）	154 単位
		（二）サービス提供体制強化加算（Ⅱ）	126 単位
		（三）サービス提供体制強化加算（Ⅲ）	42 単位

2-2　地域密着型通所介護費

イ　地域密着型通所介護費	（1）3 時間以上 4 時間未満	要介護 1	416 単位
		要介護 2	478 単位
		要介護 3	540 単位
		要介護 4	600 単位
		要介護 5	663 単位

	(2) 4時間以上5時間未満	要介護1	436単位
		要介護2	501単位
		要介護3	566単位
		要介護4	629単位
		要介護5	695単位
	(3) 5時間以上6時間未満	要介護1	657単位
		要介護2	776単位
		要介護3	896単位
		要介護4	1013単位
		要介護5	1134単位
	(4) 6時間以上7時間未満	要介護1	678単位
		要介護2	801単位
		要介護3	925単位
		要介護4	1049単位
		要介護5	1172単位
	(5) 7時間以上8時間未満	要介護1	753単位
		要介護2	890単位
		要介護3	1032単位
		要介護4	1172単位
		要介護5	1312単位
	(6) 8時間以上9時間未満	要介護1	783単位
		要介護2	925単位
		要介護3	1072単位
		要介護4	1220単位
		要介護5	1365単位
ロ 療養通所介護費（1月につき）			12785単位
ハ 短期利用療養通所介護費（1日につき）			1335単位
ニ サービス提供体制強化加算	(1) イを算定している場合（1回につき）	(一) サービス提供体制強化加算（Ⅰ）	22単位
		(二) サービス提供体制強化加算（Ⅱ）	18単位
		(三) サービス提供体制強化加算（Ⅲ）	6単位
	(2) ロを算定している場合（1月につき）	(一) サービス提供体制強化加算（Ⅲ）イ	48単位
		(二) サービス提供体制強化加算（Ⅲ）ロ	24単位
	(3) ハを算定している場合（1月につき）	(一) サービス提供体制強化加算（Ⅲ）イ	12単位
		(二) サービス提供体制強化加算（Ⅲ）ロ	6単位

3 認知症対応型通所介護費

イ 認知症対応型通所介護費（Ⅰ）(1) 認知症対応型通所介護費（ⅰ）	(一) 3時間以上4時間未満	要介護1	543単位
		要介護2	597単位
		要介護3	653単位
		要介護4	708単位
		要介護5	762単位

	（二）4時間以上5時間未満	要介護1	569単位
		要介護2	626単位
		要介護3	684単位
		要介護4	741単位
		要介護5	799単位
	（三）5時間以上6時間未満	要介護1	858単位
		要介護2	950単位
		要介護3	1040単位
		要介護4	1132単位
		要介護5	1225単位
	（四）6時間以上7時間未満	要介護1	880単位
		要介護2	974単位
		要介護3	1066単位
		要介護4	1161単位
		要介護5	1256単位
	（五）7時間以上8時間未満	要介護1	994単位
		要介護2	1102単位
		要介護3	1210単位
		要介護4	1319単位
		要介護5	1427単位
	（六）8時間以上時間未満 要介護1	要介護1	1026単位
		要介護2	1137単位
		要介護3	1248単位
		要介護4	1362単位
		要介護5	1472単位
イ　認知症対応型通所介護費（Ⅰ）（2）認知症対応型通所介護費（ⅱ）	（一）3時間以上4時間未満	要介護1	491単位
		要介護2	541単位
		要介護3	589単位
		要介護4	639単位
		要介護5	688単位
	（二）4時間以上5時間未満	要介護1	515単位
		要介護2	566単位
		要介護3	618単位
		要介護4	669単位
		要介護5	720単位
	（三）5時間以上6時間未満	要介護1	771単位
		要介護2	854単位
		要介護3	936単位
		要介護4	1016単位
		要介護5	1099単位
	（四）6時間以上7時間未満	要介護1	790単位
		要介護2	876単位
		要介護3	960単位
		要介護4	1042単位
		要介護5	1127単位
	（五）7時間以上8時間未満	要介護1	894単位
		要介護2	989単位
		要介護3	1086単位
		要介護4	1183単位
		要介護5	1278単位

	(六) 8時間以上9時間未満	要介護1	922単位
		要介護2	1020単位
		要介護3	1120単位
		要介護4	1221単位
		要介護5	1321単位
ロ 認知症対応型通所介護費（Ⅱ）	(1) 3時間以上4時間未満	要介護1	267単位
		要介護2	277単位
		要介護3	286単位
		要介護4	295単位
		要介護5	305単位
	(2) 4時間以上5時間未満	要介護1	279単位
		要介護2	290単位
		要介護3	299単位
		要介護4	309単位
		要介護5	319単位
	(3) 5時間以上6時間未満	要介護1	445単位
		要介護2	460単位
		要介護3	477単位
		要介護4	493単位
		要介護5	510単位
	(4) 6時間以上7時間未満	要介護1	457単位
		要介護2	472単位
		要介護3	489単位
		要介護4	506単位
		要介護5	522単位
	(5) 7時間以上8時間未満	要介護1	523単位
		要介護2	542単位
		要介護3	560単位
		要介護4	578単位
		要介護5	598単位
	(6) 8時間以上9時間未満	要介護1	540単位
		要介護2	559単位
		要介護3	578単位
		要介護4	597単位
		要介護5	618単位
ハ サービス提供体制強化加算（1回につき）	(1) サービス提供体制強化加算（Ⅰ）		22単位
	(2) サービス提供体制強化加算（Ⅱ）		18単位
	(3) サービス提供体制強化加算（Ⅲ）		6単位

4 小規模多機能型居宅介護費

イ 小規模多機能型居宅介護費（1月につき）	(1) 同一建物に居住する者以外の者に対して行う場合	要介護1	10458単位
		要介護2	15370単位
		要介護3	22359単位
		要介護4	24677単位
		要介護5	27209単位

	(2) 同一建物に居住する者に対して行う場合	要介護1	9423単位
		要介護2	13849単位
		要介護3	20144単位
		要介護4	22233単位
		要介護5	24516単位
ロ 短期利用居宅介護費（1日につき）		要介護1	572単位
		要介護2	640単位
		要介護3	709単位
		要介護4	777単位
		要介護5	843単位
ハ 初期加算（1日につき、イを算定する場合のみ算定）			30単位
ニ 認知症加算（1月につき、イを算定する場合のみ算定）	(1) 認知症加算（Ⅰ）		920単位
	(2) 認知症加算（Ⅱ）		890単位
	(3) 認知症加算（Ⅲ）		760単位
	(4) 認知症加算（Ⅳ）		460単位
ホ 認知症行動心理症状緊急対応加算（1日につき、7日間を限度、ロを算定する場合のみ算定）			200単位
ヘ 若年性認知症利用者受入加算（1月につき、イを算定する場合のみ算定）			800単位
ト 看護職員配置加算（1月につき、イを算定する場合のみ算定）	(1) 看護職員配置加算（Ⅰ）		900単位
	(2) 看護職員配置加算（Ⅱ）		700単位
	(3) 看護職員配置加算（Ⅲ）		480単位
チ 看取り連携体制加算（1日につき、イを算定する場合のみ算定）			64単位
リ 訪問体制強化加算（1月につき、イを算定する場合のみ算定）			1000単位
ヌ 総合マネジメント体制強化加算（1月につき、イを算定する場合のみ算定）	(1) 総合マネジメント体制強化加算（Ⅰ）		1200単位
	(2) 総合マネジメント体制強化加算（Ⅱ）		800単位
ル 生活機能向上連携加算（1月につき）	(1) 生活機能向上連携加算（Ⅰ）		100単位
	(2) 生活機能向上連携加算（Ⅱ）		200単位
ヲ 口腔栄養スクリーニング加算（1回につき、6月に1回を限度、イを算定する場合のみ算定）			20単位
ワ 科学的介護推進体制加算（1月につき、イを算定する場合のみ算定）			40単位
カ 生産性向上推進体制加算（1月につき）	(1) 生産性向上推進体制加算（Ⅰ）		100単位
	(2) 生産性向上推進体制加算（Ⅱ）		10単位

ヨ　サービス提供体制強化加算	(1) イを算定している場合（1月につき）	(一) サービス提供体制強化加算（Ⅰ）	750 単位
		(二) サービス提供体制強化加算（Ⅱ）	640 単位
		(三) サービス提供体制強化加算（Ⅲ）	350 単位
	(2) ロを算定している場合（1日につき）	(一) サービス提供体制強化加算（Ⅰ）	25 単位
		(二) サービス提供体制強化加算（Ⅱ）	21 単位
		(三) サービス提供体制強化加算（Ⅲ）	12 単位

5　認知症対応型共同生活介護費

イ　認知症対応型共同生活介護費（1日につき）	(1) 認知症対応型共同生活介護費（Ⅰ）	要介護1	765 単位
		要介護2	801 単位
		要介護3	824 単位
		要介護4	841 単位
		要介護5	859 単位
	(2) 認知症対応型共同生活介護費（Ⅱ）	要介護1	753 単位
		要介護2	788 単位
		要介護3	812 単位
		要介護4	828 単位
		要介護5	845 単位
ロ　短期利用認知症対応型共同生活介護費（1日につき）	(1) 短期利用認知症対応型共同生活介護費（Ⅰ）	要介護1	793 単位
		要介護2	829 単位
		要介護3	854 単位
		要介護4	870 単位
		要介護5	887 単位
	(2) 短期利用認知症対応型共同生活介護費（Ⅱ）	要介護1	781 単位
		要介護2	817 単位
		要介護3	841 単位
		要介護4	858 単位
		要介護5	874 単位
注　入院時費用（1日につき）			246 単位
注　看取り介護加算（1日につき、イを算定する場合のみ算定）	(1) 死亡日以前31日以上45日以下		72 単位
	(2) 死亡日以前4日以上30日以下		144 単位
	(3) 死亡日以前2日又は3日		680 単位
	(4) 死亡日		1280 単位
ハ　初期加算（1日につき、イを算定する場合のみ算定）			30 単位
ニ　協力医療機関連携加算（1月につき、イを算定する場合のみ算定）	(1) 相談・診療を行う体制を常時確保している協力医療機関と連携している場合		100 単位
	(2) 上記以外の協力医療機関と連携している場合		40 単位

ホ　医療連携体制加算（1日につき）	(1) 医療連携体制加算（Ⅰ）イ		57単位
	(2) 医療連携体制加算（Ⅰ）ロ		47単位
	(3) 医療連携体制加算（Ⅰ）ハ		37単位
	(4) 医療連携体制加算（Ⅱ）		5単位
ヘ　退居時情報提供加算（イを算定する場合のみ算定）			250単位
ト　退居時相談援助加算（イを算定する場合のみ算定）			400単位
チ　認知症専門ケア加算（1日につき、イを算定する場合のみ算定）	(1) 認知症専門ケア加算（Ⅰ）		3単位
	(2) 認知症専門ケア加算（Ⅱ）		4単位
リ　認知症チームケア推進加算（1月につき、イを算定する場合のみ算定）	(1) 認知症チームケア推進加算（Ⅰ）		150単位
	(2) 認知症チームケア推進加算（Ⅱ）		120単位
ヌ　生活機能向上連携加算（1月につき）	(1) 生活機能向上連携加算（Ⅰ）		100単位
	(2) 生活機能向上連携加算（Ⅱ）		200単位
ル　栄養管理体制加算			30単位
ヲ　口腔衛生管理体制加算（1月につき、イを算定する場合のみ算定）			30単位
ワ　口腔・栄養スクリーニング加算（1回につき、6月に1回を限度、イを算定する場合のみ算定）			20単位
カ　科学的介護推進体制加算（1日につき、イを算定する場合のみ算定）			40単位
ヨ　高齢者施設等感染対策向上加算（1月につき）	(1) 高齢者施設等感染対策向上加算（Ⅰ）		10単位
	(2) 高齢者施設等感染対策向上加算（Ⅱ）		5単位
タ　新興感染症等施設療養費（1月に1回）			240単位
レ　生産性向上推進体制加算（1月につき）	(1) 生産性向上推進体制加算（Ⅰ）		100単位
	(2) 生産性向上推進体制加算（Ⅱ）		10単位
ソ　サービス提供体制強化加算（1日につき）	(1) サービス提供体制強化加算（Ⅰ）		22単位
	(2) サービス提供体制強化加算（Ⅱ）		18単位
	(3) サービス提供体制強化加算（Ⅲ）		6単位

6　地域密着型特定施設入居者生活介護費

イ　地域密着型特定施設入居者生活介護費（1日につき）		要介護1	546単位
		要介護2	614単位
		要介護3	685単位
		要介護4	750単位
		要介護5	820単位

ロ　短期利用地域密着型特定施設入居者生活介護費（1日につき）		要介護1	546単位
		要介護2	614単位
		要介護3	685単位
		要介護4	750単位
		要介護5	820単位
ハ　退院・退所時連携加算（1日につき、イを算定する場合のみ算定）			30単位
ニ　看取り介護加算（1日につき、イを算定する場合のみ算定）	(1) 看取り介護加算（Ⅰ）	(1) 死亡日以前31日以上45日以下	72単位
		(2) 死亡日以前4日以上30日以下	144単位
		(3) 死亡日以前2日又は3日	680単位
		(4) 死亡日	1280単位
	(2) 看取り介護加算（Ⅱ）	(1) 死亡日以前31日以上45日以下	572単位
		(2) 死亡日以前4日以上30日以下	644単位
		(3) 死亡日以前2日又は3日	1180単位
		(4) 死亡日	1780単位
ホ　退居時情報提供加算（イを算定する場合のみ算定）			250単位
ヘ　認知症専門ケア加算（1日につき、イを算定する場合のみ算定）	(1) 認知症専門ケア加算（Ⅰ）		3単位
	(2) 認知症専門ケア加算（Ⅱ）		4単位
ト　科学的介護推進体制加算（1月につき、イを算定する場合のみ算定）			40単位
チ　高齢者施設等感染対策向上 加算（1月につき）	(1) 高齢者施設等感染対策向上加算（Ⅰ）		10単位
	(2) 高齢者施設等感染対策向上加算（Ⅱ）		5単位
リ　新興感染症等施設療養費（1月に1回）			240単位
ヌ　生産性向上推進体制加算（1月につき）	(1) 生産性向上推進体制加算（Ⅰ）		100単位
	(2) 生産性向上推進体制加算（Ⅱ）		10単位
ル　サービス提供体制強化加算	(1) サービス提供体制強化加算（Ⅰ）		22単位
	(2) サービス提供体制強化加算（Ⅱ）		18単位
	(3) サービス提供体制強化加算（Ⅲ）		6単位

7　地域密着型介護老人福祉施設入所者生活介護

イ　地域密着型介護老人福祉施設入所者生活介護費（1日につき）	(1) 地域密着型介護老人福祉施設入所者生活介護費（Ⅰ）＜従来型個室＞	要介護1	600単位
		要介護2	671単位
		要介護3	745単位
		要介護4	817単位
		要介護5	887単位

	(2) 地域密着型介護老人福祉施設入所者生活介護費（Ⅱ）＜多床室＞	要介護 1	600 単位
		要介護 2	671 単位
		要介護 3	745 単位
		要介護 4	817 単位
		要介護 5	887 単位
ロ ユニット型地域密着型介護老人福祉施設入所者生活介護費（1 日につき）	(1) ユニット型地域密着型介護老人福祉施設入所者生活介護費＜ユニット型個室＞	要介護 1	682 単位
		要介護 2	753 単位
		要介護 3	828 単位
		要介護 4	901 単位
		要介護 5	971 単位
	(2) 経過的ユニット型地域密着型介護老人福祉施設入所者生活介護費＜ユニット型個室的多床室＞	要介護 1	682 単位
		要介護 2	753 単位
		要介護 3	828 単位
		要介護 4	901 単位
		要介護 5	971 単位
ハ 経過的地域密着型介護老人福祉施設入所者生活介護費（1 日につき）	(1) 経過的地域密着型介護老人福祉施設入所者生活介護費（Ⅰ）＜従来型個室＞	要介護 1	697 単位
		要介護 2	765 単位
		要介護 3	837 単位
		要介護 4	905 単位
		要介護 5	972 単位
	(2) 経過的地域密着型介護老人福祉施設入所者生活介護費（Ⅱ）＜多床室＞	要介護 1	697 単位
		要介護 2	765 単位
		要介護 3	837 単位
		要介護 4	905 単位
		要介護 5	972 単位
ニ 経過的ユニット型地域密着型介護老人福祉施設入所者生活介護費（1 日につき）	(1) 経過的ユニット型地域密着型介護老人福祉施設入所者生活介護費（Ⅰ）＜ユニット型個室＞	要介護 1	771 単位
		要介護 2	838 単位
		要介護 3	913 単位
		要介護 4	982 単位
		要介護 5	1048 単位
	(2) 経過的ユニット型地域密着型介護老人福祉施設入所者生活介護費（Ⅱ）＜ユニット型個室的多床室＞	要介護 1	771 単位
		要介護 2	838 単位
		要介護 3	913 単位
		要介護 4	982 単位
		要介護 5	1048 単位
注 外泊時費用（1 月に 6 日）			246 単位
注 外泊時在宅サービス利用費用（1 月に 6 日）			560 単位
ホ 初期加算（1 日につき）			30 単位
ヘ 退所時栄養情報連携加算（1 日につき）			70 単位
ト 再入所時栄養連携加算（入所者 1 人につき 1 回を限度）			200 単位

チ　退所時等相談援助加算（1 回につき）	(1) 退所前訪問相談援助加算（入所中 1 回(又は 2 回)を限度）		460 単位
	(2) 退所後訪問相談援助加算（退所後 1 回を限度）		460 単位
	(3) 退所時相談援助加算		400 単位
	(4) 退所前連携加算		500 単位
	(5) 退所時情報提供加算		250 単位
リ　協力医療機関連携加算（1 月につき）	(1) 相談・診療を行う体制を常時確保し、緊急時に入院を受け入れる体制を確保している協力医療機関と連携している場合		50 単位
	(2) 上記以外の協力医療機関と連携している場合		5 単位
ヌ　栄養マネジメント強化加算（1 日につき）			11 単位
ル　経口移行加算（1 日につき）			28 単位
ヲ　経口維持加算（1 月につき）	(1) 経口維持加算（Ⅰ）		400 単位
	(2) 経口維持加算（Ⅱ）		100 単位
ワ　口腔衛生管理加算（1 月につき）	(1) 口腔衛生管理加算（Ⅰ）		90 単位
	(2) 口腔衛生管理加算（Ⅱ）		110 単位
カ　療養食加算（1 回につき、1 日に 3 回を限度）			6 単位
ヨ　特別通院送迎加算（1 月につき）			594 単位
タ　配置医師緊急時対応加算（1 回につき）	(1) 配置医師の勤務時間外の場合		325 単位
	(2) 早朝夜間の場合		650 単位
	(3) 深夜の場合		1300 単位
レ　看取り介護加算（1 日につき）	(1) 看取り介護加算（Ⅰ）	(1) 死亡日以前 31 日以上 45 日以下	72 単位
		(2) 死亡日以前 4 日以上 30 日以下	144 単位
		(3) 死亡日以前 2 日又は 3 日	680 単位
		(4) 死亡日	1280 単位
	(2) 看取り介護加算（Ⅱ）	(1) 死亡日以前 31 日以上 45 日以下	72 単位
		(2) 死亡日以前 4 日以上 30 日以下	144 単位
		(3) 死亡日以前 2 日又は 3 日	780 単位
		(4) 死亡日	1580 単位
ソ　在宅復帰支援機能加算（1 日につき）			10 単位
ツ　在宅入所相互利用加算（1 日につき）			40 単位
ネ　小規模拠点集合型施設加算（1 日につき）			50 単位
ナ　認知症専門ケア加算（1 日につき）	(1) 認知症専門ケア加算（Ⅰ）		3 単位
	(2) 認知症専門ケア加算（Ⅱ）		4 単位

ラ　認知症チームケア推進加算（１月につき）	(１) 認知症チームケア推進加算（Ⅰ）		150 単位
	(２) 認知症チームケア推進加算（Ⅱ）		120 単位
ム　認知症行動心理症状緊急対応加算（１日につき、入所後７日に限り）			200 単位
ウ　褥瘡マネジメント加算（１月につき）	(１) 褥瘡マネジメント加算（Ⅰ）		３単位
	(２) 褥瘡マネジメント加算（Ⅱ）		13 単位
	(３) 褥瘡マネジメント加算（Ⅲ）		10 単位
ヰ　排せつ支援加算（１月につき）	(１) 排せつ支援加算（Ⅰ）		10 単位
	(２) 排せつ支援加算（Ⅱ）		15 単位
	(３) 排せつ支援加算（Ⅲ）		20 単位
	(４) 排せつ支援加算（Ⅳ）		100 単位
ノ　自立支援促進加算（１月につき）			280 単位
オ　科学的介護推進体制加算（１月につき）	(１) 科学的介護推進体制加算（Ⅰ）		40 単位
	(２) 科学的介護推進体制加算（Ⅱ）		50 単位
ク　安全対策体制加算（入所者１人につき１回を限度）			20 単位
ヤ　高齢者施設等感染対策向上加算（１月につき）	(１) 高齢者施設等感染対策向上加算（Ⅰ）		10 単位
	(２) 高齢者施設等感染対策向上加算（Ⅱ）		５単位
マ　新興感染症等施設療養費（１月につき）			240 単位
ケ　生産性向上推進体制加算（１月につき）	(１) 生産性向上推進体制加算（Ⅰ）		100 単位
	(２) 生産性向上推進体制加算（Ⅱ）		10 単位
フ　サービス提供体制強化加算（１日につき）	(１) サービス提供体制強化加算（Ⅰ）		22 単位
	(２) サービス提供体制強化加算（Ⅱ）		18 単位
	(３) サービス提供体制強化加算（Ⅲ）		６単位
８　複合型サービス費			
イ　看護小規模多機能型居宅介護費（１月につき）	(１) 同一建物に居住する者以外の者に対して行う場合	要介護１	12447 単位
		要介護２	17415 単位
		要介護３	24481 単位
		要介護４	27766 単位
		要介護５	31408 単位
	(２) 同一建物に居住する者に対して行う場合	要介護１	11214 単位
		要介護２	15691 単位
		要介護３	22057 単位
		要介護４	25017 単位
		要介護５	28298 単位

ロ　短期利用居宅介護費（1日につき）		要介護1	571単位
		要介護2	638単位
		要介護3	706単位
		要介護4	773単位
		要介護5	839単位
ハ　初期加算（1日につき、イを算定する場合のみ算定）			30単位
ニ　認知症加算（1月につき、イを算定する場合のみ算定）	(1) 認知症加算（Ⅰ）		920単位
	(2) 認知症加算（Ⅱ）		890単位
	(3) 認知症加算（Ⅲ）		760単位
	(4) 認知症加算（Ⅳ）		460単位
ホ　認知症行動心理症状緊急対応加算（1日につき、7日間を限度、ロを算定する場合のみ算定）			200単位
ヘ　若年性認知症利用者受入加算（1月につき、イを算定する場合のみ算定）			800単位
ト　栄養アスメント加算（1月につき、イを算定する場合のみ算定）			50単位
チ　栄養改善加算（1回につき、1月に2回を限度、イを算定する場合のみ算定）			200単位
リ　口腔栄養スクリーニング加算（1回につき、6月に1回を限度、イを算定する場合のみ算定）	(1) 口腔栄養スクリーニング加算（Ⅰ）		20単位
	(2) 口腔栄養スクリーニング加算（Ⅱ）		5単位
ヌ　口腔機能向上加算（1回につき、月2回を限度）	(1) 口腔機能向上加算（Ⅰ）（イを算定する場合のみ算定）		150単位
	(2) 口腔機能向上加算（Ⅱ）		160単位
ル　退院時共同指導加算（1回につき、イを算定する場合のみ算定）			600単位
ヲ　緊急時対応加算			774単位
ワ　特別管理加算（1月につき、イを算定する場合のみ算定）	(1) 特別管理加算（Ⅰ）		500単位
	(2) 特別管理加算（Ⅱ）		250単位
カ　専門管理加算（イを算定する場合のみ算定）			250単位
ヨ　ターミナルケア加算（1月につき、イを算定する場合のみ算定）			2500単位
タ　遠隔死亡診断補助加算（イを算定する場合のみ算定）			150単位
レ　看護体制強化加算（1月につき、イを算定する場合のみ算定）	(1) 看護体制強化加算（Ⅰ）		3000単位
	(2) 看護体制強化加算（Ⅱ）		2500単位

ソ　訪問体制強化加算（1月につき、イを算定する場合のみ算定）			1000単位
ツ　総合マネジメント体制強化加算（1月につき、イを算定する場合のみ算定）	(1) 総合マネジメント体制強化加算（Ⅰ）		1200単位
	(2) 総合マネジメント体制強化加算（Ⅱ）		800単位
ネ　褥瘡マネジメント加算（1月につき、イを算定する場合のみ算定）	(1) 褥瘡マネジメント加算（Ⅰ）		3単位
	(2) 褥瘡マネジメント加算（Ⅱ）		13単位
ナ　排せつ支援加算（1月につき、イを算定する場合のみ算定）	(1) 排せつ支援加算（Ⅰ）		10単位
	(2) 排せつ支援加算（Ⅱ）		15単位
	(3) 排せつ支援加算（Ⅲ）		20単位
ラ　科学的介護推進体制加算（1月につき、イを算定する場合のみ算定）			40単位
ム　生産性向上推進体制加算（1月につき）	(1) 生産性向上推進体制加算（Ⅰ）		100単位
	(2) 生産性向上推進体制加算（Ⅱ）		10単位
ウ　サービス提供体制強化加算（1月につき）	(1) イを算定している場合	(一) サービス提供体制強化加算（Ⅰ）	750単位
		(二) サービス提供体制強化加算（Ⅱ）	640単位
		(三) サービス提供体制強化加算（Ⅲ）	350単位
	(2) ロを算定している場合	(一) サービス提供体制強化加算（Ⅰ）	25単位
		(二) サービス提供体制強化加算（Ⅱ）	21単位
		(三) サービス提供体制強化加算（Ⅲ）	12単位

1　介護予防認知症対応型通所介護費

イ　介護予防認知症対応型通所介護費（Ⅰ）	（1）介護予防認知症対応型通所介護費（ⅰ）（旧単独型）（一）3時間以上4時間未満	要支援1	475単位
		要支援2	526単位
	（1）介護予防認知症対応型通所介護費（ⅰ）（旧単独型）（二）4時間以上5時間未満	要支援1	497単位
		要支援2	551単位
	（1）介護予防認知症対応型通所介護費（ⅰ）（旧単独型）（三）5時間以上6時間未満	要支援1	741単位
		要支援2	828単位
	（1）介護予防認知症対応型通所介護費（ⅰ）（旧単独型）（四）6時間以上7時間未満	要支援1	760単位
		要支援2	851単位
	（1）介護予防認知症対応型通所介護費（ⅰ）（旧単独型）（五）7時間以上8時間未満	要支援1	861単位
		要支援2	961単位
	（1）介護予防認知症対応型通所介護費（ⅰ）（旧単独型）（六）8時間以上9時間未満	要支援1	888単位
		要支援2	991単位
	（2）介護予防認知症対応型通所介護費（ⅱ）（旧併設型）（一）3時間以上4時間未満	要支援1	429単位
		要支援2	476単位
	（2）介護予防認知症対応型通所介護費（ⅱ）（旧併設型）（二）4時間以上5時間未満	要支援1	449単位
		要支援2	498単位
	（2）介護予防認知症対応型通所介護費（ⅱ）（旧併設型）（三）5時間以上6時間未満	要支援1	667単位
		要支援2	743単位
	（2）介護予防認知症対応型通所介護費（ⅱ）（旧併設型）（四）6時間以上7時間未満	要支援1	684単位
		要支援2	762単位
	（2）介護予防認知症対応型通所介護費（ⅱ）（旧併設型）（五）7時間以上8時間未満	要支援1	773単位
		要支援2	864単位
	（2）介護予防認知症対応型通所介護費（ⅱ）（旧併設型）（六）8時間以上9時間未満	要支援1	798単位
		要支援2	891単位
ロ　介護予防認知症対応型通所介護費（Ⅱ）	（1）3時間以上4時間未満	要支援1	248単位
		要支援2	262単位
	（2）4時間以上5時間未満	要支援1	260単位
		要支援2	274単位
	（3）5時間以上6時間未満	要支援1	413単位
		要支援2	436単位
	（4）6時間以上7時間未満	要支援1	424単位
		要支援2	447単位
	（5）7時間以上8時間未満	要支援1	484単位
		要支援2	513単位
	（6）8時間以上時間未満	要支援1	500単位
		要支援2	529単位
ハ　サービス提供体制強化加算（1回につき）	（1）サービス提供体制強化加算（Ⅰ）		22単位
	（2）サービス提供体制強化加算（Ⅱ）		18単位
	（3）サービス提供体制強化加算（Ⅲ）		6単位

2　介護予防小規模多機能型居宅介護費

イ　介護予防小規模多機能型居宅介護費（1月につき）	(1) 同一建物に居住する者以外の者に対して行う場合	要支援1	3450単位
		要支援2	6972単位
	(2) 同一建物に居住する者に対して行う場合	要支援1	3109単位
		要支援2	6281単位
ロ　介護予防短期利用居宅介護費（1日につき）		要支援1	424単位
		要支援2	531単位
ハ　初期加算（1日につき、イを算定する場合のみ算定）			30単位
ニ　認知症行動心理症状緊急対応加算（1日につき、7日間を限度、ロを算定する場合のみ算定）			200単位
ホ　若年性認知症利用者受入加算（1月につき、イを算定する場合のみ算定）			450単位
ヘ　総合マネジメント体制強化加算（1月につき、イを算定する場合のみ算定）	(1) 総合マネジメント体制強化加算（Ⅰ）		1200単位
	(2) 総合マネジメント体制強化加算（Ⅱ）		800単位
ト　生活機能向上連携加算（1月につき）	(1) 生活機能向上連携加算（Ⅰ）		100単位
	(2) 生活機能向上連携加算（Ⅱ）		200単位
チ　口腔栄養スクリーニング加算（1回につき、6月に1回を限度、イを算定する場合のみ算定）			20単位
リ　科学的介護推進体制加算（1月につき、イを算定する場合のみ算定）			40単位
ヌ　生産性向上推進体制加算（1月につき）	(1) 生産性向上推進体制加算（Ⅰ）		100単位
	(2) 生産性向上推進体制加算（Ⅱ）		10単位
ル　サービス提供体制強化加算	(1) イを算定している場合（1月につき）	(一) サービス提供体制強化加算（Ⅰ）	750単位
		(二) サービス提供体制強化加算（Ⅱ）	640単位
		(三) サービス提供体制強化加算（Ⅲ）	350単位
	(2) ロを算定している場合（1日につき）	(一) サービス提供体制強化加算（Ⅰ）	25単位
		(二) サービス提供体制強化加算（Ⅱ）	21単位
		(三) サービス提供体制強化加算（Ⅲ）	12単位

3　介護予防認知症対応型共同生活介護費

イ　介護予防認知症対応型共同生活介護費	(1) 介護予防認知症対応型共同生活介護費（Ⅰ）	要支援2	761単位
	(2) 介護予防認知症対応型共同生活介護費（Ⅱ）	要支援2	749単位

ロ　介護予防短期利用認知症対応型共同生活介護費	（1）介護予防短期利用認知症対応型共同生活介護費（Ⅰ）	要支援２	789 単位
	（2）介護予防短期利用認知症対応型共同生活介護費（Ⅱ）	要支援２	777 単位
注　入院時費用（1 日につき）			246 単位
ハ　初期加算（1 日につき、イを算定する場合のみ算定）			30 単位
ニ　退居時情報提供加算（イを算定する場合のみ算定）			250 単位
ホ　退居時相談援助加算（イを算定する場合のみ算定、利用者 1 人につき 1 回）			400 単位
へ　認知症専門ケア加算（1 日につき、イを算定する場合のみ算定）	（1）認知症専門ケア加算（Ⅰ）		3 単位
	（2）認知症専門ケア加算（Ⅱ）		4 単位
ト　認知症チームケア推進加算（1 月につき、イを算定する場合のみ算定）	（1）認知症チームケア推進加算（Ⅰ）		150 単位
	（2）認知症チームケア推進加算（Ⅱ）		120 単位
チ　生活機能向上連携加算（1 月につき）	（1）生活機能向上連携加算（Ⅰ）		100 単位
	（2）生活機能向上連携加算（Ⅱ）		200 単位
リ　栄養管理体制加算（1 月につき、イを算定する場合のみ算定）			30 単位
ヌ　口腔衛生管理体制加算（1 月につき、イを算定する場合のみ算定）			30 単位
ル　口腔栄養スクリーニング加算（1 回につき、6 月に 1 回を限度、イを算定する場合のみ算定）			20 単位
ヲ　科学的介護推進体制加算（1 月につき、イを算定する場合のみ算定）			40 単位
ワ　高齢者施設等感染対策向上加算（1 月につき）	（1）高齢者施設等感染対策向上加算（I）		10 単位
	（2）高齢者施設等感染対策向上加算（II）		5 単位
カ　新興感染症等施設療養費（1 月に 1 回）			240 単位
ヨ　生産性向上推進体制加算（1 月につき）	（1）生産性向上推進体制加算（Ⅰ）		100 単位
	（2）生産性向上推進体制加算（Ⅱ）		10 単位
タ　サービス提供体制強化加算（1 日につき）	（1）サービス提供体制強化加算（Ⅰ）		22 単位
	（2）サービス提供体制強化加算（Ⅱ）		18 単位
	（3）サービス提供体制強化加算（Ⅲ）		6 単位

■企画・編集・執筆　イノウ　http://www.iknow.ne.jp/
■ブックデザイン　坂本 真一郎（クオルデザイン）
■イラストレーション（キャラクター）　坂木 浩子
■イラストレーション（アイコン）　中村 幸司
■DTP・図版作成　西嶋 正

世界一わかりやすい

介護保険のきほんとしくみ

2024-2026年度版

2024年　7月 23日　初版第 1 刷発行

編著者　　イノウ
発行人　　片柳 秀夫
発行所　　ソシム株式会社
https://www.socym.co.jp/
〒 101-0064 東京都千代田区神田猿楽町 1-5-15　猿楽町 SS ビル
TEL　03-5217-2400（代表）
FAX　03-5217-2420
印刷　　株式会社暁印刷

定価はカバーに表示してあります。
落丁・乱丁は弊社編集部までお送りください。送料弊社負担にてお取り替えいたします。
ISBN978-4-8026-1470-2